U0567631

广东省社会科学院哲学社会科学"三大体系"建设工程

编委会
主　　任：郭跃文　王廷惠
成　　员：蔡乔中　向晓梅　张造群

区域协调发展与共同富裕丛书

主　　编：郭跃文
执行主编：刘　伟

广东省社会科学院哲学社会科学"三大体系"建设工程

区域协调发展与共同富裕丛书

RESEARCH ON
COORDINATED REGIONAL DEVELOPMENT
AND THE PROMOTION OF COMMON PROSPERITY
IN GUANGDONG

广东区域协调发展
促进共同富裕研究

郭跃文 游霭琼 等 著

社会科学文献出版社
SOCIAL SCIENCES ACADEMIC PRESS (CHINA)

前　言

区域发展历来都有一个时序问题，即存在先发地区与后发地区的区别。因历史条件、资源禀赋、区位差异不同带来区域发展时空差异、发展差距和不平衡具有客观必然性，适度合理的区域差距可为一个国家、一个地区提供梯度开发空间和腹地，符合"不同地区富裕程度还会存在一定差异，不可能齐头并进"① 的共同富裕逻辑。但发展差距过大会诱发诸多社会风险，可能迟滞甚至中断现代化进程，阻滞共同富裕的实现。作为提高生产力和完善生产关系的辩证统一，共同富裕是政治经济学的重大理论和实践问题②，它既是经济问题，也是关系党的执政基础的重大政治问题。区域协调发展与共同富裕的实现具有很强的关联性，推进区域协调发展既是实现共同富裕的内在要求，也是促进共同富裕的重要途径，实现共同富裕也为区域协调发展提供内生动力、可持续保障和重要指引。发展不平衡不充分是制约区域协调发展和实现共同富裕的共性问题。

实现全体人民共同富裕，既是广大人民群众的共同价值诉求，也是中国共产党矢志不渝的奋斗目标，更是中国式现代化道路区别于西方发展模式的本质特征。新中国成立以来，党和政府统筹区域协调发展和共同富裕，持续推进实践探索和理论创新，特别是党的十八大以来，对推进区域协调发展、促进共同富裕做出更加明确的战略规划和部署。2012 年，习近平总书记郑重宣示，"我们的责任，就是要团结带领全党全国各族人民……坚定

---

① 习近平：《扎实推动共同富裕》，《求是》2021 年第 20 期。
② 周文、何雨晴：《共同富裕的政治经济学理论逻辑》，《经济纵横》2022 年第 5 期，第 1~10 页。

不移走共同富裕的道路"①。党的十九大庄严宣告中国特色社会主义进入全国各族人民团结奋斗、不断创造美好生活、逐步实现全体人民共同富裕的新时代，并明确了新时代推进共同富裕的两个阶段目标。党的十九届五中全会对扎实推动共同富裕做出重大战略部署，党的二十大提出要深入实施区域协调发展战略，增强均衡性和可及性，扎实推进共同富裕。习近平总书记指出，促进共同富裕不要分成"东部、中部、西部地区各一块"，要"增强区域发展的平衡性，实施区域重大战略和区域协调发展战略"②。在全面建成社会主义现代化强国、实现第二个百年奋斗目标，以中国式现代化全面推进中华民族伟大复兴新征程上，深刻认识区域协调发展与共同富裕的历史逻辑、理论逻辑、实践逻辑，全面、完整、准确把握中国式现代化背景下区域协调发展与共同富裕基本内涵、时代意义以及现实难题，进而探寻推动区域协调发展，对构建实现共同富裕的实践路径具有重要的理论意义和现实价值。广东作为中国经济强省、人口大省，肩负着"在推进中国式现代化建设中走在前列""在促进城乡区域协调发展方面继续走在全国前列"的使命任务，不断在缩小城乡居民收入差距、财富分配差距、地区发展差距和实现共同富裕上积极探索新路径，着力推动全省城乡区域协调发展，努力把短板变成"潜力板"，为全国迈向共同富裕提供了重要参考，为党的创新理论特别是区域协调发展和共同富裕理论提供了实践案例。

本书在已有研究基础上，围绕"推进区域协调发展，实现共同富裕"这一主题深化研究，应用马克思主义共同富裕思想、区域协调发展理论，以习近平总书记关于区域协调发展和共同富裕的重要论述精神和视察广东重要讲话、重要指示精神为指导，坚持区域协调发展和共同富裕的历史逻辑、理论逻辑、实践逻辑，紧扣推进中国式现代化这个中心任务、推动高质量发展这个首要任务、构建新发展格局这个战略任务，梳理提炼作为社会主义本质要求的共同富裕内涵、特征、实现路径，以及新时代区域协调发展与共同富裕的新内涵、新任务、新目标，构建区域协调发展和共同富

---

① 《人民对美好生活的向往就是我们的奋斗目标》，《人民日报》2012年11月16日，第4版。
② 习近平：《扎实推动共同富裕》，《求是》2021年第20期。

裕评价指标体系；梳理总结改革开放 40 多年来广东推动区域协调发展、促进共同富裕的战略演进、主要成就与实践经验，对广东区域协调发展与共同富裕现状进行评估，分析存在的问题和面临的困难，提出推动区域高质量协调发展、实现共同富裕的战略任务和战略举措。

本书以广东在推进区域协调发展中促进共同富裕的实践为样本，集中阐释中国式现代化背景下的区域协调发展与共同富裕的历史逻辑、现实逻辑、理论逻辑，为创新区域协调发展与共同富裕的理论内涵和治理模式研究做出努力，为丰富和拓展区域协调发展与共同富裕研究提供助益，为广东全面推进区域协调发展、在高质量发展中促进共同富裕提供参考，为中国式现代化背景下区域协调发展与共同富裕相关问题的解决提供启迪和借鉴。

目　录

第一章
区域协调发展与共同富裕的理论逻辑

　　区域协调发展是实现共同富裕的必由之路，而实现共同富裕是区域协调发展的最终目的。本章着重梳理我国区域协调发展和共同富裕两大思想的演变及实践探索，并结合时代要求进一步对区域协调发展、共同富裕的内涵及特征进行阐释，在此基础上厘清区域协调发展促进共同富裕的作用机理，为后续研究奠定理论基础。

第一节　区域协调发展的内涵及特点

　　区域协调发展是我国区域经济发展的实践总结和理论升华，是推动区域经济高质量发展的关键路径，是推进中国式现代化的重要内容。当前，我国经济社会发展正经历着结构性变革，这将深刻影响区域协调发展。正确认识和把握新时代区域协调发展的时代要求、理论内涵和时代特征，对深入实施区域协调发展战略具有十分重要的意义。

一　区域协调发展思想的演化

　　区域协调发展的概念源自我国，国外并没有明确提出"区域协调发展"的概念，但有与"区域协调发展"相似的概念，如区域趋同。区域趋同是指地区间或国家间的收入差距随时间的推移存在着减少的趋势①，包括绝对

――――――――――

　　①　庞玉萍、陈玉杰：《区域协调发展内涵及其测度研究进展》，《发展研究》2018 年第 9 期。

β趋同、条件β趋同、σ趋同和俱乐部趋同四种类型。其中，绝对β趋同描述的是关于增长率的趋同，要求各区域具有相同的经济增长路径和稳态，前提是区域具有基本相同的经济发展水平；条件β趋同是指区域间具有各自的发展水平和特征，经济增长的稳定状态有所差异，只要达到自身稳定状态，便是收敛稳态，不设定前提条件；σ趋同描述的是收入水平的趋同，是指时间维度上各区域人均收入在空间异质性上的差距不断减小；俱乐部趋同是指相同经济体制下的群体趋同，资源、产业、经济体制、文化等相似，并且拥有同样初始收入水平的区域，随着时间的推移，人均收入将会产生趋同效应。从本质上看，区域趋同重点关注的是经济水平及收入的趋同，与我国区域协调发展的初期思想极为相似，是狭隘的区域协调发展观念。实际上，区域协调发展的内容和范围更为宽泛。

从我国区域发展实践看，区域协调发展思想经历了从区域均衡发展到区域非均衡发展再到区域协调发展的过程。新中国成立之初，百废待兴，工业基础十分薄弱。出于国家安全和经济建设的考量，以毛泽东同志为代表的中国共产党人提出以重工业发展为主的区域经济均衡发展理念[1]，通过计划经济手段配置各区域资源，并强调在经济发展中尽力实现均衡发展。实际上，区域经济均衡发展理念继承了马克思恩格斯"大工业在全国尽可能均衡分布"的思想，提出"沿海的工业基地必须充分利用，但是，为了平衡工业发展的布局，内地工业必须大力发展"[2]。恩格斯指出："只有按照一个统一的大的计划协调地配置自己的生产力的社会，才能使工业在全国分布得最适合于它自身的发展和其他生产要素的保持或发展。"[3] 正是因为遵循马克思恩格斯的思想，这一时期的区域经济均衡发展思想重点强调各区域工业和经济的均衡发展。

---

[1] 夏艳艳、关凤利、冯超：《新时代中国区域协调发展的新内涵及时代意义》，《学术探索》2022年第3期。

[2] 中共中央文献研究室：《毛泽东文集》（第七卷），人民出版社，1999，第25页。

[3] 中共中央马克思恩格斯列宁斯大林著作编译局：《马克思恩格斯文集》（第九卷），人民出版社，2009，第333页。

为进一步改变发展落后于时代的局面，我国实施改革开放政策。改革开放初期，邓小平同志提出"先富带动后富"的区域非均衡发展理念。该理念主张让一部分人、一部分地区先富起来，继而带动大部分人、大部分地区，最终实现共同富裕。至此，区域均衡发展理念向区域非均衡发展理念转变。随着区域非均衡发展理念的贯彻，东部沿海区域实现了率先发展。然而，区域发展不平衡不充分问题也随之而来，区域间的差距逐步拉大，国家开始高度重视区域协调发展问题，缩小地区差距势在必行。在这一背景下，区域一体化理论、新经济增长理论等为区域协调发展提供了理论支撑，不断推动我国区域发展理论与实践创新。

1982 年，党的十二大报告指出："国家通过经济计划的综合平衡和市场调节的辅助作用，保证国民经济按比例地协调发展。"这是我国首次正式提出"协调发展"的概念，是区域协调发展的雏形，强调的是经济层面上的协调发展，与国外区域发展趋同有异曲同工之处，但是尚未明确"区域"的概念。1996 年，《中华人民共和国国民经济和社会发展"九五"计划和2010 年远景目标纲要》（以下简称"九五"计划）正式提出"区域经济协调发展"概念。"九五"计划从实际操作层面对区域经济协调发展的内涵进行阐述，强调要"引导地区经济协调发展，形成若干各具特色的经济区域，促进全国经济布局合理化""要按照统筹规划、因地制宜、发挥优势、分工合作、协调发展的原则，正确处理全国经济发展与地区经济发展的关系，正确处理建立区域经济与发挥各省区市积极性的关系，正确处理地区与地区之间的关系""积极推动地区间的优势互补、合理交换和经济联合"[1]。自"九五"计划实施开始，国家逐步重视支持内地的发展，实施有利于缓解区域差距扩大的政策，如"实行规范的中央财政转移支付制度；优先在中西部地区安排资源开发和基础设施的建设项目"[2]，积极构建协调发展机制。2001 年，《中华人民共和国国民经济和社会发展第十个五年计划纲要》明确

---

① 吴殿廷：《区域经济学》，科学出版社，2003，第 279~280 页。
② 中共中央文献研究室：《十一届三中全会以来党的历次全国代表大会中央全会重要文件选编》（下），中央文献出版社，1997，第 257 页。

提出"实施西部大开发战略，促进地区协调发展"①。2004年，党的十六届四中全会强调，要推动建立统筹区域经济发展的有效体制机制，提出"重视实施西部大开发战略和振兴东北地区等老工业基地战略，促进中部地区崛起，支持革命老区、少数民族地区、边疆地区和其他欠发达地区加快发展"②。随着东部、西部、中部和东北四大区域板块互动发展格局逐渐形成，我国区域协调发展思想进一步深化，实践探索更加深入。

党的十八大以来，国家更加高度重视区域协调发展，不断丰富完善区域协调发展的理念、战略和政策体系。以习近平同志为核心的党中央创造性地领导我国开展了区域协调发展实践，形成了独具特色的区域协调发展理论逻辑。③党的十八届五中全会提出"创新、协调、绿色、开放、共享"新发展理念，成为指导区域协调发展的新理念。2016年，国家发展和改革委员会出台《关于贯彻落实区域发展战略促进区域协调发展的指导意见》，提出要"塑造要素有序自由流动、主体功能约束有效、基本公共服务均等、资源环境可承载的区域协调发展新格局"。这意味着区域协调发展不仅是经济层面的协调，还包括社会、环境、空间等方面的协调。党的十九大报告强调要"实施区域协调发展战略""建立更加有效的区域协调发展新机制"。④党的二十大报告提出"促进区域协调发展，深入实施区域协调发展战略、区域重大战略、主体功能区战略、新型城镇化战略，优化重大生产力布局，构建优势互补、高质量发展的区域经济布局和国土空间体系"。深入实施区域协调发展战略是我国全面建设社会主义现代化国家的关键要务之一。党的二十届三中全会通过的《中共中央关于进一步全面深化改革、推进中国式

---

① 《中华人民共和国国民经济和社会发展第十个五年计划纲要》，中华人民共和国中央人民政府网站，2001年3月15日，http://www.gov.cn/gongbao/content/2001/content_60699.htm。
② 《中共中央关于加强党的执政能力建设的决定》，人民出版社，2004，第11页。
③ 刘友金、刘天琦：《党的十八大以来我国区域协调发展的实践进路、理论逻辑与趋势前瞻》，《湖南科技大学学报》（社会科学版）2023年第1期。
④ 习近平：《决胜全面建成小康社会 夺取新时代中国特色社会主义伟大胜利——在中国共产党第十九次全国代表大会上的报告》，中华人民共和国中央人民政府网站，2017年10月27日，https://www.gov.cn/zhuanti/2017-10/27/content_5234876.htm。

现代化的决定》提出"完善实施区域协调发展战略机制"①。区域协调发展战略机制是我国宏观经济治理体系的重要组成部分，完善实施区域协调发展战略机制，关键在于构建高质量发展的区域经济格局。2024年中央经济工作会议进一步将"加大区域战略实施力度，增强区域发展活力"作为2025年要抓好的九项重点任务之一。②

随着区域协调发展战略的深入实施，学术界也高度重视区域协调发展的研究。其中，区域协调发展的内涵及外延是研究的一大重点，虽然研究者众多，但至今仍未达成共识。一是基于经济的单一视角。部分学者认为区域协调发展指的是区域的经济协调发展③，因为区域差距的不断扩大源于经济，故不能将其泛化到社会、生态环境等领域。区域经济协调发展是在区域开放条件下，区域之间经济联系日益密切、经济相互依赖日益加深、经济发展上关联互动和正向促进，各区域的经济均持续发展且区域经济差距趋于缩小的过程。④ 从本质上讲，实现区域协调发展的核心是促进区域之间在经济利益方面持续保持同向增长，从而逐步缩小地区间的差距。⑤ 二是基于经济、社会、生态等方面的综合视角。区域协调发展的概念、内涵不再单一地关注经济发展，而是综合考虑经济、社会、环境等的发展情况。⑥ 区域协调发展是一个综合性、组合式的概念⑦，不同区域在经济、社会、文化以及生态环境等方面紧密联系、深度互动、同步促进，保证区域利益同向增长，以及区域差异持续缩小。⑧ 区域协调发展注重区域内部与区域之间制度、经济、地理、社会、人口、环境、资源等方面的有机结合及协同，

---

① 《党的二十届三中全会〈决定〉学习辅导百问》编写组编著《党的二十届三中全会〈决定〉学习辅导百问》，党建读物出版社、学习出版社，2024，第28页。

② 《2024年中央经济工作会议，定调明年经济工作》，新华网，2024年12月13日，http://www.xinhuanet.com/20241213/0544bb484cfa40faa3e21f8f0161b94a/c.html。

③ 庞博：《促进区域经济协调发展的税收政策研究》，《经济论坛》2010年第3期。

④ 覃成林、姜文仙：《区域协调发展：内涵、动因与机制体系》，《开发研究》2011年第1期。

⑤ 徐现祥、舒元：《协调发展：一个新的分析框架》，《管理世界》2005年第2期。

⑥ 袁惊柱：《区域协调发展的研究现状及国外经验启示》，《区域经济评论》2018年第2期。

⑦ 国家发展改革委宏观经济研究院国土开发与地区经济研究所课题组：《区域经济发展的几个理论问题》，《宏观经济研究》2003年第12期。

⑧ 李兴江、唐志强：《论区域协调发展的评价标准及实现机制》，《甘肃社会科学》2007年第6期。

在实现区域经济整体高效增长的同时，将区域经济发展差距控制在适度、合理的范围内，最终达到正向促进区域经济发展与良性互动状态。① 综合视角的核心思想是实现不同区域经济社会的共同进步。三是基于可持续发展的视角。随着可持续发展理念的出现，区域协调发展中加入了人的生存发展、人与资源环境的协调发展等内容，"人类发展指数"成为区域协调发展的重要指标。② 区域协调发展具有全面的协调发展、可持续的协调发展和新型的协调机制三方面的含义，其中，全面的协调发展不仅包括地区间经济、社会、文化和生态的协调发展，而且包括城乡协调发展、人与自然和谐发展、经济与社会协调发展等内容；可持续的协调发展应建立在可持续发展的基础上，通过采用资源节约和环境友好技术，制定科学的规章制度和政策措施，促进地区间和区域内资源高效集约利用，推动形成生产、生活、生态协调发展的格局；新型的协调机制是利益相关群体共同参与、商讨解决生态补偿、基础设施、重大项目等跨地区问题的制度安排，是化解区域冲突的根本途径。③

综上，无论是实践探索还是理论研究，我国区域协调发展思想的发展演进基本一致。我国区域协调发展思想随着每个时期的发展实际和现实需要的变化和调整而不断发展演化，从区域平衡发展到区域非均衡发展，再到区域协调发展。区域协调发展思想经历了一个逐步扩大、丰富的过程，从单一的经济视角拓展到经济、社会、环境等多个维度，反映了我国区域协调发展思想是与时俱进的，具有鲜明的时代特征。

二　新时代区域协调发展的要求及内涵

区域协调发展是全面建成社会主义现代化强国的重要内容之一。区域协调发展能够深刻塑造经济体发展韧性，提升区域可持续发展能力、挖掘区域

---

① 刘乃全：《中国经济学如何研究协调发展》，《改革》2016 年第 5 期。
② 庞玉萍、陈玉杰：《区域协调发展内涵及其测度研究进展》，《发展研究》2018 年第 9 期。
③ 魏后凯、高春亮：《新时期区域协调发展的内涵和机制》，《福建论坛》（人文社会科学版）2011 年第 10 期。

市场潜力、优化区域生态经济环境，是中国式现代化稳步推进的关键。①
当前，我国经济社会发展正经历着结构性变革，将深刻影响区域协调发展，
对未来区域协调发展提出新的要求。

一是高质量发展成为区域协调发展的应有之义。当前，我国经济由高
速增长阶段转向高质量发展阶段，区域协调发展被赋予了高质量发展的使
命。区域高质量发展，是一种区别于"高速度""低效率""重规模"的发
展状态，强调从注重增长到注重发展的变化，是一种生产要素投入少、资
源配置效率高、资源环境成本低、经济社会效益好的可持续发展模式。② 这
意味着区域协调发展应兼顾规模、效率和效益，实现更高质量、更有效率、
更加公平、更可持续、更为安全的发展。更高质量和更有效率的发展，是
一种高水平的全面均衡发展状态，需不断深化体制机制改革，加强区域战
略之间的有机衔接，优化布局，构建优劣互补的区域经济布局，深化更复
杂的协同创新和产业联系，构建区域创新生态系统，联动发展产业链、供
应链、价值链等，切实提升区域发展的质量、效率和动力，逐步缩小差距。
更加公平的发展，强调的是在推动区域高质量发展的过程中应秉持公平与
效率并重的现实逻辑导向，牢牢把握"公平与效率兼顾，实现高质量协调
发展"的基本原则③，充分彰显人民性，实现公共资源均衡配置和发展成果
共享，满足人民日益增长的美好生活需要。更可持续发展，要求区域协调
发展高度重视各区域发展的绿色性、生态性④，实现人与自然和谐共生。

二是一体化是区域协调发展的内在要求。区域一体化是区域协调发展
的必然趋势，是构建新发展格局的基础支撑。区域一体化发展，意味着区
域间战略共谋、规则体系共建、基础设施互联。故区域协调发展应打破行
政壁垒和市场壁垒，对区域内部、区域间、城乡进行统一部署谋划，发挥

---

① 孙久文、史文杰、胡俊彦：《新时代新征程区域协调发展的科学内涵与重点任务》，《经济纵横》2023 年第 6 期。
② 王永昌、尹江燕：《论经济高质量发展的基本内涵及趋向》，《浙江学刊》2019 年第 1 期。
③ 刘耀彬、郑维伟：《新时代区域协调发展新格局的战略选择》，《华东经济管理》2022 年第 2 期。
④ 陈健：《新发展阶段共同富裕目标下区域协调发展研究》，《云南民族大学学报》（哲学社会科学版）2022 年第 4 期。

各地区、各领域的优势，优化资源配置，促进区域间、城乡间功能互补，实现区域间、城乡间的一体化与协同。以"风险共担、收益共享"为原则，探索建立区域利益平衡机制，实现各方利益均衡。深化区域间的分工合作，使区域形成结构合理、优势互补、分工协作的现代化产业体系，实现区域产业发展的一体化。建设全国统一大市场，推动资本、技术和数据等要素的自由有序流动，打通区域间的生产、分配、流通、消费的内部和外部循环发展的堵点，提升资源配置效率。不断提升区域间的交通、能源、水利、物流等传统基础设施以及以信息网络为核心的新型基础设施联动的深度和广度，推动区域一体化发展。

三是城乡融合发展是区域协调发展的重中之重。2023 年的中央经济工作会议将城乡融合和区域协调发展作为互为联系的重点任务，既表明了城乡融合发展是区域协调发展的重要组成部分，也表明了城乡融合发展是当前区域协调发展的当务之急、重中之重。[1] 从我国的发展历程看，农村是区域协调发展的短板，但也蕴含着巨大的潜力。由于城市和乡村在经济社会发展中的功能定位和发展目标不同，需进一步做好顶层设计，切实加大战略衔接和统筹的力度，深度推动城乡融合发展，形成强大合力，最终实现区域协调发展。加快构建城乡互动发展的内生动力机制、社会保障机制、生态保护机制和政府调节机制，全面实现高质量城乡融合发展。[2] 一方面，将县城作为城乡融合发展的重要承载地，有步骤地将县城和中心镇作为基础设施均等化的投资重点，适当布局适合中小城镇的公共服务。更好地促进城乡人才资源要素的合理流动，提高资源的整体配置效率，推动城乡区域协调发展朝着更高水平更高质量迈进。另一方面，合理有序扩大城市基本公共服务覆盖范围，加大对乡村落后地区教育、医疗、交通基础设施等公共服务的投入，缩小城乡差距，提升农村居民的获得感、幸福感、安全感。

新时代对区域协调发展提出了新的要求，区域协调发展的内涵被赋予

---

① 董彦岭：《我国区域协调发展十大趋势》，《中国发展观察》2024 年第 1 期。

② 刘耀彬、郑维伟：《新时代区域协调发展新格局的战略选择》，《华东经济管理》2022 年第 2 期。

了新的时代意义。新时代区域协调发展是指围绕服务新发展格局，以高质量发展为目标，以增进民生福祉为宗旨，以公平与效率并重为原则，通过政策协商、创新协同、产业协作等开放合作的方式，推动人才、技术、资金等要素有序自由流动及优势互补，增强区域、城乡的关联性和耦合性，缩小差距，创造更高水平、更高质量、更有效率、更可持续、更为安全的生产力，在空间上实现共享发展成果、促进共同富裕的过程。具体包含以下三方面的含义。一是区域协调发展是全方位的协调发展。从协调的内容看，不仅要求经济层面协调，还要求社会、环境、政治、文化等方面的协调。从协调的空间看，不仅是区域间的协调，还包括区域内部的协调、城乡的融合。二是区域协调发展是相对均衡的发展。根据经济发展规律，均衡与非均衡、协调与不协调的矛盾始终存在于区域发展过程中。因此，区域协调发展不是平均发展、同步发展，而是优势互补的相对均衡的协调发展。区域协调发展应遵循发展规律，允许各区域各系统的发展在时间上有先后、速度上有快慢、程度上有高低、空间上有差异。三是区域协调发展应注重缩小差距。由于资源禀赋、发展阶段不同，区域间系统内会产生发展差距，当差距过大时，会影响区域整体的可持续发展。因此，需在区域协调发展过程中逐步缩小区域、城乡、行业、职业等的差距。解决差距问题关键在于区域发展水平的提升，立足各区域的发展实际和比较优势，合理分工合作、优势互补，提升效率，缩小差距，确保全体人民共享发展成果。

三 区域协调发展的特点

从本质上看，区域协调发展是为了提高区域间资源配置的效率和公平，推动生产要素在不同区域间重新配置和组合，达到相对均衡发展的状态。故区域协调发展具有以下特点。

一是区域协调发展具有创新性。创新是第一动力，区域高质量协调发展需要以创新为支撑。区域协调发展是一个复杂的系统性工程，旨在通过不同区域之间要素的流动与优势的互补，产生更大的经济效益和社会效益，提高地区综合发展水平。这就要求区域全面实施创新驱动发展战略,打破区域间的市场壁垒和行政壁垒,推动资金、技术、人才等资源顺畅自由流动,促进区域形成协作共赢的创新生态系统,为区域协调发展提供源源不断的动力。

二是区域协调发展具有人民性。区域协调发展强调效率与公平并重。其中,公平指的是发展机会的公平、共享发展成果的权利。人民作为历史的创造者,应拥有相对平等的发展机会、共享区域发展的成果。实际上,人民性的核心是公平、共享。在区域协调发展的过程中,人民性贯穿其中,应不断缩小区域差距、城乡差距、行业差距、职业差距,实现经济、社会、文化、环境等方面的均衡发展,让全体人民公平地享受教育、医疗、卫生、文化等基本公共服务,共享区域协调发展成果。

三是区域协调发展具有可持续性。中国式现代化是人与自然和谐共生的现代化。区域协调发展作为中国式现代化的主要任务之一,可持续性是新时代赋予的特征。区域发展应秉持绿色发展理念,坚持走生态优先、绿色发展的区域发展道路。在区域协调发展的过程中,有必要建立区域生态环境保护和节能减排的长效合作机制,推动区域资源高效集约利用,处理好经济增长与生态保护、产业发展与能源结构等关系,促进经济、社会、环境协同发展,形成生产、生活、生态协调发展的格局。

第二节　共同富裕的本质内涵与特征

共同富裕的思想源远流长。实现全体人民共同富裕是中国共产党矢志不渝的长期奋斗目标。特别是党的十八大以来,习近平总书记把逐步实现全体人民共同富裕摆在更加重要的位置,并对共同富裕做出一系列重要论述,为扎实推动共同富裕提供了根本遵循。全面准确认识和理解共同富裕的深刻内涵,是我国扎实推进共同富裕的重要保障。

一　共同富裕思想的发展演化

实际上,共同富裕的思想源远流长,早已蕴藏在中外圣贤的思想中。

柏拉图的"理想国"、托马斯·莫尔的"乌托邦"、康帕内拉的"太阳城"、欧文的"新和谐公社"等构想，无不蕴含着共同富裕的思想。在我国古代，"大同社会""民亦劳止，汔可小康""以天下之财，利天下之人""等贵贱，均贫富""有田同耕，有饭同食，有衣同穿，有钱同使，无处不均匀，无人不饱暖"等思想，均包含着追求共同富裕的意蕴。马克思在《1857—1858 年经济学手稿》中指出，在未来新的社会制度中，"社会生产力发展将如此迅速，生产将以所有人的富裕为目的"①。实际上，"所有人的富裕"等同于共同富裕。此外，马克思在《资本论》《哥达纲领批判》等重要著作中均对共同富裕思想有所阐述。恩格斯在《反杜林论》中指出："通过社会生产，不仅可能保证一切社会成员有富足的和一天比一天充裕的物质生活，而且还可以保证他们的体力和智力获得充分自由的发展和运用。"② 这从未来社会层面上提出了共同富裕的思想。

受马克思恩格斯思想的影响，新中国成立初期，为了聚集所有可以运用的力量建设社会主义，毛泽东同志在《关于发展农业生产合作社的决议》中指出："要善于用明白易懂而为农民所能够接受的道理和办法去教育和促进农民群众逐步联合组织起来，逐步实行农业的社会主义改造，……并使农民能够逐步完全摆脱贫困的状况而取得共同富裕和普遍繁荣的生活。"③ 这是党中央首次提出"共同富裕"的概念，也是"共同富裕"概念第一次出现在中央文件中。1955 年，《全国工商联执委会会议告全国工商界书》提出"我们建设社会主义的目的，就是要大家有事做，有饭吃，大家共同富裕"。换言之，共同富裕本质上就是要建成社会主义的大同社会，在这一过程中需要彻底消除任何形式的压迫和剥削。

改革开放后，邓小平同志根据当时的国情，主张通过先富带动后富来实现共同富裕。邓小平指出："在经济政策上，我认为要允许一部分地区、

① 中共中央马克思恩格斯列宁斯大林著作编译局：《马克思恩格斯选集》（第三卷），人民出版社，1995，第 633 页。
② 夏永祥：《谈公平、平等与效率》，《兰州大学学报》（社会科学版）1994 年第 1 期。
③ 中共中央文献研究室：《建国以来重要文献选编》（第四册），中央文献出版社，1993，第 661 页。

一部分企业、一部分工人农民，由于辛勤努力成绩大而收入先多一些，生活先好起来。"① 允许一部分人先富裕起来，能够激励其他人也通过勤劳苦干走向富裕，进而使得整个国民经济不断良性发展，最终实现共同富裕的目标。② 1992 年，邓小平同志南方谈话强调"社会主义的本质是解放生产力，发展生产力，消灭剥削，消除两极分化，最终达到共同富裕"③。实现这一目标的基础在于不断解放生产力和发展生产力。考虑到国家建设必须有经济支撑，以邓小平为核心的第二代党中央领导集体提出共同富裕是社会主义的本质特征等重要论断。

进入新的发展时期，以江泽民为核心的第三代中央领导集体在继承以往共同富裕理论的基础上，扎实推进共同富裕的理论和实践探索。1997 年，江泽民同志在党的十五大报告中首次提出先富带动和帮助后富，逐步走向共同富裕；实行按劳分配与按要素分配相结合的分配方式，强调效率优先、兼顾公平，规范收入分配，使收入差距趋向合理。党的十四届三中全会通过的《中共中央关于建立社会主义市场经济体制若干问题的决定》指出"个人收入分配要坚持以按劳分配为主体、多种分配方式并存的制度，体现效率优先、兼顾公平的原则""提倡先富带动和帮助后富，逐步实现共同富裕"④。2002 年，江泽民同志在党的十六大报告中提到"以共同富裕为目标，扩大中等收入者比重，提高低收入者收入水平"⑤。这一时期的共同富裕思想重点强调要兼顾效率与公平，探索如何在提高效率的同时进行公平合理的利益分配，以实现社会公平。

随着经济社会的发展，国内外环境发生明显变化，胡锦涛同志根据当时国内外发展的实际，坚持以人为本，提出科学发展观，并提出"发展为了人民、发展依靠人民、发展成果由人民共享"等以共同富裕为目标的一系列战

---

① 《邓小平文选》（第二卷），人民出版社，1994，第 152 页。

② 汤建荣、陈鹏：《邓小平关于共同富裕重要论述及其当代启示》，《邓小平研究》2023 年第 5 期。

③ 《邓小平文选》（第三卷），人民出版社，1993，第 373 页。

④ 中共中央文献研究室：《改革开放三十年重要文献选编》（上），中央文献出版社，2008，第 741 页。

⑤ 《江泽民文选》（第三卷），人民出版社，2006，第 543 页。

略要求①，进一步丰富了共同富裕的内容。胡锦涛同志强调要"尊重人民主体地位，发挥人民首创精神，保障人民各项权益，走共同富裕道路，促进人的全面发展"②。2012年，胡锦涛同志在党的十八大报告中明确提出"必须坚持走共同富裕道路。共同富裕是中国特色社会主义的根本原则。要坚持社会主义基本经济制度和分配制度，调整国民收入分配格局，加大再分配调节力度，着力解决收入分配差距较大问题，使发展成果更多更公平惠及全体人民，朝着共同富裕方向稳步前进"③。这表明要把人民的利益放在首位，高度关注人民的多方面需求，共同富裕的内涵得到进一步的延伸和拓展。

党的十八大以来，以习近平同志为核心的党中央将促进全体人民共同富裕置于更加重要的位置，相继围绕以人民为中心、精准扶贫、新发展理念、中国式现代化、高质量发展等对共同富裕思想做出新阐释，进一步丰富了共同富裕思想的理论体系。2021年，我国全面建成小康社会，并将实现全体人民共同富裕作为长期发展目标和任务。2021年8月17日，中央财经委员会第十次会议专门研究扎实推动共同富裕等问题，会议指出"共同富裕是社会主义的本质要求，是中国式现代化的重要特征，要坚持以人民为中心的发展思想，在高质量发展中促进共同富裕，构建初次分配、再分配、三次分配协调配套的基础性制度安排"④。这不仅明确指出了共同富裕需以人民为中心，同时也为推动共同富裕提供了解决思路和方向。党的二十大报告深刻阐述了中国式现代化五个方面的中国特色，提出"中国式现代化是全体人民共同富裕的现代化"。党的二十届三中全会《中共中央关于进一步全面深化改革、推进中国式现代化的决定》提出"聚焦提高人民生活品质"，"推动人的全面发展、全体人民共同富裕取得更为明显的实质性进展"⑤。这进一步丰富了共同富裕的思想内涵，为实现共同富裕指明了方向。

---

① 张耀军、张玮：《共同富裕与区域经济协调发展》，《区域经济评论》2022年第4期。
② 中共中央文献研究室：《十七大以来重要文献选编》（上），中央文献出版社，2009，第12页。
③ 胡锦涛：《胡锦涛文选》（第三卷），人民出版社，2016，第626页。
④ 习近平：《扎实推动共同富裕》，《求是》2021年第20期。
⑤ 《党的二十届三中全会〈决定〉学习辅导百问》编写组编著《党的二十届三中全会〈决定〉学习辅导百问》，党建读物出版社、学习出版社，2024，第14页。

从毛泽东同志首次提出"共同富裕"到习近平同志提出"全体人民共同富裕",经历了从关注"富裕"到关注"共同",再到既要"富裕"又要兼顾"共同",即从"做蛋糕""逐步做大蛋糕"开始转换为"分蛋糕""公平分蛋糕",可见共同富裕思想是不断发展和丰富的。质言之,随着我国经济社会的不断发展,共同富裕的内涵更为丰富,形成了具有中国特色的共同富裕理论,对扎实推动共同富裕具有重要的指导意义。

二　共同富裕的内涵及外延

共同富裕是新时代中国特色社会主义的本质要求,是中国式现代化的重要特征。共同富裕是一个具有丰富内涵和强大生命力的兼具理论性和实践性的命题。随着时代的变迁,共同富裕被赋予了更丰富的内涵,涵盖的范围更为宽广、涉及的内容更为丰富,时代特征更加鲜明。

一是共同富裕是生产力和生产关系的有机组合。共同富裕是"共同"与"富裕"的有机体,蕴含着生产力和生产关系辩证统一的关系。其中,"富裕"是共同富裕的前提和基础,代表社会先进生产力的发展水平,反映了社会财富十分充裕的状态。这就要求共同富裕必须建立在高度发达的生产力之上,必须以提高经济效率为物质保障。没有生产力的高度发达,就不可能有社会财富的极大丰富,也就无法实现共同富裕。"共同"是"共同富裕"的核心和关键,体现社会生产关系的性质,反映社会财富分配的结果,主要表现为通过构建促进共同富裕的政治、经济与社会制度等,切好分好社会财富的"蛋糕",让全体人民通过共同努力、共同奋斗、共同发展来共同分享经济社会发展的成果[①],即全体人民处于平等、互惠、互助的地位。从某种意义上而言,共同富裕是处理人民日益增长的美好生活需要和不平衡不充分的发展之间的矛盾的过程。

二是共同富裕是物质生活和精神生活的全面富裕。习近平总书记曾强调,共同富裕是全体人民的共同富裕,是人民群众物质生活和精神生活都富裕。富裕包含物质富裕和精神富裕两个层面,涵盖物质、精神、文化、

---

① 张来明、李建伟:《促进共同富裕的内涵、战略目标与政策措施》,《改革》2021年第9期。

社会等相关领域。单一层面的富裕并不是真正的富裕，只有物质和精神都富裕才是真正的共同富裕。共同富裕是物质财富和精神财富都达到富裕状态的全面富裕，是一种政治文明、物质文明、精神文明、社会文明和生态文明高度发达的新文明形态。其中，物质富裕是"硬指标"，是共同富裕的前提和基础，是以产业、科技为核心的硬实力的直接体现。没有强大的物质财富作为基础，共同富裕只能是一句空话。扎实推动共同富裕，必须有一定的物质条件作为保障。精神富裕是"软实力"，代表人更高层次的需求，直接影响人民群众的获得感、幸福感、安全感，是进一步推进共同富裕的内在要求。没有精神财富的支撑，物质富裕也将失去意义。只有物质富裕与精神富裕得到双重满足，才能真正实现共同富裕。因此，应坚持人民物质生活的富裕和精神生活的富裕相统一，坚持以人民为中心的发展思想，促进共同富裕，既"富口袋"，也"富脑袋"，确保共同富裕目标能够如期实现。①

三是共同富裕是全体人民的富裕。习近平总书记强调"共同富裕是全体人民共同富裕"②"共同富裕路上，一个不能掉队"③。实现共同富裕是包括全社会所有人在内的整体富裕，是发展成果的全民普遍共享，是发展福利的全国整体性增进。④ 全体社会成员都能拥有满足其美好生活品质需要的各种生产资料和生活资料。⑤ 促进全体人民共同富裕是为人民谋幸福的着力点，必须把逐步实现全体人民共同富裕摆在更加重要的位置上，实现经济、社会、文化等多维度的高质量供给，使发展成果更多更公平地惠及全体人民。

四是共同富裕是存在合理差距的普遍富裕。共同富裕并不是整齐划一的平均主义，不是均等富裕。由于区位条件的差异、个人天赋的差异、分工的差异、产权的差异等，全体人民收入差距客观存在。即使实现了全体

---

① 徐志源：《"共同富裕"内在逻辑的"五个统一"》，《西安建筑科技大学学报》（社会科学版）2022 年第 6 期。

② 习近平：《扎实推动共同富裕》，《求是》2021 年第 20 期。

③ 张丹华：《共同富裕路上 一个不能掉队》，《人民日报》2017 年 10 月 27 日，第 9 版。

④ 王新城、郭建：《高质量推进共同富裕的三维释读——逻辑进路、理论蕴涵与价值意蕴》，《技术经济与管理研究》2022 年第 11 期。

⑤ 李军鹏：《共同富裕：概念辨析、百年探索与现代化目标》，《改革》2021 年第 10 期。

人民的共同富裕，收入差距仍存在，只是差距在合理的范围内。因此，要正确认识不同层面的差异，合理利用人民群众存在的收入差距，发挥高收入群体的示范效应，调动人民群众的积极性、主动性、创造性，实现人人参与、共同奋斗，共同推进经济社会高质量发展，消除两极分化，不断缩小地区差距、城乡差距与群体差距，不断促进人民之间的发展机会均等、享受基本公共服务的均等与发展环境的平等，从而将收入差距控制在合理区间。

质言之，共同富裕是为破解人民日益增长的美好生活需要和不平衡不充分的发展之间的矛盾，在全体人民的共同努力创造下，社会物质财富和精神财富十分充裕，全体人民共同享受发展成果，全社会达到存在合理差距的普遍富裕水平。

为了更全面准确地理解共同富裕的深刻内涵，需要处理好两大关系。其一，要正确处理好效率和公平的关系。共同富裕是财富增加和差距缩小的结果，不是平均化的富裕，是存在合理差距的普遍富裕。历史经验表明，实现共同富裕，必须兼顾效率和公平，在"做大做好蛋糕"的同时必须"切好分好蛋糕"，让全社会共享经济社会发展的机会和成果。一方面，要坚定不移推进经济高质量发展，提高生产效率，创造更多的社会财富，这是公平分"蛋糕"和分到更多"蛋糕"的基础和前提。另一方面，在社会财富充裕的基础上，应清除造成不公平的障碍，做好"人人参与、人人共享"的制度安排，让全社会共享发展成果。其二，要处理好共建和共享的关系。人民是历史的创造者。共同富裕需要全体人民的共同参与。共同参与包括共建和共享。共建和共享之间存在辩证统一的关系。共建是共享的基础。只有充分发挥广大人民的主观能动性，才能源源不断地创造财富。只有共建的基础扎实，共享的层次才会更高。共享是目标，关键是要构建"人人享有"的合理分配格局。构建初次分配、再分配、三次分配协调配套的基础性制度安排，保持居民收入增长与经济增长基本同步，让人民群众享受高质量发展的成果。

三 共同富裕的重要特征

共同富裕是社会主义的本质要求,是中国式现代化的重要特征,要坚持以人民为中心的发展思想,在高质量发展中促进共同富裕。① 随着经济社会的不断发展,共同富裕的内涵及外延进一步得到丰富和发展,并呈现新的特征。

一是长期性和阶段性。党的二十大报告指出:"共同富裕是中国特色社会主义的本质要求,也是一个长期的历史过程。"② 共同富裕不是同步富裕,也不是同等富裕,而是分阶段不断完成的一场"持久战"③,长期性和阶段性是相伴相生的。虽然全面建成小康社会的第一个百年奋斗目标已实现,为实现共同富裕奠定了一定的物质基础,但是,由于存在区域差距、城乡差距和个体差异等,当前我国经济社会发展不平衡不充分的问题依然突出。可见,实现共同富裕仍是一项长期艰巨的任务,必须分阶段、有计划地推进。我国对共同富裕的推进过程做了阶段性安排:到"十四五"时期末,全体人民共同富裕迈出坚实步伐,居民收入和实际消费水平差距逐步缩小;到2035年,全体人民共同富裕取得更为明显的实质性进展,基本公共服务实现均等化;到21世纪中叶,全体人民共同富裕基本实现,居民收入和实际消费水平差距缩小到合理区间。因此,要深入研究不同阶段的目标,分清每个阶段的主要需求,立足于社会发展的整体水平,采取更有针对性的解题思路和方法,逐步推进最终目标的实现。④

二是高质量和高水平。高度发达的社会生产力和充裕的社会财富是实现全体人民共同富裕的必要条件,这就要求必须在高质量发展中促进共同富裕,提高发展的平衡性、协调性和包容性。习近平总书记明确指出"在高质量发展中促进共同富裕",高质量是共同富裕的重要特征。《中共中央

---

① 习近平:《扎实推动共同富裕》,《求是》2021年第20期。
② 习近平:《高举中国特色社会主义伟大旗帜 为全面建设社会主义现代化国家而团结奋斗》,《求是》2022年第21期。
③ 付文军:《中国特色社会主义共同富裕论纲》,《社会科学辑刊》2021年第6期。
④ 肖唯楚:《从动态发展的角度解读共同富裕——基于共同富裕探索阶段和多维特征的剖析》,《中共桂林市委党校学报》2022年第4期。

国务院关于支持浙江高质量发展建设共同富裕示范区的意见》的出台，也为高质量发展促进共同富裕指明了方向。只有大力推动经济社会高质量发展，才能为共同富裕奠定坚实的物质财富和精神财富。有必要探索建立富有活力、创新力、竞争力的高质量发展模式，把科技创新作为关键支撑，推动区域协调发展、城乡融合发展、产业协同发展，提高全要素生产率，不断缩小各区域各系统发展差距，提高全体人民的生活水平，实现高水平的共同富裕。

三是复杂性和系统性。习近平总书记强调，全体人民共同富裕是一个总体概念，是对全社会而言的，不要分成城市一块、农村一块，或者东部、中部、西部各一块，各提各的指标，要从全局上来看。① 由此可见，共同富裕涉及全体人民，覆盖不同区域、城乡、经济社会等诸多方面，是一个复杂的系统工程。扎实推进共同富裕具有复杂性和系统性特征。促进全体人民共同富裕必须进行系统谋划、全盘部署，进一步加强顶层设计，根据各个领域、行业、关键环节、收入分配差距等方面的差异性，统筹制定各项政策，协调各区域各系统发展。不仅要注重资源的合理高效配置，也要注重公平正义，系统、全面地解决不平衡不充分的问题，包括解决地区差距、城乡差距、收入差距等问题，努力实现发展机会公平、分配结果公平，使全体人民共同创造社会财富、共同分享发展成果。

第三节　区域协调发展与共同富裕的内在逻辑关系

从区域协调发展和共同富裕的内涵及外延看，二者有很多共通之处，均要求兼顾效率与公平，旨在缩小差距，解决人民日益增长的美好生活需要和不平衡不充分的发展之间的矛盾。在经济上，要求随着全国经济整体水平的提高，地区、城乡的经济发展差距以及群体间的收入差距逐步缩小；

---

① 《全体人民共同富裕是一个总体概念》，中共中央纪律检查委员会、中华人民共和国国家监察委员会网站，2021 年 11 月 1 日，https://www.ccdi.gov.cn/lswh/lilun/202111/t20211101_253306.html。

在社会上，要求基本公共服务均等化，居民能够平等共享经济社会发展成果；在环境上，要求人与自然和谐共生，实现区域可持续发展。虽然区域协调发展与共同富裕的目标一致，但二者也存在本质区别，区域协调发展是基础目标，共同富裕是终极目标，是我国现代化建设进程中不同发展阶段的产物，二者具有时序差别。实际上，区域协调发展与共同富裕二者相互关联、相互统一，推进区域协调发展既是实现共同富裕的内在要求，也是促进共同富裕的重要途径，反过来，实现共同富裕是推进区域协调发展的重要指引和可持续保障。

一　区域协调发展与共同富裕的内在联系

共同富裕的实现，需要依赖社会生产力的持续提高，社会物质财富的持续增加，需要持续缩小社会成员之间的贫富差距，合理分配物质财富，这些都以区域作为基础和关键。① 可以说，区域协调发展是实现共同富裕的基础和前提，是实现全体人民共同富裕的必由之路。区域协调发展是一个综合系统的概念，体现的是区域经济发展差距持续缩小，区域互联互通水平提升，资源要素合理流动，人与自然和谐共生等多个方面②，目标是实现区域间经济、社会、环境等方面的协同发展，推动区域高质量发展，提升整体经济社会发展水平。而共同富裕实现的首要条件是社会生产力高度发展，社会财富十分充裕。区域经济是国民经济的基础，区域经济发展的速度和质量决定了国民经济发展的速度和质量③，这意味着随着区域经济水平的不断提升，社会财富也将相应的增加。简言之，区域协调发展不仅能提升区域整体发展水平，也能缩小区域、城乡、群体间的差距，为实现共同富裕奠定坚实的物质基础。

从公平角度看，区域协调发展为促进共同富裕奠定扎实的群众基础。共同富裕是全体人民共建共享的体现，是全体人民的富裕。受历史因素及

---

① 张耀军、张玮：《共同富裕与区域经济协调发展》，《区域经济评论》2022 年第 4 期。
② 肖金成、洪晗、申秀敏：《区域协调发展与共同富裕》，《华东经济管理》2024 年第 3 期。
③ 张耀军、张玮：《共同富裕与区域经济协调发展》，《区域经济评论》2022 年第 4 期。

资源禀赋差异等因素的影响，不同地区的发展基础和发展能力存在差异，不同地区居民的收入分配及教育、医疗、卫生、养老等方面也存在较大差距。区域协调发展通过完善分配制度，调整收入分配格局，逐步解决居民收入分配不公的问题，缩小不同地区居民收入分配差距，并提高经济与社会、生态、文化等发展的联动性和协同性，推动基本公共服务均等化，使得人民生活水平大体相当，让人民群众公平地享受协调发展的成果。这极大地调动了社会成员参与经济社会建设的积极性，为促进共同富裕奠定了群众基础。

反过来，实现共同富裕是推进区域协调发展的重要风向标，是区域协调发展的终极目标。共同富裕强调"共同"，通过构建促进共同富裕实现的政治、经济与社会制度等，分好"蛋糕"，让发展成果更多更公平惠及全体人民群众，全社会达到存在合理差距的普遍富裕水平。简单而言，实现共同富裕就是要缩小经济社会发展中的各种差距。因此，必须在高质量发展中推进共同富裕，以提高发展的平衡性、协调性和包容性。区域作为在高质量发展中推进共同富裕的空间载体，必须致力于缩小区域发展差距，满足人民日益增长的美好生活需要，引导区域协调发展形成新格局。

从发展阶段看，实现共同富裕为区域协调发展提供了"时间表"和"施工图"。实现共同富裕是一个复杂性的系统工程，不可能一蹴而就，具有阶段性特征。推进共同富裕实现已有明确的时间节点和阶段性安排。不同的推进阶段，有不同的发展目标和主要需求，将对区域发展提出不同的要求和任务。各区域结合自身优势和特色，对区域内部、城乡进行统一部署谋划，分步推进和解决地区差距、城乡差距、收入差距等不平衡不充分问题，创造更高水平、更高质量、更有效率和更可持续的生产力，使全体人民共享发展成果。

二　区域协调发展促进共同富裕的作用机制

区域协调发展与共同富裕并不是单纯地强调经济层面的协调发展和物质财富的共享，而是要求经济、社会、环境等方面的协调发展，物质和精神财富的全面富裕。共同富裕的主要任务是在社会财富不断增长的过程中持续缩小社会各组成部分之间的发展"差距"。① 区域协调发展推动共同富裕是一个从量变到质变、不均衡到均衡、低质量到高质量、局部到整体的作用过程。② 因此，理解区域协调发展促进共同富裕的作用机制不能从单一层面进行。根据比较优势等理论，区域协调发展从微观、中观、宏观三个层面促进共同富裕的实现。

从微观层面看，区域协调发展通过推动资源优化配置促进共同富裕实现。区域要素是国家系统的重要组成，经济的发展依赖于区域的自然资源、资金、技术、人才、信息等资源要素。比较优势理论认为，不同地区在自然资源、劳动力、技术水平等方面存在差异，这些差异构成了各自的比较优势。按照客观经济规律，充分发挥各地区比较优势，科学合理配置各种要素和资源，实现多要素的链接和融合，形成优势互补、高质量发展的区域经济布局。在区域之间不存在流动壁垒的情况下，劳动力、资本、技术等要素在流动时必然会遵循寻求要素报酬最大化的原则，从要素报酬低的区域流向要素报酬高的区域③，实现资源要素的优化配置，发挥最大效应，促进经济高质量发展。例如，高技能等竞争力较强的劳动力更多集聚到高科技产业、现代服务业较发达的地区，低技能等竞争力偏弱的劳动力更多集聚在劳动密集型等传统产业集中的地区；风险资本更多地集聚在创新创业活跃的地区。④区域协调发展往往建立在完善的要素市场上，各种要素和资源畅通流动、有效集聚、高效配置，形成新的生产力和优势特色产业，市场潜力充分释放，区域生产力和竞争力随之提升。正是因为区域协调发展可以让资源实现更为有效的配置，可以带动经济总量扩张和高效运行，通过这种方式引致的效率增长具有可持续性⑤，能够为实现共同富裕创造条

---

① 肖金成、洪晗、申秀敏：《区域协调发展与共同富裕》，《华东经济管理》2024 年第 3 期。
② 吴文新、程恩富：《新时代的共同富裕：实现的前提与思维逻辑——确立"五种分配方式论"》，《上海经济研究》2021 年第 11 期。
③ 李晨：《以区域协调发展推动共同富裕的理论与实践》，《广东社会科学》2024 年第 1 期。
④ 刘玉：《区域协同推动形成新质生产力及区域协调发展新格局的逻辑与思路》，《北京联合大学学报》（人文社会科学版）2025 年第 1 期。
⑤ 胡晓鹏：《高质量发展推进共同富裕：逻辑关系与理论建构》，《社会科学》2022 年第 6 期。

件、积累财富。因此，在推进区域协调发展的过程中，应打破地方保护和区域壁垒，完善跨区域协调机制，建立全国统一大市场，深化要素市场化改革，加强要素市场化配置体制机制建设，重点打造劳动、资本、土地、知识、技术、管理、数据等构成的生产要素市场，发挥各地区比较优势，促进各地区间要素资源自由有序流动，深化区域一体化发展，建立优势互补、互利共赢的高质量区域发展格局，从而实现共同富裕。

从中观层面看，区域协调发展通过产业与科技互促双强推动实现共同富裕。产业发展和科技创新二者密切相关、互促共生。产业的不断发展倒逼技术的突破，如传统制造业向智能化转型需要人工智能、物联网等的技术支持，同时产业链的延伸发展亦会催生新科技应用场景，如新能源汽车产业链带动电池技术、充电设施等领域的创新。反过来，科技创新赋能产业升级，如人工智能、量子技术等新技术的发展重塑产业形态和产业生态，催生更多的产业模式，推动产业链向高层级跃升。产业与科技的互促双强，本质是通过"技术—产业—空间"的良性循环，推动区域"共生共赢"，重构区域高质量发展格局，最终实现发展机会公平、成果共享的共同富裕目标。在推进区域协调的发展过程中，应根据不同地区的产业优势和科技发展实际，加强区域战略合作，深化区域更复杂的产业联系和协同创新，以科技创新引领产业创新，积极培育和发展新质生产力，戮力占据产业科技发展制高点，推动产业科技互促互进、深度融合，形成协作共赢的创新生态系统、联动的产业链、供应链和价值链，塑造区域经济发展新动能新优势，形成更高水平、更有效率的高质量区域协调发展模式，提高区域发展整体效率，促进共同富裕实现。

从宏观层面看，区域协调发展通过发挥增长极辐射带动作用推动共同富裕实现。根据循环累积因果理论，经济发展过程在空间上并不是同时产生和均匀扩散的，一些条件较好的区域由于具有初始优势比其他区域超前发展，并通过不断积累有利因素进一步加剧区域间的不平衡。[①] 为了避免条

---

① 徐曼、黄靖：《以区域协调发展推进共同富裕的理论逻辑与实践路径：以广东为例》，《广东经济》2023 年第 3 期。

件较好区域过度积累有利因素，必须推进区域协调发展。区域协调发展是不同发展水平的地区联动发展达到均衡的状态。增长极理论认为，经济增长并不会在所有区域同步发生，区域以不同的强度率先出现于一些增长点或增长极上，然后通过产业链扩展、资本流动、技术溢出等方式向外扩散，逐步影响周边地区，最终对整个经济产生影响。① 区域协调发展并不要求所有的区域处于同一发展水平，既有快速增长的区域，也有发展相对缓慢的区域，但是不同区域的差距应控制在合理的区间和范围内。根据增长极理论，具有区位优势、产业基础或政策红利的快速增长区域，在技术、资本、人才等要素上具有较强的集聚效应。然而，当快速增长区域的聚集效应达到某个点，聚集效应势必会减弱，逐步转化为溢出效应，辐射带动周边区域的发展，使区域增长极的辐射效应转化为区域协调发展的动力，最终实现"先富带后富、区域共富"的目标。例如，大城市作为增长极率先发展，并充分发挥都市圈或城市群联动发展的方式促进中小城市的发展；城市以资金、技术、人才的支持带动乡村发展。然而，政府若不予适当的引导和协调，区域增长极的经济引擎作用无法发挥或发挥不充分，极可能出现"极化效应"，对周边区域的辐射带动效应变成虹吸效应。因此，在推动区域协调发展的过程中，应制定相关的政策指引，充分发挥增长极的溢出效应，通过产业转移、创新外溢、人才流动等方式辐射带动周边区域的发展，形成以增长极为中心的区域联动发展经济体，区域经济发展效率将得到极大提升，区域发展差距不断缩小，共同富裕最终实现。

三 实现共同富裕对区域协调发展的影响机理

从学理上看，区域协调发展与共同富裕具有强关联性，区域协调发展促进共同富裕的实现，反之，实现共同富裕对区域协调发展产生正向影响。根据马克思主义唯物史观等，实现共同富裕主要通过激发人民群众的主观能动性、推动全域协同创新、发挥全面富裕的"引领"对区域协调发展产

---

① F. Perroux, "Economic Space: Theory and Applications," *The Quarterly Journal of Economics* 64, 1950, pp. 89–104.

生积极影响。

从马克思主义唯物史观看，实现共同富裕通过激发人民群众的主观能动性为区域协调发展提供了源源不断的内生动力。共同富裕是全体人民的共同富裕，是人民群众物质层面和精神层面的富裕。实际上，实现共同富裕是解决社会主要矛盾的关键之策，既要满足人民日益增长的美好生活需要，同时也要解决不平衡不充分发展的问题。因此，共同富裕的奋斗目标和它的最终实现不仅可以激发生产者的创造活力，在物质文明层面更好地满足人们对高阶物质条件的需要，而且可以直接让社会全体成员共享发展成果，满足人们在精神层面对社会公正的需要。[①] 共同富裕目标的实现首先需要建立在高度发达的生产力之上，必须以提高经济效率作为物质保障。人民群众是历史的创造者。马克思主义唯物史观强调了人民群众在社会历史中的创造性作用，社会历史的发展是由广大人民群众参与物质生产实践、改造社会的具体行动所推动的。[②] 人民群众在人类历史发展过程中起着决定性作用。习近平总书记指出："人民是历史的创造者，群众是真正的英雄，人民群众是我们力量的源泉。"[③] 作为人类历史实践活动的重要主体，人民群众是物质财富和精神财富的创造者，不仅能创造必需的物质生产生活资料，也能参与精神财富的创造。"生产将以所有的人富裕为目的"[④]，共同富裕的实现既是为了人民，也需要依靠人民群众。因此，在推进共同富裕走深走实的过程中，人民群众共享发展成果，日益增长的美好生活需要逐渐得到满足，社会公平得到彰显，人民群众参与社会财富创造的主观能动性被充分激发，有助于凝聚人民群众的力量，形成推动经济社会发展的强大合力，并逐步形成共建共治共享的社会发展格局，为区域协调发展提供源源不断的内生动力，经济社会朝着更高水平、更高质量、更高效率的方向发展，区域差距逐步缩小，最终实现区域高质量发展。因此，在推进共同富裕实现的过程中，应进一步完善收入分配制度，充分发挥三次分配的作

① 黄冀：《新时代共同富裕的内涵、价值遵循与路径选择》，《天中学刊》2024年第6期。
② 沈婷婷、周琳：《"人民是历史的创造者"的唯物史观解读》，《秦智》2024年第3期。
③ 《习近平谈治国理政》（第二卷），外文出版社，2014，第5页。
④ 习近平：《不断开拓当代中国马克思主义政治经济学新境界》，《求是》2020年第16期。

用，确保全体人民共享发展成果。同时，进一步完善民生领域体制机制，加大对基本公共服务的投入，改善服务设施和提高服务水平，尤其要重视落后地区基本公共服务的发展，让人民群众公平地享受教育、医疗、卫生、文化、体育等基本公共服务，以充分调动人民群众参与经济社会建设的积极性，激发人民群众的创造性，助力区域协调发展。

从高质量发展角度看，实现共同富裕通过全域协同创新为区域协调发展提供可持续保障。共同富裕的实现需要高度发展的生产力为基础。习近平总书记强调要"在高质量发展中促进共同富裕"[①]。发展新质生产力是推动高质量发展的内在要求和重要着力点，科技创新是发展新质生产力的核心要素。[②] 因此，科技创新是推进共同富裕实现的重要支撑。通过充分利用科技战略人才力量，依托系列重要科技创新平台，积极开展科技攻关，持续提升国际科技创新能力，不断开辟高质量发展的新领域新赛道，加快塑造新动能新优势，提升经济社会发展水平和质量。简单而言，以科技创新促进经济高质量发展，进而推动共同富裕目标的实现。共同富裕是全国范围内的富裕，不管是创新发展还是高质量发展，均强调全域范围内的发展，而不是某一区域的创新发展或高质量发展。在高质量发展中促进共同富裕要想落到实处，就需要在各领域、各项重大战略中加快实施创新驱动发展战略，如把科技创新融入区域协调发展战略的实施之中，为区域协调发展提供可持续保障。[③] 具体而言，为了提高生产力发展水平，共同富裕的实现需要在全域内实施创新驱动发展战略，通盘考虑科技创新发展，将全域作为一个整体进行部署和落实。实现共同富裕要打破行政壁垒，将全国的创新资源进行统筹规划，构建区域创新共同体，推动高水平的科技自立自强。区域创新共同体是一定地域范围内不同创新主体通过合作与协同创

---

① 习近平：《扎实推动共同富裕》，《求是》2021 年第 20 期。

② 《发展新质生产力在高质量发展中促进共同富裕》，《人民日报》2024 年 6 月 26 日，第 014 版。

③ 陈健：《新发展阶段共同富裕目标下区域协调发展研究》，《云南民族大学学报》（哲学社会科学版）2022 年第 4 期。

新，形成具有共同创新目标和利益的创新组织。① 在创新共同体内，以快速流动和充分共享的创新资源以及高效顺畅的运行机制为基础②，有效激活各区域创新潜能，形成创新生态系统。与此同时，科技创新水平和能力的提升，不仅能够推动传统产业数字化、智能化、绿色化转型升级，而且能够催生新型产业，为区域发展开辟新赛道，形成经济新增长点，形成发展新优势，推动区域可持续高质量发展。实现共同富裕通过全域协同创新，对于解决发展不平衡不充分矛盾、充分释放区域经济活力以及实现高质量发展具有关键作用，为区域协调发展提供可持续保障。因此，在推进共同富裕实现的过程中，应加快构建支持全面创新的体制机制，塑造良好开放的创新生态，强化区域科技创新力量和加大各种资源要素优化配置的力度，构建全国创新生态系统，为推动区域一体化发展、缩小区域发展差距提供重要支撑。

从目标导向看，实现共同富裕通过全面富裕的"引领"为区域协调发展提供重要指引。共同富裕是一个总体的概念，涉及全体人民群众，覆盖不同区域、城乡、经济社会等方面，是一个复杂性的系统工程。实现共同富裕势必要缩小地区、城乡、行业、群体等不同类型的发展差距，将差距控制在合理的区间。其中，区域是实现共同富裕的重要空间载体，也是影响城乡、行业、群体等方面差距缩小的重要因素。换言之，区域发展差距如不能有效地控制在合理范围内，将影响城乡、行业、群体等方面发展差距的缩小，进而影响共同富裕的实现。因此，在推进共同富裕实现的过程中，应进行系统谋划和统一部署，统筹制定各项政策，明确区域发展方向，协调推动各区域均衡发展。首先，共同富裕强调发展为了人民、发展依靠人民、发展成果由人民共享，这为区域发展提供了目标导向，区域发展必须凸显人民性，以人民为中心，不仅要缩小人民收入差距，还需让人民群众共享经济社会发展成果，如推进基本公共服务均等化，让人民群众平等

---

① 刘玉：《区域协同推动形成新质生产力及区域协调发展新格局的逻辑与思路》，《北京联合大学学报》（人文社会科学版）2025 年第 1 期。

② 王峥，龚轶：《创新共同体：概念、框架与模式》，《科学学研究》2018 年第 1 期。

享受教育、医疗、卫生、文化等公共服务。其次，为实现共同富裕，依靠政府强制性制度变迁和诱导性制度变迁，为区域发展提供体制机制保障和财政资金支持等，助力区域协调发展①，如政府通过财政转移支付等方式帮扶相对滞后地区，同时引导发达地区将产业向外扩展，辐射带动发展相对缓慢地区，为区域实现动态平衡提供方向。最后，在实现共同富裕的过程中，不断完善区域协调发展制度，为区域合作发展、区域一体化发展提供重要指引。如建立生态补偿机制，对在生态保护、资源开发等方面做出牺牲的区域给予合理补偿，为区域间合理利用资源提供制度保障；又如建立全国统一大市场，为资源跨区域流动提供重要平台，使资源得到有效配置，为区域合作发展提供实践指引。简言之，实现共同富裕通过全面富裕的"引领"为区域协调发展提供多方面的重要指引。在实践中，为了如期实现共同富裕的目标、促进区域协调发展，应通过完善基础设施、优化产业政策等方式，打破区域壁垒，引导资本、技术、产业、人才等要素跨区域流动，促进区域协同发展，同时运用适当的政策工具调节区域发展不均衡，如通过设立专项资金、转移支付等方式持续加大对革命老区、民族地区、边疆地区发展的支持，推动其更好地发展，缩小与其他区域的差距，引领区域协调发展形成新格局。

---

① 陈健：《新发展阶段共同富裕目标下区域协调发展研究》，《云南民族大学学报》（哲学社会科学版）2022年第4期。

第二章
区域协调发展与共同富裕的评估测度

习近平总书记指出，共同富裕是社会主义的本质要求，是中国式现代化的重要特征。然而，我国发展不平衡不充分问题仍较突出，城乡区域发展和居民收入分配差距较大，因此要加快步伐、加大气力推动全体人民共同富裕。推动共同富裕，需重点关注几方面：一是经济社会发展需惠及全体人民；二是富裕需兼顾物质生活和精神生活；三是共同富裕并非整齐划一的平均主义。显然，共同富裕的目标要求区域间、城乡间更加协调发展，区域协调发展与共同富裕之间是相辅相成的。

推动区域协调发展和共同富裕，要求科学合理地开展评估监测工作，其中，构建适应新形势需要的评估指标体系是重要环节。本章在借鉴学界已构建的区域协调发展、共同富裕评价指标体系的基础上，遵循区域协调发展与共同富裕的内在逻辑，立足广东省情，围绕"高质量协调发展"与"高水平分享"，尝试构建区域协调发展、共同富裕两套评价指标体系。

第一节 区域协调发展的评价指标体系

本节对已有的区域协调发展评价指标体系进行梳理，在此基础上，结合广东实际情况设计一套区域协调发展的评价指标体系。

一　区域协调发展评价指标体系的研究现状

区域协调发展评价指数是衡量特定区域在地理空间、经济、社会、自然环境等方面协调发展程度的一种相对数。随着人民群众对美好生活需求的日益多元化，我国经济社会发展目标已从比较单一的经济增长，拓展至科技创新、绿色环保、文化丰富、城乡协调等维度，其涵盖面更宽、层次更高。因此，区域协调发展的评价指标体系应该具有多维度、多指标、时代性等特点。此外，由于地区发展状况不尽相同、地方特色明显，在构建评价指标体系时需考虑其合理性和可操作性。比如，对纳入评价指标体系的指标，需考虑是否能够获得该地区的基础数据。

通过梳理文献可以发现，已有学者探讨构建了区域协调发展评价框架，甚至有学者设计了比较细化的量化测度指标体系。例如，姚鹏和叶振宇[1]以"创新、协调、绿色、开放、共享"新发展理念为出发点、基于中国省级数据设计了一套涵盖区域发展差距、区域一体化、城乡协调发展、社会协调发展、资源环境协调发展等方面的区域协调发展评价指标体系。邹一南和韩保江[2]基于省级数据开发了一套覆盖区域协调、城乡协调、物质文明与精神文明协调、经济发展与社会发展协调、经济建设与生态建设协调等方面的区域协调发展评估指标体系。周强[3]、游霭琼等[4]吸取了国家"十四五"规划、党的二十大报告等文件精神，构建了基于市级数据的区域协调发展评估体系。其中，游霭琼等[5]借鉴已有的评估指标体系框架，构建了一个评估广东省区域协调发展水平的指标体系。为便于比较，表2-1列示了前述区域协调发展评估体系。

---

[1]　姚鹏、叶振宇：《中国区域协调发展指数构建及优化路径分析》，《财经问题研究》2019年第9期。

[2]　邹一南、韩保江：《中国经济协调发展评价指数研究》，《行政管理改革》2021年第10期。

[3]　周强：《安徽新时代区域协调发展综合评价研究》，《统计理论与实践》2024年第2期。

[4]　游霭琼、王明珂、吴丹丹：《新时代广东区域协调发展的演变与推进理路》，《新经济》2024年第3期。

[5]　游霭琼、王明珂、吴丹丹：《新时代广东区域协调发展的演变与推进理路》，《新经济》2024年第3期。

表 2-1 一些区域协调发展评价指标体系

文献	评估维度	数据层面	评估区域
姚鹏和叶振宇（2019）	区域发展差距、区域一体化、城乡协调发展、社会协调发展、资源环境协调发展	省级	中国
邹一南和韩保江（2021）	区域协调、城乡协调、物质文明与精神文明协调、经济发展与社会发展协调、经济建设与生态建设协调	省级	中国
周强（2024）	人民基本生活水平、基本公共服务均等化、基础设施通达程度、科技创新支撑能力、地区比较优势发挥、生态环境协同发展	市级	安徽省
游霭琼等（2024）	经济发展协调、公共服务协调、绿色文明协调	市级	广东省

  前述已有指标体系各具特色，为研究区域协调发展的评估监测提供了有益借鉴。值得一提的是，数据源是构建类似评价指标体系的重要制约因素。筛选指标是学理问题，而获取计算指标所需的基础数据是现实问题。[①]区域协调发展的评估监测涉及面广、评估指标的统计来源多样、统计口径不统一或不连续，诸如此类的问题均制约着该主题评价指标体系的构建。由于基础数据无法完全满足评价指标体系的理论框架要求，实践上需经常综合使用多种方法对所设计指标进行计算处理。例如，有时只能采用替代变量，或采用统计方法对所设计的指标进行估算，或混合使用前后年份统计口径不同的数据。这些处理方法都可能影响指数评价监测客观事物的准确性。总体而言，目前基于广东省的区域协调发展评估体系仍然很少。考虑到新形势新阶段的发展需要，对广东的区域协调发展评估监测应考虑纳入更多方面，或者应根据实践中的新形势新阶段调整部分评价指标。鉴于此，本书在借鉴已有的区域协调发展评价指标体系的基础上，尝试构建一个立足广东省情的区域协调发展评价指标体系。

---

  ① 郭跃文、游霭琼、周仲高等：《粤港澳大湾区高水平人才高地建设研究》，社会科学文献出版社，2023，第 46 页。

二 区域协调发展评价指标体系的设计原则

编制评价指标体系本质上是对理论框架的量化表达，其主要目的是协助分析和监测理论框架的整体状况以及内部子系统之间的互动关系。为更好地衡量和比较分析区域协调发展水平，在构建评价指标体系时，既要考虑所纳入评价指标能够较好地反映区域协调发展的理论框架，又要考虑指标数据的可获得性和连续性。基于以上考量，本书力求遵循以下指标体系设计原则。

（一）逻辑性原则，兼顾理论、历史与实践

本书坚持紧扣区域协调发展战略的理论逻辑、历史逻辑和实践逻辑，构建与区域协调发展战略要求相一致的评价指标体系框架。各个小类的指标应能够显著反映相关领域的战略发展目标，在时间维度上能够便于进行纵向比较分析，在区域特征方面能够精准反映广东省的区域协调发展水平。

（二）问题性原则，紧扣区域发展的共性与个性

针对广东省区域间、城乡间发展差距大且不平衡的重要特征，本书力求靶向性设计反映广东区域协调发展重大问题和主要矛盾的评估监测指标。所纳入评估指标应有助于分析归纳广东区域协调发展的优势和短板，诊断识别当前广东区域协调发展存在的关键问题、突出问题和苗头问题。

（三）前瞻性原则，瞄准新形势发展需求

本书力求充分考虑国家区域协调发展的全局战略要求，科学设计能够贯彻党的二十大等重要会议精神、《中华人民共和国国民经济和社会发展第十四个五年规划和 2035 年远景目标纲要》等文件精神的评价指标。在立足广东发展现状基础上，所构建的评价指标体系应既有一定创新性，又能够充分体现广东区域发展特点，还能够衔接《广东省国民经济和社会发展第十四个五年规划和 2035 年远景目标纲要》及广东省"1310"具体部署等相关文件精神。

（四）务实性原则，确保指标监测可操作

本书注重评价指标设计的实用性和可操作性，充分考虑所纳入指标

数据的可持续性、可比性。在选取评价指标时，应确保每个评价指标的基础数据可以通过公开渠道获取。在选择评价指标数据源时，本书坚持"以统计局数据为主、其他渠道统计资源为辅"的原则，对个别因统计频率低等造成的数据缺失，综合考虑采用比较合理的方法进行适当填充。

三　区域协调发展评价指数的构建原理

（一）指标体系的内在逻辑

本书紧扣区域协调发展的基本内涵，综合借鉴既有区域协调发展评价指标体系的设计思路，设置区域发展差距与协同、城乡发展差距与融合两个一级指标，在每个一级指标下设立两个二级指标，分别为区域发展差距与区域发展协同及城乡发展差距与城乡发展融合，每个二级指标都包含数量不等的三级指标，形成"2+4+N"的指标体系。该指标体系框架体现了区域协调发展水平测度的"两大特征、四个关键、多点体现"。"两大特征"是指，区域协调发展水平既体现在地理空间上的平衡与协同，又反映了城乡之间的协作与融合。"四个关键"从差距、协同（或融合）两个维度考察区域之间和城乡之间的协调发展程度，其中包括区域之间的发展水平差距、区域之间的发展协同程度、城市与乡村之间的发展水平差距和城市与乡村之间的融合水平。"多点体现"意指区域协调发展水平的重要特征或关键方面可通过侧重点不同的多个量化指标进行综合衡量（见图2-1、表2-2）。

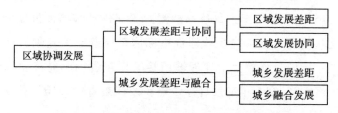

图2-1　区域协调发展评价指标体系框架结构

表 2-2　区域协调发展评价指标体系

一级指标	二级指标	三级指标	指标属性
区域发展差距与协同	区域发展差距	A1. 人均 GDP	负向
		A2. 人均可支配收入水平	负向
		A3. 全员劳动生产率	负向
		A4. 固定资产投资占 GDP 比重	负向
		A5. 研发支出占 GDP 比重	负向
		A6. 人均一般公共预算支出	负向
		A7. 公共财政教育支出占 GDP 比重	负向
		A8. 生均教育财政支出	负向
		A9. 城镇就业人数占劳动年龄人口比重	负向
		A10. 城乡居民基本养老保险覆盖面	负向
		A11. 每千人卫生人员数	负向
		A12. 每万人医疗机构床位数	负向
		A13. 单位 GDP 能源消耗量	负向
		A14. 单位 GDP 二氧化碳排放量	负向
	区域发展协同	A15. 地区产业联动强度	正向
		A16. 区域创新协同度	正向
		A17. 劳动力市场一体化指数	正向
		A18. 资本市场一体化指数	正向
		A19. 高速公路和铁路的路网密度	正向
城乡发展差距与融合	城乡发展差距	A20. 城乡居民人均可支配收入差距	负向
		A21. 城乡恩格尔系数差距	负向
		A22. 城乡教育差距	负向
		A23. 城乡居民医疗保障支出差距	负向
		A24. 城乡卫生水平差距	负向
	城乡发展融合	A25. 常住人口城市化率	正向
		A26. 户籍人口城市化率	正向
		A27. 建设占用耕地面积	正向
		A28. 农村劳动力转移	正向

（二）指标权重的计算方法

本书构建的区域协调发展评价指标体系属于多指标评价体系。具体操作时，需对纳入评价体系的指标按合理的权重进行加总，最终形成一个总指数，用于测度一个地区的区域协调发展总体水平。其中，需要选择合理的权重设定规则。学界普遍采用的赋权方法有主观赋权法和客观赋权法两种。主观赋权法一般基于所评估领域专家对纳入指标权重的打分，在不统计分析指标数据情况下，通过专家们的群体智慧对指标权重进行相对科学合理的设定。客观赋权法则在统计分析指标数据的基础上，按评价对象分项指标实际水平计算各指标的贡献度，进而设定指标权重。客观赋权法的优势是最大限度地避免主观判断。本书借鉴徐雪和王永瑜[①]的研究经验，采用熵值法设定本指标体系的指标权重。

理论上讲，熵值法的主要思想是根据各项评价指标数据所提供的信息来确定指标权重。具体操作步骤如下。

第一步，选取 m 个方案，n 个指标，记 X_{ij} 为标准化前的第 i 个方案的第 j 项指标数据，其中 $i=1, 2, \cdots, m$；$j=1, 2, \cdots, n$。

第二步，使用极差法对各项指标数据进行归一化处理，以消除不同测度指标在数量级和量纲方面的不一致性。具体处理方法如式（2-1）与式（2-2）所示。

当指标数值越高越好，即为正向指标时，

$$Y_{ij} = \frac{X_{ij} - \min X_j}{\max X_j - \min X_j} \tag{2-1}$$

当指标数值越低越好，即为负向指标时，

$$Y_{ij} = \frac{\max X_j - X_{ij}}{\max X_j - \min X_j} \tag{2-2}$$

其中，X_{ij} 表示标准化前的第 i 个方案的第 j 项指标数据，X_j 表示标准化前的第 j 项指标数据，Y_{ij} 表示标准化后的第 i 个方案的第 j 项指标数据。

---

① 徐雪、王永瑜：《中国乡村振兴水平测度、区域差异分解及动态演进》，《数量经济技术经济研究》2022 年第 5 期。

第三步，计算第 i 个方案占第 j 项指标的比重。处理方法如式（2-3）所示：

$$P_{ij} = \frac{Y_{ij}}{\sum_{i=1}^{m} Y_{ij}} \qquad (2-3)$$

其中，P_{ij} 表示第 j 个指标下第 i 个方案的比重。

第四步，计算第 j 项指标的熵值和差异系数。具体如式（2-4）所示：

$$E_j = -k \times \left[\sum_{i=1}^{m} P_{ij} \ln(P_{ij}) \right] \qquad (2-4)$$

其中，k 为等于 $\frac{1}{\ln m}$ 的常数，E_j 是第 j 项指标的熵值。

$$D_j = 1 - E_j \qquad (2-5)$$

其中，D_j 是第 j 项指标的差异系数。

第五步，计算各项指标的权重。具体如式（2-6）所示：

$$W_j = \frac{D_j}{\sum_{j=1}^{n} D_j} \qquad (2-6)$$

第六步，计算各个方案的综合得分。具体如式（2-7）所示：

$$S_i = \sum_{j=1}^{n} W_j Y_{ij} \qquad (2-7)$$

（三）指数的计算方法

指数是对评估对象属性的量化描述。众所周知，事物一般具有多面性。以汽车性能为例，评估一辆汽车的性能，一般要综合测评其动力性能（如最高车速、加速时间、爬坡性能等）、经济性能（如能耗效率）、制动性能（如制动距离）、通过性能（如最小转弯半径、接近角、离去角、纵向通过角等）、操纵稳定性、有害气体排放等方面的指标性能，而不能仅以个别指标论英雄。因此，在量化描述客观事物时，要避免陷入仅从单一方面描述事物的"盲人摸象"误区。指数构建的逻辑大体相似。确切地讲，就是应设计多个指标变量以描述评估对象不同方面的属性，再将这些指标变量依据一定的规则进行合成归一，最终形成一个能相对客观地反映评估对象总体水平的综合指数。

本书构建的区域协调发展评价指数是由多个指标变量合成的综合指数。指标变量的合成原理如下：设计 k 个描述某区域的区域协调发展水平的指标变量。假设所评估的区域内有 n 个地区。采集 n 个地区 t 时期内 k 个观测值的原始值 x_{ijt}（$1 \leqslant i \leqslant n$，$1 \leqslant j \leqslant k$），利用无量纲化技术将 x_{ijt} 转化成相应的无量纲化值 s_{ijt}。然后，依据以下计算公式对各指标变量的无量纲化值 s_{ijt} 进行加权平均，最终形成易于分析讨论的综合指数。

$$Q_t = \sum w_{ij} s_{ijt} \tag{2-8}$$

其中，w_{ij} 表示地区第 j 个指标变量的权重，式（2-8）中所有变量的权重加总为 1，即 $\sum w_{ij} = 1$；s_{ijt} 表示地区 i 第 j 个指标变量在 t 时期的无量纲化值。

在多指标评价指标体系中，由于各指标变量性质不同，在合成指数时不能对各指标变量的原始数据进行直接加总或简单平均化处理。对此问题，常用的解决办法是无量纲化处理，即通过数学公式转换，将各指标变量的原始值变换成统一参照维度的数值（即无量纲化值），进而对它们进行简单的加减计算。本书参考郭跃文等[①]的研究，采用基于最大值、最小值的无量纲化方法，具体如以下无量纲化公式所示。

正向指标的标准值：

$$s_{ijt} = \frac{x_{ijt} - \min x_{ijt}}{\max x_{ijt} - \min x_{ijt}} \tag{2-9}$$

逆向指标的标准值：

$$s_{ijt} = \frac{\max x_{ijt} - x_{ijt}}{\max x_{ijt} - \min x_{ijt}} \tag{2-10}$$

（四）指标变量的解释说明

本节对纳入区域协调发展评价指标体系的指标变量进行逐一描述。在后续对相关指标进行统计分析时，对数据缺失严重的个别指标，本书采取

[①] 郭跃文、游霭琼、周仲高等：《粤港澳大湾区高水平人才高地建设研究》，社会科学文献出版社，2023，第46页。

剔除指标的方式或者仅在省域层面分析讨论。

1. 人均 GDP

指所评估区域内各地区的人均地区生产总值。该指标一定程度上反映了地区的经济发展水平。计算公式如下:

$$x_{i1t} = \frac{GDP_{i1t}}{POP_{i1t}} \tag{2-11}$$

其中,GDP_{i1t} 指地区 i 在 t 时期的地区生产总值,POP_{i1t} 指地区 i 在 t 时期的常住人口,x_{i1t} 指地区 i 在 t 时期的人均地区生产总值。

数据来源:历年《广东统计年鉴》、广东省各地市统计年鉴。

2. 人均可支配收入水平

指所评估区域内各地区的人均可支配收入水平。该指标一定程度上反映了各地区的富足水平。其中,2013 年之后的《广东统计年鉴》均披露了各地级市人均可支配收入水平。2013 年及之前,《广东统计年鉴》没有披露各地级市的人均可支配收入水平数据。本书按以下公式估算 2013 年及之前的地级市人均可支配收入水平。

$$x_{i2t} = Dinc\_City_{i2t} \times Uban\_Rate_{i2t} + Dinc\_Country_{i2t} \times (1 - Uban\_Rate_{i2t}) \tag{2-12}$$

其中,x_{i2t} 指地区 i 在 t 时期的人均可支配收入水平,$Dinc\_City_{i2t}$ 指地区 i 在 t 时期的城镇居民人均可支配收入,$Uban\_Rate_{i2t}$ 指地区 i 在 t 时期的常住人口城镇化率,$Dinc\_Country_{i2t}$ 指农村居民人均纯收入。

数据来源:历年《广东统计年鉴》、广东省各地市统计年鉴。2013 年及之前,统计年鉴未披露地市居民可支配收入,只披露城镇居民人均可支配收入、农村居民人均纯收入。

3. 全员劳动生产率

指所评估区域内各地区的地区生产力水平。计算公式如下:

$$x_{i3t} = \frac{GDP_{i3t}}{Labor_{i3t}} \tag{2-13}$$

其中,GDP_{i3t} 指地区 i 在 t 时期的地区生产总值,$Labor_{i3t}$ 指地区 i 在 t 时期的就业人数,x_{i3t} 指地区 i 在 t 时期的全员劳动生产率。

数据来源：历年《广东统计年鉴》、广东省各地市统计年鉴。

4. 固定资产投资占 GDP 比重

指所评估区域内各地区的固定资产投资占 GDP 的比重。投资是拉动地区经济增长的"三驾马车"之一，因此，固定资产投资占 GDP 比重一定程度上反映了一个地区的经济增长潜力。计算公式如下：

$$x_{i4t} = \frac{FixedInv_{i4t}}{GDP_{i4t}} \qquad (2-14)$$

其中，GDP_{i4t} 指地区 i 在 t 时期的地区生产总值，$FixedInv_{i4t}$ 指地区 i 在 t 时期的固定资产投资，x_{i4t} 指地区 i 在 t 时期的固定资产投资占 GDP 比重。

数据来源：历年《广东统计年鉴》、广东省各地市统计年鉴。其中，2018~2022 年固定资产投资的数据基于增长率测算得出。

5. 研发支出占 GDP 比重

指所评估区域内各地区的研究与开发（R&D）经费的投入强度。该指标在国际上被广泛用于衡量一个国家或地区的自主创新投入水平。随着我国创新驱动发展战略的深入实施，研发支出占 GDP 比重已成为监测地方科技创新能力的核心指标，在区域经济社会的决策管理中发挥着越来越重要的作用。研发支出占 GDP 比重的计算公式如下：

$$x_{i5t} = \frac{RD_{i5t}}{GDP_{i5t}} \qquad (2-15)$$

其中，GDP_{i5t} 指地区 i 在 t 时期的地区生产总值，RD_{i5t} 指地区 i 在 t 时期的研发支出，x_{i5t} 指地区 i 在 t 时期的研发支出占 GDP 比重。

数据来源：历年《广东统计年鉴》、广东省各地市统计年鉴、历年广东省科技经费投入公报。

6. 人均一般公共预算支出

指所评估区域内各地区的人均一般公共预算支出。一般公共预算支出指国家将筹集起来的财政资金进行分配使用，以满足经济社会发展需要，其中包括一般公共服务、教育、医疗卫生、科学技术、文化体育、住房保障、社会保障和就业、基础设施、节能环保、城乡社区、商业服务、金融

服务、国防、外交、公共安全、农林水、交通运输、资源勘探、援助其他
地区、国土海洋气象、粮油物资储备、债务付息、债务发行费用等方面的
支出。人均一般公共预算支出体现了转移支付及税收返还后的二次分配效
应，也反映了地方政府提供基本公共服务的能力与水平，其计算公式如下：

$$x_{i6t} = \frac{PubBudget_{i6t}}{POP_{i6t}} \qquad (2-16)$$

其中，POP_{i6t} 指地区 i 在 t 时期的常住人口，$PubBudget_{i6t}$ 指地区 i 在 t
时期的一般公共预算支出，x_{i6t} 指地区 i 在 t 时期的人均一般公共预算支出。

数据来源：历年《广东统计年鉴》、广东省各地市统计年鉴。

7. 公共财政教育支出占 GDP 比重

指所评估区域内各地区的公共财政教育支出占 GDP 的比重。该指标反
映了一个地区对教育领域的投入强度。公共财政教育支出一般用于义务教
育、职业教育、高等教育、特殊教育、学前教育和成人教育等领域的发展。
公共财政教育经费主要来自中央财政拨款、地方财政拨款、税收收入、专
项基金（如社会捐款、国际援助）、教育部门自身的创收（如学校的学费收
入、校办产业应收）等渠道，地方政府还可能通过发行教育债券或向金融
机构贷款等途径筹集资金用于大型教育基础设施、教育改革项目等。公共
财政教育支出占 GDP 比重的计算公式如下：

$$x_{i7t} = \frac{EDU_{i7t}}{GDP_{i7t}} \qquad (2-17)$$

其中，GDP_{i7t} 指地区 i 在 t 时期的地区生产总值，EDU_{i7t} 指地区 i 在 t 时
期的公共财政教育支出，x_{i7t} 指地区 i 在 t 时期的公共财政教育支出占 GDP
比重。

数据来源：历年《广东统计年鉴》、广东省各地市统计年鉴。

8. 生均教育财政支出

指所评估区域内各地区在校学生享有的人均公共教育财政支出费用。
该指标一定程度上反映了一个地区的教育投入水平。生均教育财政支出的
计算公式如下：

$$x_{i8t} = \frac{EDU_{i8t}}{STUPOP_{i8t}}$$ (2-18)

其中，x_{i8t} 指地区 i 在 t 时期的生均教育财政支出，EDU_{i8t} 指地区 i 在 t 时期的公共财政教育支出，$STUPOP_{i8t}$ 指地区 i 在 t 时期的在校学生数。在校学生数指高等学校、中等职业技术学校、技工学校、普通中学、小学、特殊教育学校等类型学校在校学生数量的合计。

数据来源：历年《广东统计年鉴》、广东省各地市统计年鉴。

9. 城镇就业人数占劳动年龄人口比重

指所评估区域内各地区劳动年龄人口中的城镇就业人数占比。该指标一定程度上反映了一个地区的城镇人口就业率情况和一定时期内全部劳动力资源的实际利用情况。城镇就业人数占劳动年龄人口比重的计算公式如下：

$$x_{i9t} = \frac{URBANLABOR_{i9t}}{LABORPOP_{i9t}}$$ (2-19)

其中，x_{i9t} 指地区 i 在 t 时期的城镇就业人数占劳动年龄人口比重，$URBANLABOR_{i9t}$ 指地区 i 在 t 时期的城镇就业人数，$LABORPOP_{i9t}$ 指地区 i 在 t 时期的劳动年龄人口。

数据来源：历年《广东统计年鉴》以及广东省各地市统计年鉴和人口普查公报。在个别地市（如东莞）统计年鉴中的"2-6 按三次产业分就业人员年末人数"披露了城镇就业人数。对未披露准确城镇就业人数的地市（如广州、佛山），本书采用"第二产业从业人数+第三产业从业人数"的方法估算城镇就业人数。对个别完全缺失的数据，本书采用线性插值法填充。另外，政府部门在 2015 年的户籍人口统计中，将统计口径由原来的"农业""非农业"人口更改为"城镇""乡村"。劳动年龄人口（15~59 岁年龄段人口）的数据基于第六、七次人口普查或年鉴中披露的数据进行线性插值得出。

10. 城乡居民基本养老保险覆盖面

指所评估区域内各地区城乡居民基本养老保险的参保率。该指标一定程度上反映了一个地区的居民基本养老保险社会保障水平。城乡居民基本养老保险覆盖面的计算公式如下：

$$x_{i10t} = \frac{URBANINS_{i10t} + COUNTRYINS_{i10t}}{POP16_{i10t} - POPSTU_{i10t} - POPSODIER_{i10t}} \qquad (2-20)$$

其中，x_{i10t} 指地区 i 在 t 时期的城乡居民基本养老保险覆盖面，$URBAN$-INS_{i10t} 指地区 i 在 t 时期的城镇职工基本养老保险参保人数，$COUNTRYINS_{i10t}$ 指地区 i 在 t 时期的城乡基本养老保险参保人数，$POP16_{i10t}$ 指地区 i 在 t 时期的 16 岁及以上人口，$POPSTU_{i10t}$ 指地区 i 在 t 时期的在校学生数，POP-$SODIER_{i9t}$ 指地区 i 在 t 时期的现役军人数。

数据来源：历年《广东统计年鉴》以及广东省各地市统计年鉴和人口普查公报。其中，2019 年之前的统计年鉴披露了各地市城乡居民基本养老保险参保人数，2019 年及之后的统计年鉴披露了城镇职工基本养老保险参保人数和城乡基本养老保险参保人数。考虑到基础数据可获得情况，采用常住人口替换指标公式中的分母进行估算。

11. 每千人卫生人员数

指所评估区域内各地区医疗卫生服务人员在地区人口中的比例。该指标一定程度上反映了一个地区的医疗卫生公共服务水平。每千人卫生人员数的计算公式如下：

$$x_{i11t} = \frac{MHLABOR_{i11t}}{POP_{i11t}} \qquad (2-21)$$

其中，x_{i11t} 指地区 i 在 t 时期的每千人医疗卫生工作人员数，$MHLABOR_{i11t}$ 指地区 i 在 t 时期的医疗卫生工作人员数，POP_{i11t} 指地区 i 在 t 时期的常住人口（千人）。

数据来源：历年《广东统计年鉴》以及广东省各地市统计年鉴和人口普查公报。

12. 每万人医疗机构床位数

指所评估区域内各地区每万人口拥有的医疗机构床位数。该指标一定程度上反映了一个地区的医疗卫生公共服务水平。每万人医疗卫生床位数的计算公式如下：

$$x_{i12t} = \frac{MHBED_{i12t}}{POP_{i12t}} \qquad (2-22)$$

其中，x_{i12t} 指地区 i 在 t 时期的每万人医疗卫生床位数，$MHBED_{i12t}$ 指地区 i 在 t 时期的医疗卫生床位数，POP_{i12t} 指地区 i 在 t 时期的常住人口（万人）。

数据来源：历年《广东统计年鉴》以及广东省各地市统计年鉴和人口普查公报。

13. 单位 GDP 能源消耗量

指所评估区域内各地区经济活动中单位产出的能源消耗量。该指标一定程度上反映了一个地区经济社会发展中的能源利用效率（即节能水平）。在新发展理念引领经济社会发展的当下，单位 GDP 能源消耗量是评价监测发展质量的重要指标。单位 GDP 能源消耗量的计算公式如下：

$$x_{i13t} = \frac{ENGERY_{i13t}}{GDP_{i13t}} \qquad (2-23)$$

其中，x_{i13t} 指地区 i 在 t 时期的单位 GDP 能源消耗量，$ENGERY_{i13t}$ 指地区 i 在 t 时期总共消耗的折算成吨标准煤能量的能源，GDP_{i13t} 指地区 i 在 t 时期的地区生产总值。

数据来源：历年《广东统计年鉴》、广东省各地市统计年鉴。其中，2010~2013 年的统计年鉴披露了各地市的单位 GDP 能耗，2014 年起仅公布单位 GDP 能耗的增长速度。

14. 单位 GDP 二氧化碳排放量

指所评估区域内各地区经济活动中单位产出的二氧化碳排放量。该指标一定程度上反映了一个地区经济社会发展中的环境保护水平。在新发展理念引领经济社会发展的当下，单位 GDP 二氧化碳排放量是评价监测发展质量的重要指标。单位 GDP 二氧化碳排放量的计算公式如下：

$$x_{i14t} = \frac{CO_{2i14t}}{GDP_{i14t}} \qquad (2-24)$$

其中，x_{i14t} 指地区 i 在 t 时期的单位 GDP 二氧化碳排放量，GDP_{i14t} 指地

区 i 在 t 时期的地区生产总值，CO_{2i14t} 指地区 i 在 t 时期的二氧化碳等价总排放量，CO_{2i14t} 的测算参考丛建辉等[①]的方法，采用最新的范围 1、范围 2 和范围 3 核算标准，即 CO_{2i14t} = 范围 1 排放+范围 2 排放+范围 3 排放。三类范围的具体标准如下：范围 1 是指城市辖区内的所有直接排放，主要包括交通和建筑、工业生产过程、农林业与土地利用变化、废弃物处理活动产生的温室气体排放；范围 2 是指发生在城市辖区外的与能源有关的间接排放，主要包括为满足城市消费而外购的电力、供热、制冷等产生的排放；范围 3 指由城市内部活动引起，产生于辖区之外，但不包括在范围 2 内的其他间接排放，包括城镇从辖区外购买的所有物品在生产、运输、使用和废弃物处理环节的温室气体排放。

数据来源：各级统计年鉴、相关统计资料等。其中，能源部分分能源品种分部门的能源消费数据来源于《中国能源统计年鉴》以及各级统计年鉴；工业过程和产品使用数据从《中国工业统计年鉴》以及各级统计年鉴获取；农业、林业和其他土地利用活动数据从《中国农业统计年鉴》《中国畜牧业年鉴》《中国林业和草原统计年鉴》以及各级统计年鉴获取；废弃物处理的数据通过《中国环境统计年鉴》以及各级统计年鉴获取；外购电力、供热和制冷数据来源于《中国城市统计年鉴》《中国能源统计年鉴》以及各级统计年鉴。排放因子以官方公布的相关数据为准，具体包括《省级温室气体排放清单指南（试行）》、各级政府发布的碳排放清单指南，若有缺失数据，则通过 IPCC 排放因子数据库进行补充。

15. 地区产业联动强度

指所评估区域内各地区的产业发展联动强度。该指标一定程度上反映了一个地区产业发展中产业之间分工合作的密切程度。区域创新协同度的测算参考肖琨等[②]的方法。

数据来源：历年《广东统计年鉴》、广东省各地市统计年鉴。

---

① 丛建辉、刘学敏、赵雪如：《城市碳排放核算的边界界定及其测度方法》，《中国人口·资源与环境》2014 年第 4 期。

② 肖琨、叶琳、李黎、张欢、刘琳：《基于改进引力模型的武汉城市圈经济联系分析》，《城市勘测》2021 年第 6 期。

16. 区域创新协同度

指所评估区域内各地区的创新活动协同程度。该指标一定程度上反映了一个地区内生的创新能力。区域创新协同度的测算参考邓晶等[①]的方法。

数据来源：历年《广东科技年鉴》、广东省各地市统计年鉴及统计公报、百度地图。对于个别缺失的数据，本书采取线性插值法进行填充。

17. 劳动力市场一体化指数

指所评估区域内各地区劳动力市场的一体化程度。该指标一定程度上反映了一个地区劳动力市场的整合程度。劳动力市场一体化指数的测算参考韩笑和彭桥[②]的方法，限于篇幅，这里不再赘述。

数据来源：历年《广东统计年鉴》、广东省各地市统计年鉴。2022年的指数值，因缺失相关基础数据，本书采取插值法填充，再进行熵值加权计算得出。

18. 资本市场一体化指数

指所评估区域内各地区资本市场的一体化程度。该指标一定程度上反映了一个地区资本市场的整合程度。资本市场一体化指数的测算参考韩笑和彭桥[③]的方法，限于篇幅，这里不再赘述。

数据来源：历年《广东统计年鉴》、广东省各地市统计年鉴。2018年起的指数值，因统计年鉴只披露3类固定资产投资的增速，本书采取基于增速计算3类固定资产投资的方法，再进行熵值加权计算得出。

19. 高速公路和铁路的路网密度

指所评估区域内各地区高速公路和铁路的路网密度。该指标一定程度上反映了一个地区的交通基础设施水平。高速公路和铁路的路网密度的计

[①] 邓晶、黄珊、幸小云、王宁：《区域协同创新对城市群绿色经济发展的影响研究》，《城市问题》2022年第4期。

[②] 韩笑、彭桥：《统一大市场、产业结构调整与区域经济差距》，《当代经济管理》2023年第11期。

[③] 韩笑、彭桥：《统一大市场、产业结构调整与区域经济差距》，《当代经济管理》2023年第11期。

算公式如下：

$$x_{i19t} = \frac{ROAD_{i19t}}{AREA_{i19t}} \qquad (2-25)$$

其中，x_{i19t} 指地区 i 在 t 时期的高速公路路网密度，$ROAD_{i19t}$ 指地区 i 在 t 时期的高速公路里程数，$AREA_{i19t}$ 指地区 i 在 t 时期的行政区域面积。

数据来源：历年《广东统计年鉴》、广东省各地市统计年鉴、《中国城市统计年鉴》。其中，2020~2022 年的数据缺失，本书采用 2019 年的数据计算得出。

20. 城乡居民人均可支配收入差距

指所评估区域内各地区城镇居民与农村居民的人均可支配收入差距。该指标一定程度上反映了一个地区的城乡居民收入差距。城乡居民人均可支配收入差距的计算公式如下：

$$x_{i20t} = URBANINC_{i20t} - COUNTRYINC_{i20t} \qquad (2-26)$$

其中，x_{i20t} 指地区 i 在 t 时期的城乡居民人均可支配收入差距，$URBANINC_{i20t}$ 指地区 i 在 t 时期的城镇居民人均可支配收入，$COUNTRYINC_{i20t}$ 指地区 i 在 t 时期的农村居民人均可支配收入。

数据来源：历年《广东统计年鉴》、广东省各地市统计年鉴。由于统计口径不同，2010~2013 年统计年鉴只披露农村居民人均纯收入（而非农村居民人均可支配收入），因此，对该期间该变量的计算，本书采用农村居民人均纯收入替换农村居民人均可支配收入。

21. 城乡恩格尔系数差距

指所评估区域内各地区城镇居民与农村居民的恩格尔系数差距。恩格尔系数指居民家庭中食品消费占总消费的份额，该指标被广泛用于衡量居民生活水平。城乡恩格尔系数差距在一定程度上反映了一个地区的城乡居民生活水平差距。城乡恩格尔系数差距的计算公式如下：

$$x_{i21t} = URBANENGEL_{i21t} - COUNTRYENGEL_{i21t} \qquad (2-27)$$

其中，x_{i21t} 指地区 i 在 t 时期的城乡恩格尔系数差距，$URBANENGEL_{i21t}$

指地区 i 在 t 时期的城镇居民恩格尔系数，$COUNTRYENGEL_{i21t}$ 指地区 i 在 t 时期的农村居民恩格尔系数。

数据来源：历年《广东统计年鉴》以及广东省各地市统计年鉴和统计公报。对个别年份的缺失数据，采用线性插值法填充。

22. 城乡教育差距

指所评估区域内各地区城镇与农村的教育水平差距。该指标一定程度上反映了一个地区的城乡社会发展差距。城乡教育差距的计算公式如下：

$$x_{i22t} = URBANEDU_{i22t} - COUNTRYEDU_{i22t} \qquad (2\text{-}28)$$

其中，x_{i22t} 指地区 i 在 t 时期的城乡教育差距，$URBANEDU_{i22t}$ 指地区 i 在 t 时期的生均公共财政预算教育经费支出，$COUNTRYEDU_{i22t}$ 指地区 i 在 t 时期的生均公共财政预算教育经费支出。

数据来源：历年《广东统计年鉴》、广东省各地市统计年鉴。

23. 城乡居民医疗保障支出差距

指所评估区域内各地区城镇居民与农村居民的医疗保障支出水平差距。该指标一定程度上反映了一个地区的城乡社会发展差距。城乡居民医疗保障支出差距的计算公式如下：

$$x_{i23t} = URBANME_{i23t} - COUNTRYME_{i23t} \qquad (2\text{-}29)$$

其中，x_{i23t} 指地区 i 在 t 时期的城乡居民医疗保障支出差距，$URBANME_{i23t}$ 指地区 i 在 t 时期的城镇居民人均公共财政预算医疗卫生支出，$COUNTRYME_{i23t}$ 指地区 i 在 t 时期的农村居民人均公共财政预算医疗卫生支出。

数据来源：历年《广东统计年鉴》、广东省各地市统计年鉴。

24. 城乡卫生水平差距

指所评估区域内各地区城镇与农村的卫生水平差距。该指标一定程度上反映了一个地区的城乡社会发展差距。城乡卫生水平差距的计算公式如下：

$$x_{i24t} = URBANHE_{i24t} - COUNTRYHE_{i24t} \qquad (2\text{-}30)$$

其中，x_{i24t} 指地区 i 在 t 时期的居民医疗保障支出差距，$URBANHE_{i24t}$ 指

地区 i 在 t 时期的城市每千人卫生人员数，$COUNTRYHE_{i24t}$ 指地区 i 在 t 时期的农村每千人卫生人员数。

数据来源：历年《广东统计年鉴》、广东省各地市统计年鉴。

25. 常住人口城市化率

指所评估区域内各地区城镇地域上的常住人口占该地区全部常住人口的比重。该指标一定程度上反映了一个地区的城镇化推进程度。常住人口城市化率的计算公式如下：

$$x_{i25t} = \frac{URBANRENKOU_{i25t}}{POPLIVE_{i25t}} \qquad (2-31)$$

其中，x_{i25t} 指地区 i 在 t 时期的常住人口城市化率，$URBANRENKOU_{i25t}$ 指地区 i 在 t 时期的城市区域常住人口，$POPLIVE_{i25t}$ 指地区 i 在 t 时期的常住人口。

数据来源：历年《广东统计年鉴》以及广东省各地市统计年鉴和统计公报。

26. 户籍人口城市化率

指所评估区域内各地区的城镇户籍人口占该地区全部户籍人口的比重。该指标一定程度上反映了一个地区的城镇化推进程度。户籍人口城市化率的计算公式如下：

$$x_{i26t} = \frac{URBANHUJIPOP_{i26t}}{POPHUJI_{i26t}} \qquad (2-32)$$

其中，x_{i26t} 指地区 i 在 t 时期的户籍人口城市化率，$URBANHUJIPOP_{i26t}$ 指地区 i 在 t 时期的城镇户籍人口，$POPHUJI_{i26t}$ 指地区 i 在 t 时期的户籍人口。

数据来源：历年《广东统计年鉴》以及广东省各地市统计年鉴和统计公报。

27. 建设占用耕地面积

指所评估区域内各地区的建设占用耕地面积。该指标一定程度上反映了一个地区经济发展过程中城乡融合的程度。建设占用耕地面积的测算参考刘涛等①的方法。

28. 农村劳动力转移

指所评估区域内各地区的农村劳动力向非农产业转移的程度。该指标一定程度上反映了一个地区劳动力市场的城乡融合程度。农村劳动力转移的测算参考田云和贺宜畅②的方法，限于篇幅，这里不再赘述。

第二节　共同富裕的评价指标体系

在梳理、吸纳已有共同富裕指标体系研究成果基础上，基于广东实践，采用与本章第一节区域协调发展指标体系相近的指标权重计算方法和指数构建方法，来设计共同富裕评价指标体系。其中，本指标体系的指标权重计算方法和指数构建方法与本章第一节区域协调发展指标体系的原理非常相似，本节不再赘述。

一　共同富裕评价指标体系的研究现状

共同富裕评价指数是衡量特定区域经济社会发展程度以及当地民众分享地区发展成果公平程度的一组相对数。共同富裕属于经济学概念，其内涵涉及两个层面，即"富裕"和"共同"。因此，评价特定区域的共同富裕，一方面是看该地区的发展水平，其中包括生产力水平、科技创新实力、公共服务水平、绿色宜居等，另一方面是看当地民众分享发展成果的公平程度，其中涉及公民在经济收入、文化娱乐、医疗卫生、教育、养老等方面的分配公平。在筛选共同富裕评价指数的评价指标时，既要考虑指标的代表性，又要考虑指标的时代性，也要考虑指标的地区性。

近年来，为适应新时代社会发展实践，理论界对共同富裕的研讨呈井喷态势。面对我国贫富差距、教育卫生等公共资源不均等、社会保障体系

---

① 刘涛、史秋洁、王雨、杨宇：《中国城乡建设占用耕地的时空格局及形成机制》，《地理研究》2018 年第 8 期。

② 田云、贺宜畅：《农村劳动力转移促进了农业碳减排吗——基于 30 个省份的面板数据检验》，《中国地质大学学报》（社会科学版）2023 年第 5 期。

不完善、生态环境恶化等社会问题，党中央高度重视并着力解决。2015 年 10 月 18 日，习近平总书记在党的十八届五中全会上提出"创新、协调、绿色、开放、共享"的新发展理念，并对"共享发展"做了深入阐述。2017 年 10 月，习近平总书记在党的十九大报告中再次强调促进社会公平正义的发展目标。2020 年 10 月 29 日，党的十九届中央委员会第五次全体会议通过《中共中央关于制定国民经济和社会发展第十四个五年规划和二〇三五年远景目标的建议》，将"全体人民共同富裕"作为"十四五"规划的基本原则。2022 年 10 月，党的二十大报告进一步提出，中国式现代化是"全体人民共同富裕"的现代化，是"物质文明与精神文明协调"的现代化，是"人与自然和谐共生的现代化"。应该讲，学界对共同富裕相关概念的内涵、目标、实现路径等已开展比较全面的探讨。不过相较而言，针对共同富裕的评估测度仍存较大研究空间。

理论上讲，构建评价指标体系时，一般需要对评估对象的特征内涵进行从大到小、由外而内的分层次剖析，其中，最上一层维度（即一级指标）的确定相当关键。已有文献中，蒋永穆和豆小磊[1]从人民性、共享性、发展性、安全性四个维度筛选评价指标，以构建共同富裕的评价指标体系。陈丽君等[2]构建的共同富裕评价指标体系注重发展性、共享性与可持续性三个维度。刘涛和陈泽宇[3]以物质文明和精神文明两大维度作为切入点构建共同富裕的评价指标体系。孙豪和曹肖烨[4]、贾晓芬等[5]则从富裕与共同两大维度出发构建共同富裕的评价指标体系。为便于比较，表 2-3 对前述共同富裕的评估指标体系进行了概括。

---

[1] 蒋永穆、豆小磊：《扎实推动共同富裕指标体系构建：理论逻辑与初步设计》，《东南学术》2022 年第 1 期。

[2] 陈丽君、郁建兴、徐铱娜：《共同富裕指数模型的构建》，《治理研究》2021 年第 4 期。

[3] 刘涛、陈泽宇：《基于县域数据的共同富裕指标对比分析——以浙江省为例》，《杭州电子科技大学学报》（社会科学版）2023 年第 5 期。

[4] 孙豪、曹肖烨：《中国省域共同富裕的测度与评价》，《浙江社会科学》2022 年第 6 期。

[5] 贾晓芬、刘哲、刘春霞：《科学构建共同富裕的阶段性评价指标体系》，《人民智库》2023 年第 3 期。

表 2-3　一些共同富裕评价指标体系

文献	评估维度	数据层面	评估区域
蒋永穆和豆小磊（2022）	人民性、共享性、发展性、安全性	省级	中国
陈丽君等（2021）	发展性、共享性、可持续性	部门级	浙江省
刘涛和陈泽宇（2023）	物质文明、精神文明	市级	浙江省
孙豪和曹肖烨（2022）	富裕、共同	省级	中国
贾晓芬等（2023）	富裕、共同	无	无

前述已有指标体系各具特色，为研究共同富裕的评估监测提供了有益借鉴。不过，已有文献很少立足于广东省情构建共同富裕的评价指标体系。应该注意到，与构建区域协调发展评价指标体系的情况相似，数据源问题仍是指数构建的重要制约因素，因此，在确定具体评价指标时需重点考量指标数据的可获得性。共同富裕的评估监测涉及多个方面，评估指标的统计来源多样，统计口径不统一或不连续，鉴于此类问题，在构建适宜评估监测广东地区共同富裕的指标体系时，需考虑多种实际情况。实践上，在计算处理具体评价指标数据时，经常需要综合使用多种方法。例如，有时只能采用替代变量，或采用统计方法对所设计的指标进行估算，或混合使用前后年份统计口径不同的数据。这些处理方法都可能影响评估监测客观事物的准确性。概言之，目前基于广东省情的共同富裕评估体系仍然很少。而且，考虑到新形势新阶段的发展需要，对广东的共同富裕评估监测应根据新形势新阶段情况纳入具体评价指标。鉴于此，本研究在借鉴已有的共同富裕评价指标体系基础上，尝试构建一个立足广东省情的共同富裕评价指标体系。

二　共同富裕评价指标体系的设计原则

在构建评价指标体系时，一般需要考虑指标体系的理论框架基础、指标数据的可获得性、指标数据的连续性、指标计算的复杂性等方面，但又很难做到面面俱到。本书充分考虑"共同富裕""区域协调发展"两套评价指标体系的关联性和一致性，基于"抓重点"的思路设定共同富裕评价指标体系的设计原则。设计原则包括以下四条。

（一）逻辑性原则，兼顾理论、历史与实践

紧扣共同富裕战略部署的理论逻辑、历史逻辑和实践逻辑，构建与共同富裕战略部署相一致的评价指标体系框架。各个小类的指标能够显著反映共同富裕相关领域的战略发展目标，在时间维度上能够便于做纵向比较分析，在区域特征方面能够精准反映广东共同富裕地区水平。

（二）问题性原则，紧扣共同富裕的共性与个性

针对广东省区域间、城乡间发展差距大且不平衡的重要特征，靶向性设计反映广东推动共同富裕重大问题和主要矛盾的评估监测指标。所纳入评估指标有助于分析归纳广东共同富裕地区水平的优势和短板，诊断识别当前广东实施共同富裕战略部署中存在的关键问题、突出问题与苗头问题。

（三）前瞻性原则，瞄准新形势发展需求

充分考虑国家共同富裕的全局战略要求，科学设计能够贯彻党的二十大等重要会议精神、《中华人民共和国国民经济和社会发展第十四个五年规划和 2035 年远景目标纲要》等文件精神的评价指标。在立足广东发展现状基础上，所构建的评价指标体系既有一定创新性，又能够充分体现广东在共同富裕方面的地方特色，还能够衔接《广东省国民经济和社会发展第十四个五年规划和 2035 年远景目标纲要》及广东省"1310"具体部署等文件精神。

（四）务实性原则，确保指标监测可操作

注重评价指标设计的实用性和可操作性，充分考虑所纳入指标数据的持续性与可比性。在选取评价指标时，确保每个评价指标的基础数据可通过公开渠道获取。在选择评价指标数据源时，坚持"以统计局数据为主、其他渠道统计资源为辅"的原则。对个别因统计频率低等造成的数据缺失，本书综合考虑采用比较合理的方法进行适当填充。

三 共同富裕评价指标体系的构建原理

（一）指标体系的内在逻辑

本书紧扣共同富裕的基本内涵，综合借鉴既有共同富裕评价指标体系

的设计思路,构建富裕、共享两个一级指标。其中,富裕维度包括四个二级指标,分别为经济高质量发展、人民物质生活富裕、人民精神生活富裕与地区的生活环境良好,共享维度包括两个二级指标,分别为收入差距和分配公平,每个二级指标细分为数量不等的三级指标,形成"2+6+N"指标体系框架,体现了共同富裕地区水平测度的"两大特征、六个关键、多点体现"。"两大特征"是指,共同富裕地区水平既体现在该地区各方面的富裕程度,即蛋糕大小的问题,又反映了该地区民众分享发展成果的公平程度,即蛋糕怎么切分的问题。"六个关键"从富裕、共享两个维度考察地区的共同富裕总体水平,其中包括地区的经济高质量发展、人民物质生活富裕、人民精神生活富裕、地区的生活环境良好、收入差距和分配公平。"多点体现"意指共同富裕地区水平的重要特征或关键方面可通过侧重点不同的多个量化指标进行综合衡量(见图2-2、表2-4)。

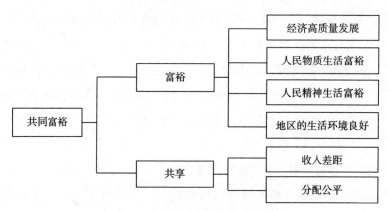

图 2-2 共同富裕指标体系框架结构

表 2-4 共同富裕评价体系指标

一级指标	二级指标	三级指标	指标属性
富裕	经济高质量发展	B1. 人均 GDP	正向
		B2. R&D 占 GDP 比重	正向
		B3. 全员劳动生产率	正向
		B4. 文化产业增加值占 GDP 比重	负向

续表

一级指标	二级指标	三级指标	指标属性
富裕	经济高质量发展	B5. 单位 GDP 能耗量	负向
		B6. 单位 GDP 二氧化碳排放量	负向
	人民物质生活富裕	B7. 城乡居民人均可支配收入	正向
		B8. 城乡人均消费支出	正向
		B9. 城乡居民恩格尔系数	负向
		B10. 每百户耐用消费品密度	正向
		B11. 城乡人均住房建筑面积	正向
	人民精神生活富裕	B12. 教育文化娱乐支出占总消费比重	正向
		B13. 每万人拥有"三馆"数目	正向
	地区的生活环境良好	B14. 空气优良天数比例	正向
		B15. 地表水达到或好于Ⅲ类水体比例	正向
		B16. 人均公园绿地面积	正向
共享	收入差距	B17. 最高 20% 的收入水平与最低 20% 的收入水平之比	负向
		B18. 区域人均可支配收入极差	负向
		B19. 城乡居民可支配收入比	负向
		B20. 行业间工资差距	负向
	分配公平	B21. 劳动报酬占 GDP 比重	正向
		B22. 民生性财政支出占比	正向
		B23. 地方一般公共预算占 GDP 比重	正向
		B24. 每千人口拥有执业（助理）医师数	正向
		B25. 城乡社会保障覆盖率	正向
		B26. 低收入人群保障水平	正向
		B27. 慈善捐赠总额	正向

（二）指标变量的解释说明

本小节对纳入构建共同富裕评价指标体系的指标变量进行逐一描述。需要说明的是，共同富裕评价指标体系的个别三级指标与区域协调发展的评估体系三级指标有重合（如人均 GDP），但为了便于区分，本书用不同的表达符号区分两套指数的三级指标。在后续对相关指标进行统计分析时，对数据缺失严重的个别指标，本书采取剔除指标的方式处理或者仅在省域层面进行分析讨论。

1. 人均 GDP

指所评估区域内各地区的人均地区生产总值。该指标一定程度上反映了地区之间的经济发展水平。人均 GDP 的计算公式如下：

$$g_{i1t} = \frac{GDP_{i1t}}{POP_{i1t}} \tag{2-33}$$

其中，GDP_{i1t} 指地区 i 在 t 时期的地区生产总值，POP_{i1t} 指地区 i 在 t 时期的常住人口，g_{i1t} 指地区 i 在 t 时期的人均地区生产总值。

数据来源：历年《广东统计年鉴》、广东省各地市统计年鉴。

2. R&D 占 GDP 比重

指所评估区域内各地区的研发（R&D）支出占 GDP 的比重，是一个地区的研发投入强度。该指标在国际上被广泛用于衡量一个国家或地区的自主创新投入水平。随着我国创新驱动发展战略的深入实施，R&D 占 GDP 比重已成为监测地方科技创新能力的核心指标，在区域经济社会的决策管理中发挥着越来越重要的作用。R&D 占 GDP 比重的计算公式如下：

$$g_{i2t} = \frac{RD_{i2t}}{GDP_{i2t}} \tag{2-34}$$

其中，GDP_{i2t} 指地区 i 在 t 时期的地区生产总值，RD_{i2t} 指地区 i 在 t 时期的研发支出，g_{i2t} 指地区 i 在 t 时期的研发支出占 GDP 比重。

数据来源：历年《广东统计年鉴》以及广东省各地市统计年鉴和广东省科技经费投入公报。

3. 全员劳动生产率

指所评估区域内各地区的地区生产力水平。全员劳动生产率的计算公式如下：

$$g_{i3t} = \frac{GDP_{i3t}}{Labor_{i3t}} \tag{2-35}$$

其中，GDP_{i3t} 指地区 i 在 t 时期的地区生产总值，$Labor_{i3t}$ 指地区 i 在 t 时期的就业人数，g_{i3t} 指地区 i 在 t 时期的全员劳动生产率。

数据来源：历年《广东统计年鉴》、广东省各地市统计年鉴。

4. 文化产业增加值占 GDP 比重

指所评估区域内各地区的文化产业增加值在地区生产总值中的占比。该指标一定程度上反映了一个地区的文化发展水平。文化产业增加值占 GDP 比重的计算公式如下：

$$g_{i4t} = \frac{GDPCUL_{i4t}}{GDP_{i4t}} \tag{2-36}$$

其中，GDP_{i4t} 指地区 i 在 t 时期的地区生产总值，$GDPCUL_{i4t}$ 指地区 i 在 t 时期的就业人数，g_{i4t} 指地区 i 在 t 时期的文化产业增加值占地区生产总值比重。

数据来源：历年《广东统计年鉴》、广东省各地市统计年鉴。

5. 单位 GDP 能耗量

指所评估区域内各地区经济活动中单位产出的能源消耗量。该指标一定程度上反映了一个地区经济社会发展中的能源利用效率（即节能水平）。在新发展理念引领经济社会发展的当下，单位 GDP 能源消耗量是评价监测发展质量的重要指标。单位 GDP 能耗量的计算公式如下：

$$g_{i5t} = \frac{ENGERY_{i5t}}{GDP_{i5t}} \tag{2-37}$$

其中，g_{i5t} 指地区 i 在 t 时期的单位 GDP 能源消耗量，$ENGERY_{i5t}$ 指地区 i 在 t 时期总共消耗的折算成吨标准煤能量的能源，GDP_{i5t} 指地区 i 在 t 时期的地区生产总值。

数据来源：历年《广东统计年鉴》、广东省各地市统计年鉴。其中，2010~2013 年统计年鉴披露了各地市的单位 GDP 能源消耗量，自 2014 年起统计年鉴仅公布单位 GDP 能源消耗量的增长速度。

6. 单位 GDP 二氧化碳排放量

指所评估区域内各地区经济活动中单位产出的二氧化碳排放量。该指标一定程度上反映了一个地区经济社会发展中的环境保护水平。在新发展理念引领经济社会发展的当下，单位 GDP 二氧化碳排放量是评价监测富裕水平的重要指标。单位 GDP 二氧化碳排放量的计算公式如下：

$$g_{i6t} = \frac{CO_{2i6t}}{GDP_{i6t}}$$

(2-38)

其中，g_{i6t} 指地区 i 在 t 时期的单位 GDP 二氧化碳排放量，GDP_{i6t} 指地区 i 在 t 时期的地区生产总值，CO_{2i6t} 指地区 i 在 t 时期的二氧化碳等价总排放量，CO_{2i6t} 的测算参考丛建辉等[1]的方法，采用最新的范围1、范围2和范围3核算标准，即 CO_{2i14t} = 范围1排放+范围2排放+范围3排放。三类范围的具体标准如下：范围1是指城市辖区内的所有直接排放，主要包括交通和建筑、工业生产过程、农林业与土地利用变化、废弃物处理活动产生的温室气体排放；范围2是指发生在城市辖区外的与能源有关的间接排放，主要包括为满足城市消费而外购的电力、供热、制冷等产生的排放；范围3指由城市内部活动引起，产生于辖区之外，但不包括在范围2内的其他间接排放，包括城镇从辖区外购买的所有物品在生产、运输、使用和废弃物处理环节的温室气体排放。

数据来源：各级统计年鉴、相关统计资料等。其中，能源部分分能源品种分部门的能源消费数据来源于《中国能源统计年鉴》以及各级统计年鉴；工业过程和产品使用数据从《中国工业统计年鉴》以及各级统计年鉴中获取；农业、林业和其他土地利用活动数据从《中国农业统计年鉴》《中国畜牧业年鉴》《中国林业和草原统计年鉴》以及各级统计年鉴中获取；废弃物处理数据通过《中国环境统计年鉴》以及各级统计年鉴获取；外购电力、供热和制冷数据来源于《中国城市统计年鉴》《中国能源统计年鉴》以及各级统计年鉴。排放因子以官方公布的相关数据为准，具体包括《省级温室气体排放清单指南（试行）》、各级政府发布的碳排放清单指南，若有缺失数据，则通过 IPCC 排放因子数据库进行补充。

---

[1] 丛建辉、刘学敏、赵雪如：《城市碳排放核算的边界界定及其测度方法》，《中国人口·资源与环境》2014年第4期。

7. 城乡居民人均可支配收入

指所评估区域内各地区的人均可支配收入水平。该指标一定程度上反映了各地区的富足水平。其中，2013 年之后的《广东统计年鉴》披露了各地级市人均可支配收入水平。2013 年及之前，《广东统计年鉴》未披露各地级市的人均可支配收入水平，因此，本书按以下公式估算 2013 年及之前的地级市人均可支配收入水平。

$$g_{i7t} = Dinc\_City_{i7t} \times Uban\_Rate_{i7t} + Dinc\_Country_{i7t} \times (1 - Uban\_Rate_{i7t}) \qquad (2-39)$$

其中，g_{i7t} 指地区 i 在 t 时期的人均可支配收入水平，$Dinc\_City_{i7t}$ 指地区 i 在 t 时期的城镇居民人均可支配收入，$Uban\_Rate_{i7t}$ 指地区 i 在 t 时期的常住人口城镇化率，$Dinc\_Country_{i7t}$ 指农村居民人均纯收入。

数据来源：历年《广东统计年鉴》、广东省各地市统计年鉴。2013 年及之前的统计年鉴未披露地市居民可支配收入，只披露城镇居民人均可支配收入、农村居民人均纯收入。

8. 城乡人均消费支出

指所评估区域内各地区的人均消费支出水平。该指标一定程度上反映了各地区的富足水平。城乡人均消费支出的计算公式如下：

$$g_{i8t} = DCom\_City_{i8t} \times Uban\_Rate_{i8t} + DCom\_Country_{i8t} \times (1 - Uban\_Rate_{i8t}) \qquad (2-40)$$

其中，g_{i8t} 指地区 i 在 t 时期的人均消费支出水平，$DCom\_City_{i8t}$ 指地区 i 在 t 时期的城镇居民人均消费支出，$Uban\_Rate_{i8t}$ 指地区 i 在 t 时期的常住人口城镇化率，$DCom\_Country_{i8t}$ 指农村居民人均消费支出。

数据来源：历年《广东统计年鉴》、广东省各地市统计年鉴。

9. 城乡居民恩格尔系数

指所评估区域内各地区城乡居民的恩格尔系数。恩格尔系数指居民家庭中食品消费占总消费的份额，该指标被广泛用于衡量居民的生活水平。城乡恩格尔系数差距一定程度上反映了一个地区的城乡居民生活水平。本书用 g_{i9t} 表示地区 i 在 t 时期的城乡恩格尔系数。

数据来源：历年《广东统计年鉴》以及广东省各地市统计年鉴和统计公报。对个别年份的缺失数据，采用线性插值法填充。对只将城镇居民恩格尔系数和农村居民恩格尔系数分开披露的城市的数据，本书基于城市化率加权平均估算整座城市居民的恩格尔系数。

10. 每百户耐用消费品密度

指所评估区域内各地区城乡居民拥有耐用消费品的密度。该指标一定程度上反映了一个地区的居民生活水平。本书用 g_{i10t} 表示地区 i 在 t 时期的每百户耐用消费品密度，并用每百万居民拥有汽车的数量作为替代变量。

数据来源：历年《广东统计年鉴》、广东省各地市统计年鉴。

11. 城乡人均住房建筑面积

指所评估区域内各地区城乡居民人均住房建筑面积。该指标一定程度上反映了一个地区的居民生活水平。本书用 g_{i11t} 表示地区 i 在 t 时期的城乡人均住房建筑面积。

数据来源：历年《广东统计年鉴》、广东省各地市统计年鉴。

12. 教育文化娱乐支出占总消费比重

指所评估区域内各地区城乡居民教育文化娱乐支出占总消费的比重。该指标一定程度上反映了一个地区的精神文明富裕程度。本书用 g_{i12t} 表示地区 i 在 t 时期的城乡人均住房建筑面积。

数据来源：历年《广东统计年鉴》、广东省各地市统计年鉴。

13. 每万人拥有"三馆"数目

指所评估区域内各地区每万人拥有文化馆、图书馆和博物馆的数量。该指标一定程度上反映了一个地区的精神文明富裕程度。每万人拥有"三馆"数目的计算公式如下：

$$g_{i13t} = \frac{CUL_{i13t} + LIB_{i13t} + MUS_{i13t}}{POP_{i13t}} \qquad (2\text{-}41)$$

其中，g_{i13t} 指地区 i 在 t 时期的每万人拥有"三馆"数目，CUL_{i13t} 指地区 i 在 t 时期的文化馆数量，LIB_{i13t} 指地区 i 在 t 时期的图书馆数量，MUS_{i13t} 指地区 i 在 t 时期的博物馆数量，POP_{i13t} 指地区 i 在 t 时期的常住人口（万人）。

数据来源：历年《广东统计年鉴》、广东省各地市统计年鉴。

14. 空气优良天数比例

指所评估区域内各地区空气优良的天数占比。该指标一定程度上反映了一个地区的环境保护水平，也从一个层面体现了该地区的宜居程度。本书用 g_{i14t} 表示地区 i 在 t 时期的空气优良天数比例。

数据来源：历年《广东统计年鉴》、广东省各地市统计年鉴。

15. 地表水达到或好于Ⅲ类水体比例

指所评估区域内各地区地表水达到或好于Ⅲ类水体的比例。该指标一定程度上反映了一个地区的环境保护水平，也从一个层面体现了该地区的宜居程度。本书用 g_{i15t} 表示地区 i 在 t 时期的地表水达到或好于Ⅲ类水体比例。

数据来源：历年《广东统计年鉴》、广东省各地市统计年鉴。

16. 人均公园绿地面积

指所评估区域内各地区居民人均拥有的公园绿地面积。该指标一定程度上反映了一个地区的环境保护水平，也从一个层面体现了该地区的宜居程度。本书用 g_{i16t} 表示地区 i 在 t 时期的人均公园绿地面积。

数据来源：历年《广东统计年鉴》、广东省各地市统计年鉴。

17. 最高20%的收入水平与最低20%的收入水平之比

指所评估区域内各地区居民中收入最高的20%人群与最低的20%收入人群之间的平均收入之比。该指标一定程度上反映了一个地区的贫富差距，也从一个层面体现了该地区居民对经济社会发展成果的共享程度。本书用 g_{i17t} 表示地区 i 在 t 时期最高20%的收入水平与最低20%收入水平之比。

数据来源：历年《广东统计年鉴》、广东省各地市统计年鉴。

18. 区域人均可支配收入极差

指所评估区域内各地区居民人均可支配收入的极差。该指标一定程度上反映了一个地区的贫富差距，也从一个层面体现了该地区居民对经济社会发展成果的共享程度。本书用 g_{i18t} 表示地区 i 在 t 时期的区域人均可支配收入极差。

数据来源：历年《广东统计年鉴》、广东省各地市统计年鉴。年鉴中披露了居民人均可支配收入相关数据，但未披露最高和最低收入水平。

19. 城乡居民可支配收入比

指所评估区域内各地区的城乡居民人均可支配收入之比。该指标一定程度上反映了各地区的城乡贫富差距，也从一个层面体现了该地区居民对经济社会发展成果的共享程度。本书用 g_{i19t} 表示地区 i 在 t 时期的城乡居民可支配收入比。

数据来源：历年《广东统计年鉴》、广东省各地市统计年鉴。

20. 行业间工资差距

指所评估区域内各地区的行业间工资水平差距。该指标一定程度上反映了各地区的行业间贫富差距，也从一个层面体现了该地区居民对经济社会发展成果的共享程度。本书用 g_{i20t} 表示地区 i 在 t 时期的行业间工资差距，基于上市公司的财务数据进行估算。具体而言，计算不同地区行业间工资水平极差，即最高收入行业的平均工资与最低收入行业的平均工资之差。

数据来源：CSMAR 中国经济金融研究数据库。

21. 劳动报酬占 GDP 比重

指所评估区域内各地区就业人员劳动报酬占 GDP 的比重，该指标一定程度上反映了一个地区经济活动中劳动收入的份额，也从一个层面体现了该地区经济活动中初次分配的水平。劳动报酬占 GDP 比重的计算公式如下：

$$g_{i21t} = \frac{LABORINC_{i21t}}{GDP_{i21t}} \tag{2-42}$$

其中，g_{i21t} 指地区 i 在 t 时期的劳动报酬占 GDP 比重，$LABORINC_{i21t}$ 指地区 i 在 t 时期的劳动报酬总额（用职工工资总额替代），GDP_{i21t} 指地区 i 在 t 时期的地区生产总值。

数据来源：历年《广东统计年鉴》、广东省各地市统计年鉴。

22. 民生性财政支出占比

指所评估区域内各地区用于民生的财政支出占财政总支出的比例。该指标一定程度上反映了一个地区的民生发展环境。民生性财政支出占比的计算公式如下：

$$g_{i22t} = \frac{LIVESPEND_{i22t}}{SPEND_{i22t}} \qquad (2-43)$$

其中，g_{i22t} 指地区 i 在 t 时期的民生性财政支出占比，$LIVESPEND_{i22t}$ 指地区 i 在 t 时期的民生性财政支出，$SPEND_{i22t}$ 指地区 i 在 t 时期的财政支出。

数据来源：历年《广东统计年鉴》、广东省各地市统计年鉴。

23. 地方一般公共预算占 GDP 比重

指所评估区域内各地区的地方一般公共预算占 GDP 的比重。该指标一定程度上反映了一个地区的民生发展环境。地方一般公共预算占 GDP 比重的计算公式如下：

$$g_{i23t} = \frac{BUDGET_{i23t}}{GDP_{i23t}} \qquad (2-44)$$

其中，g_{i23t} 指地区 i 在 t 时期的地方一般公共预算占 GDP 的比重，$BUDGET_{i23t}$ 指地区 i 在 t 时期的地方一般公共预算占 GDP 的比重，GDP_{i23t} 指地区 i 在 t 时期的地区生产总值。

数据来源：历年《广东统计年鉴》、广东省各地市统计年鉴。

24. 每千人口拥有执业（助理）医师数

指所评估区域内各地区人口中执业医师（含助理医师）的密度。该指标一定程度上反映了一个地区的医疗服务水平。每千人口拥有执业（助理）医师数的计算公式如下：

$$g_{i24t} = \frac{DOCTOR_{i24t}}{POP_{i24t}} \qquad (2-45)$$

其中，g_{i24t} 指地区 i 在 t 时期的每千人口拥有执业（助理）医师数，$DOCTOR_{i24t}$ 指地区 i 在 t 时期的执业（助理）医师数，POP_{i24t} 指地区 i 在 t 时期的常住人口（千人）。

数据来源：历年《广东统计年鉴》、广东省各地市统计年鉴。

25. 城乡社会保障覆盖率

指所评估区域内各地区城乡居民的基本养老保险参保率。该指标一定程度上反映了一个地区的基本社会保障水平。本书用 g_{i25t} 表示地区 i 在 t 时期的城乡社会保障覆盖率。

数据来源：历年《广东统计年鉴》、广东省各地市统计年鉴。

26. 低收入人群保障水平

指所评估区域内各地区低收入人群的社会保障水平。该指标一定程度上反映了一个地区的基本社会保障水平。低收入人群保障水平的计算公式如下：

$$g_{i26t} = \frac{BSPEND_{i26t}}{BPOP_{i26t}} \tag{2-46}$$

其中，g_{i26t} 指地区 i 在 t 时期的低收入人群保障水平，$BSPEND_{i26t}$ 指地区 i 在 t 时期的城乡居民最低生活保障支出，$BPOP_{i26t}$ 指地区 i 在 t 时期的低收入居民数量。

数据来源：历年《广东统计年鉴》、广东省各地市统计年鉴。

27. 慈善捐赠总额

指所评估区域内各地区的慈善捐赠总额。该指标一定程度上反映了一个地区的第三次分配水平。本书用 g_{i27t} 表示地区 i 在 t 时期的慈善捐赠总额。

第三章
广东区域协调发展的时空演变、
主要成效及经验做法

2012 年 12 月，习近平总书记在考察广东时强调："实现城乡区域协调发展，不仅是国土空间均衡布局发展的需要，而且是走共同富裕道路的要求。"[①] 一只水桶盛多少水，并不取决于最长的那块木板，而取决于最短的那块。过去 40 余年，作为改革开放的排头兵，广东在经济社会发展方面取得了举世瞩目的成就。然而，由于历史、地理和体制等原因，区域与城乡发展不平衡、不协调的问题依然突出。2024 年，广东 GDP 达 14.16 万亿元，但其中近 80% 集中在珠三角，粤东粤西粤北 12 个市仅占 20% 左右。最富裕的地方在广东，最贫困的地方也在广东，这句曾在坊间流传的戏言，真实反映了广东区域发展不平衡的现状。面对发展短板，历届省委、省政府高度重视，持续制定并实施一系列政策，促进区域协调发展，力争走出一条质量更高、效益更好、结构更优的发展新路。

第一节　广东区域协调发展的演进历程

改革开放 40 余年来，历届省委、省政府都高度重视区域协调发展，不断探索和完善区域协调发展的战略和路径，先后实施了以山区扶贫开发、

---

① 《将粤东西北打造成新的增长极》，https://www.chinanews.com/cj/2013/09-17/5294395.shtml。

产业梯度转移、"双转移"、"三大抓手"和产业共建、构建"一核一带一区"发展格局、"百千万工程"为重点的区域协调发展战略。区域发展战略不断调整升级,适应了经济社会发展主要目标和任务的变化,有力地支撑了广东现代化实践。

一 珠三角先行一步与山区开发式扶贫:1978~1992 年

改革开放伊始,广东就制定了分类指导、梯度推进、协调发展、共同富裕方针,在继续充分发挥广州、深圳两个中心城市和珠三角地区龙头带动作用的同时,采取有力措施,加快东西两翼和粤北山区发展步伐,促进全省区域协调发展。[①]

(一)创造珠三角地区快速崛起的经济奇迹

改革开放初期,珠江三角洲地区借助特殊的区位优势、开放政策和产业基础,迅速成为广东省对外开放和经济发展的龙头。1979 年,广东率先在深圳、珠海试办出口特区,先行先试对外开放政策。1985 年,珠江三角洲地区被定位为广东沿海经济开放区。得益于开放政策和外资的大量涌入,珠三角加工贸易、外向型经济和乡镇企业蓬勃发展。以顺德、南海、东莞、中山为代表的"四小虎",通过创新体制机制,充分发挥比较优势,推动工业化和城镇化进程加快,实现了经济的高速增长。

以"四小虎"为代表的广东县域经济走出了一条依托沿海区位、借力外资、发展加工贸易的特色发展路径,创造了独特的珠江模式。这一模式的特点是:注重招商引资,大力发展乡镇企业;依托香港等外部市场,加工贸易导向明显;经济外向度高,民营经济活跃;地方政府在经济发展中起主导作用。珠江模式一度成为中国县域经济发展的典范,有力地推动了珠三角经济腾飞,为广东经济发展积累了雄厚的物质基础和宝贵经验。

珠江三角洲作为广东改革开放的桥头堡和排头兵,创造了令人瞩目的经济奇迹。地区生产总值从 1978 年的 123 亿元增加到 1992 年的 1166 亿元,

---

① 张紧跟:《基本公共服务均等化:新时代广东区域协调发展的新思路》,《广东行政学院学报》 2018 年第 6 期。

年均增长率 17% 以上，远高于同期全国平均水平。随着珠三角的崛起，广东省经济总量跃升至全国前列。珠江三角洲地区的快速发展，为广东后续区域协调发展战略的实施奠定了坚实基础。

（二）坚持输血式为主的山区扶贫

20 世纪末 21 世纪初，广东省坚持输血式为主的山区扶贫模式，大力推进山区发展。广东山多平地少，素有"七山一水两分田"之说。1985 年，省里按照山地、丘陵面积占全县总面积七成以上的标准，划定了 50 个山区县（市）。当年，山区有 400 万人没有解决温饱（年人均纯收入低于 250 元）、1400 万人未脱贫（年人均纯收入低于 500 元），而珠江三角洲地区 16 个市县的农村人均纯收入达 800 多元，比山区高出 1 倍多。①

面对山区贫困问题，广东从 1985 年底开始实行大规模扶贫开发。1985 年 11 月，省委、省政府在韶关召开第一次山区工作会议，确立了优势在山、潜力在山、致富在山、希望在山的建设方向，部署耕山治山措施，着力释放山区潜力。1985~1996 年，广东先后召开十次山区工作会议，省委、省政府制定了扶持山区经济发展的各项政策措施，实施了组织工作组进驻贫困县、数十万石灰岩地区贫民大迁移、"千干扶千户"、对口扶持山区县扶贫攻坚等多项扶贫项目，不断加大对山区开发的扶持力度，推动山区加快发展步伐。②

1985~1995 年的 10 年间，山区大力开展造林绿化，因地制宜发展三高农业和乡镇企业，努力扩大开放，同时扶贫开发力度也逐步加大，山区建设取得显著成效。实现了"五年消灭荒山，十年绿化广东大地"的目标，山区的生态环境和生产生活条件明显改善。1995 年，广东 50 个山区县（市）地区生产总值突破 1000 亿元大关，10 年间年均递增 24%。③

---

① 陈强、张俏曼：《"一核一带一区"蓝图初绘 区域协调发展再启新程》，《羊城晚报》2018 年 08 月 23 日，第 A07 版。

② 陈强、张俏曼：《"一核一带一区"蓝图初绘 区域协调发展再启新程》，《羊城晚报》2018 年 08 月 23 日，第 A07 版。

③ 陈强、张俏曼：《"一核一带一区"蓝图初绘 区域协调发展再启新程》，《羊城晚报》2018 年 08 月 23 日，第 A07 版。

这一时期，省财政划拨扶贫资金到贫困县，旨在通过县域经济增长带动贫困人口脱贫。2000 年，广东省发起扶贫"两大会战"，即实现行政村"四通"（通机动车、通电、通电话、通邮及通广播电视）大会战和解决贫困农户人平均半亩"保命田"大会战。① "两大会战"发动了各方支援：一是省直挂钩扶贫单位进行支持；二是沿海城市提供援助，处于珠三角的深圳、佛山、珠海、江门、中山等市投入资金，与山区开展相关经贸合作项目。②

这一时期山区扶贫工作重点主要包括以下方面：（1）进行环境整治；（2）重点扶持建设基础设施；（3）调整农业结构，鼓励农业发展。一系列的扶贫措施，在很大程度上缓解了山区贫困问题，为区域经济的协调发展奠定了良好的物质基础。这段时期内，虽然存在发达地区和欠发达地区的合作，但是合作的形式比较简单，发达地区以向欠发达地区提供无偿资金和物资以及帮助建设基础设施为主，但在产业培育上还有缺少横向合作和产业链构建不足的问题。总体来看，这一阶段广东的山区扶贫以输血式为主，同时开启了造血式扶贫模式的初步探索。③

二 在经济高速增长中努力实现区域协调发展：1993~2012 年

在 1993~2012 年广东经济高速增长的时期，全省始终将区域协调发展作为重要战略任务，在持续巩固珠三角地区经济发展优势的同时，努力缩小区域间发展差距，不断夯实区域协调发展基础，走出了一条符合广东实际的区域协调发展路径。

（一）珠三角一体化发展上升为国家区域战略

1994 年 10 月，广东省委在七届三次全会上首次正式提出建设珠江三角

---

① 杨建：《世纪之交的广东扶贫——"两大会战"》，《广东党史》2004 年第 3 期，第 34~36 页。
② 沈娉：《广东省促进区域协调发展的对策及区域差距演变》，中国城市规划学会、重庆市人民政府《活力城乡 美好人居——2019 中国城市规划年会论文集（16 区域规划与城市经济）》，2019 年，第 468~477 页。
③ 沈娉：《广东省促进区域协调发展的对策及区域差距演变》，中国城市规划学会、重庆市人民政府《活力城乡 美好人居——2019 中国城市规划年会论文集（16 区域规划与城市经济）》，2019 年，第 468~477 页。

洲经济区的概念。当时珠三角由广州、深圳、佛山、珠海、东莞、中山、江门7个城市组成（小珠三角）。后经调整范围扩大至珠江沿岸9个城市，增加惠州和肇庆，这就是通常所指的珠三角或珠三角经济区。小珠三角仅占广东省区域面积的不到14%，人口占61%，但2008年GDP已达29745.58亿元，占全国的10%。

此后，珠三角区域优先一体化发展上升到国家层面战略。2009年1月，国务院发布《珠江三角洲地区改革发展规划纲要（2008—2020年)》（以下简称《纲要》)，从全国战略高度对推动珠三角地区一体化发展做出统筹部署，以及促进珠三角与粤东粤西粤北地区协调发展做出了总体部署。《纲要》提出到2012年由广州、深圳、佛山、珠海、东莞、中山、惠州、江门、肇庆九市组成的珠江三角洲地区率先全面建成小康社会，到2020年率先基本实现现代化，并积极规划和建设珠江三角洲城市群。

（二）构建四大经济区域协调发展路径

20世纪80年代末90年代初，珠三角在改革开放的大潮中取得突破性进展，但全省区域发展不平衡问题也日益凸显。为此，1993年，广东省第七次党代会提出"分类指导、层次推进、梯度发展、共同富裕"的指导思想和"中部地区领先，东西两翼齐飞，广大山区崛起"的区域经济发展战略，明确推进区域经济形成梯度发展模式。1996年，广东逐步从区域梯度发展转到区域协调发展上来，将"促进珠江三角洲、东西两翼和山区的协调发展"列入"九五"规划重点工作任务。1998年，省第八次党代会进一步提出将区域经济协调推进与产业结构调整优化相结合，形成合理的生产力布局。至90年代末，广东通过一系列政策措施，成功缩小了区域差距。

进入21世纪，由于各区域发展基础和条件的差异，广东区域间发展差距又有所扩大。对此，广东省委、省政府出台并坚决实施一系列区域协调发展的政策措施。2002年，省第九次党代会首次确立实施区域协调发展战略，在继续推进珠江三角洲现代化建设的基础上，明确提出加快东西两翼和山区的发展。2003年，广东提出"一核、两轴、三圈、四区"

的城镇体系发展规划，即以珠三角地区为核心引领，沿海和内陆山地为两条发展轴线，推动珠三角核心区、东西两轴和四大区域经济的协调发展。

2005 年以来，广东省出台了一系列促进区域经济协调发展的重大战略措施，主要包括《广东省东西两翼地区经济发展规划意见（2005—2010）》（2005 年）、《关于促进粤东地区加快经济社会发展的若干意见》（2006 年）、《关于推进产业转移和劳动力转移的决定》（2008 年）、《关于促进粤西地区振兴发展的指导意见》（2009 年）、《关于促进粤北地区跨越式发展意见》（2010 年）等。在相关政策指引下，广东继续调整优化区域空间结构，在粤北等欠发达地区规划建设一批省级产业转移工业园区，促进人口经济要素合理流动和优化布局。

区域协调发展也贯穿了 21 世纪以来的历次五年规划。在《广东省国民经济和社会发展第十个五年计划纲要》中，广东提出了协调区域经济发展分类指导、梯度推进、协调发展、共同富裕的方针，做出了发挥经济特区和珠三角的带动作用，加快粤东粤西粤北地区发展步伐的战略安排。2011 年 1 月 23 日，广东省委书记参加省十一届人大四次会议汕尾代表团分组讨论时强调，"十二五"重点解决广东区域发展不平衡问题，必须将解决区域发展不平衡问题放到突出位置。"十二五"期间，广东进一步将协调发展放在突出位置，提出实施"粤东粤西粤北"振兴发展战略，以交通基础设施建设、产业园区扩能增效、中心城区扩容提质为三大抓手，加强区域间产业共建等协作合作，加快粤东粤西粤北地区发展。

（三）从产业转移到"双转移"

1. 21 世纪初：应对经济形势变化的产业转移

进入 21 世纪，全球产业升级的步伐不断加快，而珠三角地区出现了劳动力成本持续上升、土地资源供给日趋紧张、环境承载力与经济发展之间的矛盾愈发突出的挑战。面对产业升级和环境保护的双重压力，广东省政府从区域发展不平衡的现实出发，开始探索省内产业转移的路径。通过一系列政策举措推动珠三角地区的产业向省内欠发达地区转移，缓解了珠三角地区的资源和环境压力，促进了省内区域经济的协调发展。

第一阶段："山洽会"的建立与发展。广东省于 2000 年启动了"珠江三角洲地区与山区经济技术合作洽谈会"（简称"山洽会"），为珠三角企业向粤北山区和东西两翼地区的投资搭建了一个重要的对接平台。山洽会每两年举办一次，旨在推动珠三角企业将部分生产环节迁移至欠发达地区，以缓解珠三角地区的环境和资源压力。随着山洽会的推进，2006 年，其范围进一步扩展，东西两翼地区也成为合作的重要主体，并更名为"珠江三角洲地区与山区及东西两翼经济技术合作洽谈会"。通过这一平台，广东省形成了"政府搭台、企业唱戏"的合作模式，为产业转移奠定了坚实的基础。

第二阶段：区域协调发展战略的确立与实施。2002 年，广东省第九次党代会正式将"区域协调发展"确立为全省经济发展的四大战略之一，明确提出加快东西两翼和粤北山区的发展。为落实这一战略，广东省委、省政府出台了《关于加快山区发展的决定》，明确要求通过引导和促进珠三角产业向山区转移，结合珠三角的技术、管理、营销、品牌和资金优势与山区的资源和成本优势，推动山区的工业化进程。这一决定不仅提出了产业转移的总体方向，还制定了一系列扶持政策，如税收优惠、资金支持等，以增强欠发达地区吸引产业转移的能力。

第三阶段：共建产业转移工业园区的探索。2005 年，广东省发布了《关于广东山区及东西两翼与珠江三角洲联手推进产业转移的意见（试行）》。该文件首次提出，通过共建产业转移工业园区的形式，推动珠三角的产业向粤北山区和东西两翼地区转移。该文件还明确了园区建设的基本原则，并在开发、管理、政策支持等方面进行了详细规定。此举不仅为产业转移提供了制度保障，还促进了珠三角地区与欠发达地区的经济合作，推动了区域内资源的优化配置。2005~2007 年，珠三角地区的深圳、佛山、中山等市与清远、韶关、河源等山区市签订了 11 个共建产业转移园区的框架协议，形成了多样化的合作模式。

2.2008~2012 年：以产业和劳动力"双转移"推动区域协调发展

为解决区域发展不平衡问题，广东省于 2007 年启动了以"产业和劳动力双转移"为核心的"双转移"战略①，旨在通过"腾笼换鸟"促进珠三角劳动密集型企业向粤东、粤西和粤北地区转移，加快这些地区的工业化和城镇化进程。2008年5月，广东省委、省政府发布《关于推进产业转移和劳动力转移的决定》，正式启动"双转移"战略，通过产业转移释放珠三角空间，促进先进制造业和现代服务业发展，同时通过劳动力转移优化人力资源配置，推动全省经济结构升级和区域协调发展。

"双转移"战略的核心在于引导珠三角的劳动密集型产业向欠发达地区转移，并在这些地区建设产业转移园区。2008~2012年，广东省规划建设了36个省级产业转移工业园和2个经济特别合作区，共投入400多亿元财政扶持资金，出台了多项政策文件，如《关于抓好产业转移园建设加快产业转移步伐的意见》和《关于优先扶持产业转移重点区域重点园区重点产业发展的意见》，以提升欠发达地区的产业承接能力。截至2012年底，产业转移工业园累计引进近200个大型项目，创造工业产值超过1万亿元，工业增加值占粤东粤西粤北地区的比重由不足1%上升至近20%，推动了这些地区的GDP增速连续三年高于全省平均水平。

与此同时，广东省大力推动劳动力的合理转移，特别是通过免费培训提升农村劳动力素质，使其实现了从量到质的转变。2008~2012年，广东省转移农村劳动力559万人，其中364万人通过培训获得一技之长，珠三角地区与粤东粤西粤北地区的劳动力流动日趋合理。省内农村富余劳动力向第二、第三产业转移就业率达90%，粤东粤西粤北地区新增吸纳本省农村转移劳动力的比重上升了11.2个百分点，珠三角地区则相应下降了11.2个百分点，有效促进了产业转型升级和人力资源优化配置。

2008年国际金融危机期间，广东"双转移"战略发挥了重要作用，不仅帮助省内企业实现了转型升级，还有效缓解了区域间发展不均衡的局面。截至2013年，珠三角地区累计转出企业超过7000家，淘汰关停企业7万多

---

① "双转移"是"产业转移"和"劳动力转移"两大战略的统称，指珠三角的劳动密集型产业向东西两翼、粤北山区转移；而东西两翼和粤北山区的劳动力，一方面向当地第二、第三产业转移，另一方面其中的一些较高素质劳动力向发达的珠三角地区转移。

家；省产业转移工业园增至 36 个，转移就业人数达 603 万人，进一步推动了粤东粤西粤北地区的经济发展。这些地区逐步成为全省新的经济增长点，2013 年粤东粤西粤北地区产业转移工业园实现产值 4942.9 亿元，税收 194.9 亿元，工业增加值占当地比重约 22%，显示出显著的区域协调发展成效。

"双转移"战略的实施，促进了广东省内区域间的优势互补和协调发展，实现了产业和劳动力的双向流动，构建了互利共赢、错位发展的良好格局。珠三角地区通过产业转移成功优化了产业结构，提升了高端制造业和现代服务业的比重，而粤东粤西粤北地区则通过承接产业转移和优化劳动力配置，加快了工业化进程，成为全省经济发展的新引擎。

三 打造区域经济协调发展新格局：2013 年至今

新时代以来，广东深入贯彻习近平总书记视察广东的重要讲话和指示精神，适应新发展阶段社会主要矛盾的变化，围绕补齐短板、挖掘潜力，坚持统筹协调、分类指导和精准施策，先后制定并实施了"粤东粤西粤北"振兴发展、构建"一核一带一区"区域发展新格局和"百县千镇万村高质量发展工程"等多项区域协调发展战略，建立了广东区域协调发展的新格局。

（一）实施"粤东粤西粤北"振兴发展战略

在"十二五"期间，广东将协调发展摆在突出位置，重点推动粤东粤西粤北地区的振兴发展。2013 年 7 月，中共广东省委、广东省人民政府印发《关于进一步促进粤东西北地区振兴发展的决定》，明确了这三大区域的发展定位，并于同年 8 月正式提出实施粤东西北振兴发展战略。该战略以交通基础设施建设、产业园区扩能增效、中心城区扩容提质为三大抓手，旨在加强区域间的产业协作，推动粤东粤西粤北地区的快速发展，形成新的经济增长极。

在具体实施过程中，广东省积极推进"三大抓手"措施的落实。第一，交通基础设施实现重大突破。截至 2016 年底，全省 67 个县（市）实现

"县县通高速",粤东粤西粤北地区的高速公路通车里程首次超过珠三角,从珠三角往返这些地区的车程普遍缩短 1 小时以上。第二,产业园区扩能增效显著。2013~2017 年,省财政统筹安排 144.7 亿元资金,支持产业园区提质增效。截至 2017 年 2 月,全省共建成产业转移工业园和产业转移集聚区域 83 个。一批优质项目成功落地,省级产业园规模以上工业增加值年均增长 21.9%,为粤东粤西粤北地区的工业化进程提供了有力支撑。第三,中心城区扩容提质加速推进。粤东粤西粤北地区各市新区建设得到省财政和对口帮扶的支持,截至 2016 年,12 市中心城区建成区面积平均达 90 平方公里,城镇人口比重从 2013 年的 48.3% 上升至 2017 年的 49.5%,增幅高于广东省和珠三角地区。

具体而言,粤东地区加快建设汕潮揭城市群,推动与珠江口东岸的经济合作,打造国家海洋产业集聚区和重要能源基地;粤西地区着力建设湛茂阳临港经济带,促进重化工业和先进制造业的发展;粤北地区则依托其生态优势,打造绿色发展示范区和国家级文化旅游产业集聚区。这些区域的振兴战略,通过产业园区、基础设施建设、新型城镇化等领域的投入,力求实现经济发展的赶超、主导产业的壮大、基础设施的升级,以及民生福祉的明显改善。

通过实施差异化政策,广东省成功推动了粤东粤西粤北地区的新一轮振兴。2013~2017 年,省财政统筹安排了 6720 亿元资金支持这些地区的发展。设立 121 亿元粤东西北振兴发展股权基金,13 个县(市、区)纳入国家原中央苏区振兴发展政策扶持范围,带动主要经济指标增幅继续高于全省平均水平。2014 年,粤东粤西粤北地区 GDP 增速超出珠三角地区 1.5 个百分点,显示出振兴发展战略的显著成效,区域协调发展格局逐步形成。

(二)以产业共建创新对口帮扶机制

为了进一步推动区域协调发展,广东省在产业共建和对口帮扶方面采取了更为精准的策略。《关于进一步促进粤东西北地区振兴发展的决定》明确了省内各市的目标和责任,建立了珠三角地区对口帮扶粤东粤西粤北地区的工作机制。2013 年 11 月,广东省对对口帮扶关系进行了重大调整,明确由珠三角6市对口帮扶粤东粤西粤北8市，并建立起市县对口帮扶关系。

对口帮扶工作涉及多个方面：一是在工作制度上，设立对口帮扶双方双重管理的指挥部；二是在资金安排上，明确省级和帮扶市投入资金用于被帮扶市中心城区扩容提质、产业园区建设和新区发展等方面；三是在招商引资上，要求双方市政府共同推进招商引资；四是在利益分享上，明确到2020年前，被帮扶市产业园区的政府性投资收益全部留存在园区滚动发展。

为了进一步强化区域产业协作，2016年广东提出了产业共建战略，推动同一产业、企业在珠三角和粤东粤西粤北地区实行整体布局、一体发展，形成优势互补的分工合作格局。同年12月，《广东省财政厅关于支持珠三角与粤东西北产业共建的财政扶持政策》和《关于深化珠三角地区与粤东西北地区全面对口帮扶工作的意见》正式印发，引导珠三角地区有技术含量的优势产业向粤东粤西粤北地区梯度转移，鼓励优质企业将生产制造环节向粤东粤西粤北地区转移，推动珠三角与粤东粤西粤北地区产业对接共建。产业共建取得明显成效，2013~2017年省产业转移园规模以上工业增加值年均增长20%。

大力推动粤东粤西粤北振兴发展的同时，广东持续推动珠三角地区优化发展，增强其作为全省经济发展主引擎的引领、提升和辐射作用。推进产业转型升级，不断增强现代服务业、先进制造业、战略性新兴产业的支撑作用，2015年起全面启动工业转型升级三年攻坚战，共完成工业技改投资2440.5亿元。随着各项工作的扎实推进，以广州和深圳为核心的高端服务业集聚区、现代产业核心区以及珠三角一体化发展格局基本形成，区域整体竞争力和辐射带动力不断提升。珠三角产业转型升级步伐加快，2017年底，先进制造业、高技术制造业增加值占规模以上工业比重分别达57.1%和33.5%，分别高出同期全省平均水平3.9个和4.7个百分点。

总的来说，这一阶段建立了更精准的对口帮扶模式，形成了独特的产业共建机制。新的模式旨在打破之前的产业转移困局，促进更多优质企业向非珠三角地区转移，从而推动区域协调发展。

（三）构建"一核一带一区"发展格局

为应对区域发展不协调的挑战，广东省自 2018 年起通过大规模投资和政策支持，积极推动"一核一带一区"发展格局的形成。珠三角核心区被定位为全省的创新引擎，以广州、深圳为双核，着力打造全球领先的科创产业集群；沿海经济带则以促进海洋经济和副中心城市发展为重点，推动汕头、湛江等城市加速崛起；北部生态发展区则聚焦生态保护和绿色产业发展，强化全省的生态屏障功能。2018 年 6 月，广东省委十二届四次全会提出构建"一核一带一区"区域发展格局，随后广东省委、省政府出台了《关于构建"一核一带一区"区域发展新格局促进全省区域协调发展的意见》《关于加大有效投资力度加快构建"一核一带一区"区域发展格局的意见》等文件，明确各区域的功能定位和发展方向。

随着"一核一带一区"战略的推进，广东省进一步完善区域协作机制，推动广佛同城化、广清一体化，并加大对老区苏区的帮扶力度。通过差异化政策和专项行动计划，珠三角核心区的创新驱动作用显著增强，科技产业蓬勃发展，形成了一批高水平的实验室和科技基础设施集群，支撑广东区域创新综合能力连续 8 年（2017~2024 年）居全国首位。沿海经济带逐步成为全国最长海岸线的重要产业发展主战场，海洋生产总值连续 30 年居全国首位，2024 年广东海洋生产总值率先突破 2 万亿元，占全国海洋生产总值的 19.0%。[①] 湛江与珠海、佛山、东莞、江门等地在高端装备制造、精细化工等产业开展深度合作。借助深圳辐射带动，汕尾探索实践"总部+基地""研发+生产"等共建模式，吸引到比亚迪等一批知名深圳企业落户。北部生态发展区则通过强化绿色生态经济体系，推动了生态旅游、特色农业和高新产业的快速发展，生态屏障进一步巩固。2018~2022 年，北部生态区环境持续保持全省最优，贯通城乡、连接工农、链接湾区的绿色生态经济体系、产业协作体系逐步发力，生态旅游、特色农业和高新产业快速发展，对接粤港澳大湾区的"大农场""后花园""康养地"加快形成。此外，广东省还加强了与周边地区的合作交流，有力推动了珠三角与粤东粤

---

① 广东省自然资源厅：《广东海洋经济发展报告（2025）》，2025 年 6 月。

西粤北地区的协同发展。例如，通过与广西、湖南等相邻省份进行区域合作，共同推动产业转移和经济发展，构建了共赢发展的新局面。

通过构建"一核一带一区"区域发展新格局，广东省显著增强了区域间的协调发展能力。"十三五"期间，沿海经济带东翼、西翼和北部生态发展区的人均 GDP 年均增速分别高于珠三角核心区 2.3 个、1.4 个和 1.8 个百分点。居民人均可支配收入增长约六成，有效缩小了区域间的发展差距，实现了全省经济的高质量、均衡发展。2022 年 5 月，广东省第十三次党代会进一步强调推动"一核一带一区"区域发展格局积厚成势，进一步明确实现更高水平、更高质量的区域协调发展。

（四）全面推进"百千万高质量发展工程"

为解决城乡区域发展不平衡不充分的问题，广东省于 2022 年 12 月启动"百县千镇万村高质量发展工程"①（简称"百千万工程"），旨在通过"产业兴县、强县富民、县城带动"壮大县域经济，补强县域短板，推动城乡区域协调发展。2022 年，广东省的 57 个县（市）占全省总面积的 71.7%，常住人口占 28.0%，但地区生产总值仅占全省的 12.4%。② 实施"百千万工程"对于拓展全省发展空间、促进经济循环、实现广东在社会主义现代化建设中走在全国前列具有重要意义。

"百千万工程"从县域发展入手，通过强化乡镇联城带村的节点功能、建设宜居宜业的美丽乡村、推动城乡融合发展等一系列措施，全面提升县镇村的经济社会发展水平。具体做法包括：推动县域高质量发展，通过产业兴县、强县富民、县城带动，推进城镇化建设；强化乡镇作为城乡连接纽带的作用，增强其综合服务功能，建设美丽乡镇和特色镇；推进乡村振兴，构建现代乡村产业体系，稳步实施乡村建设行动，加强乡村治理；加大城乡区域统筹力度，推进规划建设、基础设施、要素配置、生态环保和基本公共服务的一体化，破除城乡二元结构。

---

① 2022 年 12 月 8 日，中国共产党广东省第十三届委员会第二次全体会议通过《广东省委关于实施"百县千镇万村高质量发展工程"促进城乡区域协调发展的决定》。

② 广东县域经济研究与发展促进会：《广东县域经济综合发展力研究报告》，2023 年 12 月。

广东加大对"百千万工程"的财政支持力度。截至 2024 年末，广东省级财政设立的"百千万工程"重点任务保障专项资金达到 370 亿元，省级安排"百千万工程"相关领域总投入达到 3024 亿元。同时，省财政厅积极发挥专项债券投资拉动作用，2024 年中央下达广东的新增专项债券 5085 亿元，其中八成落实到有效带动投资的"百千万工程"相关领域。此外，广东推进省以下财政体制改革，将财政省直管县扩展至全省 57 个县（市），促进财政资源下沉，全面增强县域发展内生动力和财政保障能力。

在具体落实中，广东省通过改革创新，强化了政策支持和对口帮扶协作，构建了"1+N+X"政策体系。广东推动扩权强县改革、镇街体制改革和城乡融合发展体制机制改革，建立纵向支持、横向帮扶、内部协作相结合的帮扶机制，实现了对粤东粤西粤北地区 12 个地市和 45 个县（市）的横向帮扶全覆盖。此外，广东还重点推动了产业有序转移，设立了 15 个产业转移平台，推动"飞地经济"的新探索。

"百千万工程"在推进广东城乡区域协调发展方面结出丰硕成果。2024 年，广东 17 个区、2 个县（市）、124 个镇获评全国百强区、百强县、千强镇，57 个县（市）地区生产总值增长 3.6%，快于全省平均增速。推进 588 个县城老旧小区开工改造，城乡居民收入比缩小至 2.31∶1。15 个产业转移主平台累计新承接 1620 个产业转移项目，计划总投资超 5800 亿元，共建孵化器、园中园等多种形式"反向飞地"超 110 个。[①] 基本建成 129 条乡村振兴示范带，90% 以上村庄达到干净整洁村标准，自然村生活污水治理率提高到 75% 以上，农村规模化供水工程覆盖率提高到 87%。创建一批国家现代农业产业园、国家优势特色产业集群，累计培育 123 个"粤字号"农业区域公用品牌。[②]

---

① 《拿出头号力度抓"百千万工程"，广东城乡区域协调发展开启新图景》，《南方》2025 年第 9~10 期。

② 王伟中：《2025 年广东省政府工作报告（全文）》，《南方日报》2025 年 1 月 19 日，第 A03 版。

第二节　广东区域经济格局的时空演变

本节详细描述广东各地市的经济空间分布状况，探讨各地市经济发展状况之间的空间相关性，运用空间分析方法深入分析影响经济空间分布格局的驱动因素，并对这些因素的变化可能带来的经济格局变化进行简单预判，以期为促进区域经济协调发展提供科学依据。

一　广东区域经济的空间差异性及其演变特征

以地市为单位，对广东主要年份的经济发展状况进行空间分布分析，揭示区域间经济活动的空间差异性，以更直观地理解广东省经济格局的形成和变化过程。运用 ArcGIS 软件，采用自然断点分级法，将广东省各地市经济发展状况（GDP 和人均 GDP）数据分为程度不同的五类。自然断点分级法是一种基于数值统计分布规律进行分级和分类的统计方法。它通过识别分类间隔，选择数据值差异相对较大的位置作为边界（断点），将研究对象划分为性质相似的群组。这样的方法可以使各个类之间的差异最大化，使得分类结果更加明确和有效。在此基础上对广东省各地市经济发展状况进行五分位划分。虽然各类指标的绝对数量都有明显增长，但采用自然断点分级法分组的结果反映的主要是各地市之间经济发展状况排序的相对变化。

（一）广东省各地市 GDP 的空间差异特征及其演变

在过去二十多年里，广东省各地市的 GDP 空间分布格局发生了一定程度的变化。通过对 2000 年、2010 年、2020 年和 2022 年各地市 GDP 的分析（见表 3-1），可以清晰地看到各地市在经济发展中的不同表现及其背后的动态。

2000 年，广州市和深圳市居广东省 GDP 的第一分位，这表明它们在省内经济发展中处于核心地位。佛山和东莞在第二分位，显示出强劲的发展势头。第三分位的地市包括江门、汕头、惠州、茂名、湛江、中山、珠海和揭阳。第四分位的地市主要有肇庆、韶关、梅州、潮州、阳江和清远，经济总量较低。第五分位的城市包括云浮、汕尾和河源，经济基础较为薄弱。

2010 年，广州市和深圳市依然保持在第一分位，继续领跑全省。佛山和东莞继续保持在第二分位。第三分位的地市包括中山、惠州、江门、茂名和湛江，以珠三角地市为主，其中，中山和惠州虽然仍在第三分位，但 2000~2010 年发展势头强劲，速度快于同分位的其他地市。珠海、汕头、揭阳、肇庆和清远位于第四分位，其中珠海、汕头和揭阳在 2000~2010 年发展速度相对较慢，导致层级下滑，由第三分位降至第四分位。第五分位的地市包括韶关、阳江、梅州、潮州、汕尾、河源和云浮，其中韶关、阳江、梅州、潮州由 2000 年的第四分位降至 2010 年的第五分位，反映出 2000~2010 年经济发展相对缓慢。

2020 年，广州和深圳继续保持在第一分位，但深圳市超越广州市，成为全省 GDP 第一分位中的领头城市。佛山和东莞继续稳居在第二分位。第三分位的城市包括惠州、珠海、茂名、江门、中山和湛江，其中珠海由 2010 年的第四分位升至第三分位，表明 2010~2020 年经济发展速度相对较快。汕头、肇庆、揭阳和清远依然处于第四分位。第五分位的依然包括韶关、阳江、梅州、河源、汕尾、潮州和云浮。

2022 年各地市 GDP 的空间分布格局与 2020 年相比没有变化，其中第三分位的湛江和第五分位的汕尾，在同分位中的相对位次明显靠前，表明这两个城市的经济发展速度相对较快。

2000~2022 年，广东省各地市的 GDP 空间分布格局显示出明显的区域发展差异，但其整体空间分布格局演变并不显著。广州市和深圳市始终稳居第一分位，展现了其在全省经济中处于核心地位。佛山市和东莞市则稳居第二分位，展示了良好的发展势头。2010 年以后，在第三、第四和第五分位的地市中，尽管有小幅调整，但总体格局没有发生显著变化，第三分位一直以珠三角地市为主，粤东和粤北地市分布在第四、第五分位，粤西地区的湛江和茂名排位相对优于粤东和粤北地区。总体来看，2000 年以来，特别是 2010 年以后,广东经济空间分布格局没有发生根本性变化。

表 3-1 广东省部分年份各地市 GDP 自然断点分级法分类结果

	2000 年	2010 年	2020 年	2022 年
第一分位	广州、深圳	广州、深圳	深圳、广州	深圳、广州
第二分位	佛山、东莞	佛山、东莞	佛山、东莞	佛山、东莞
第三分位	江门、汕头、惠州、茂名、湛江、中山、珠海、揭阳	中山、惠州、江门、茂名、湛江	惠州、珠海、茂名、江门、中山、湛江	惠州、珠海、茂名、江门、湛江、中山
第四分位	肇庆、韶关、梅州、潮州、阳江、清远	珠海、汕头、揭阳、肇庆、清远	汕头、肇庆、揭阳、清远	汕头、肇庆、揭阳、清远
第五分位	云浮、汕尾、河源	韶关、阳江、梅州、潮州、汕尾、河源、云浮	韶关、阳江、梅州、河源、汕尾、潮州、云浮	韶关、阳江、汕尾、梅州、潮州、河源、云浮

（二）广东省各地市人均 GDP 的空间差异特征及其演变

2000~2022 年,广东省人均 GDP 的空间分布格局不断发生变化（见表 3-2）。

2000 年,深圳、珠海和广州位于人均 GDP 的第一分位,显示出这些地市在经济发展中的领先地位。佛山、中山、惠州、东莞和江门位于第二分位,表明这些地市的经济水平较高。汕头、茂名、肇庆、潮州和阳江处于第三分位,这些地市的人均 GDP 水平相对较低。韶关、云浮、湛江和揭阳在第四分位,汕尾、清远、梅州和河源处于第五分位,显示出其经济发展水平相对落后。

2010 年,第一分位扩展为包括深圳、广州、佛山和珠海,其中佛山从第二分位上升到了与深圳、广州和珠海相当的水平,显示出其人均 GDP 增长速度相对较快。仅有中山和东莞依然保持在第二分位,第三分位仅有惠州和江门,均是 2000 年第二分位的地市,表明 2000~2010 年惠州和江门的人均 GDP 与中山、东莞的差距有拉大的趋势。阳江、茂名、肇庆、清远、韶关、汕头、潮州和湛江在第四分位,包括 2000 年在第三分位的所有地市和在第四分位的部分地市。云浮、揭阳、汕尾、河源和梅州处于第五分位,地市比 2000 年有所增加。但 2000 年处于第五分位的清远市上升到了第四分位,体现出人均 GDP 增长相对较快。

2020 年,第一分位依旧是深圳、珠海、广州和佛山,说明这些地市在人均 GDP 方面继续保持领先。东莞、中山、惠州和江门处于第二分位,其中惠州和江门由第三分位重新回归到第二分位,这一转变表明它们的经济在 2010~2020 年取得了较快的发展。肇庆、茂名、阳江、汕头和韶关处于第三分位。清远、湛江、云浮、潮州和汕尾在第四分位,河源、揭阳和梅州处于第五分位,依然是人均 GDP 最低的地区,其中,云浮和汕尾由 2010 年的第五分位上升到第四分位,表明 2010~2020 年这两个地市的人均 GDP 增长速度超越了河源、揭阳和梅州,不仅拉大了与它们的差距,也逐渐缩小了与湛江等地的距离。

2022 年,第一分位仍然是深圳、珠海、广州和佛山,东莞、惠州、中山和江门保持在第二分位,与 2020 年没有区别。但第三分位只有肇庆、茂名和阳江三市,第四分位的地市较多,包括韶关、汕头、湛江、清远、潮州、汕尾、云浮和河源,其中韶关和汕头由 2020 年的第三分位降至第四分位,在第四分位中依然保持靠前的位置,表明两地人均 GDP 增长速度相对缓慢,与肇庆、茂名和阳江的差距拉大,而与湛江、清远等地的相对优势缩小;河源由第五分位上升至第四分位,表明其人均 GDP 增长速度相对较快。揭阳和梅州依然处于第五分位。

2000~2022 年,广东省各地市人均 GDP 显示出显著的区域差异和动态变化,但其空间分布格局没有出现根本性的变化。珠三角地区除肇庆之外的 8 个地市均位于全省前列,而粤东粤西粤北地区 12 个地市和肇庆市始终处于相对落后的局面。

表 3-2　广东省部分年份各地市人均 GDP 自然断点分级法分类结果

	2000 年	2010 年	2020 年	2022 年
第一分位	深圳、珠海、广州	深圳、广州、佛山、珠海	深圳、珠海、广州、佛山	深圳、珠海、广州、佛山
第二分位	佛山、中山、惠州、东莞、江门	中山、东莞	东莞、中山、惠州、江门	东莞、惠州、中山、江门
第三分位	汕头、茂名、肇庆、潮州、阳江	惠州、江门	肇庆、茂名、阳江、汕头、韶关	肇庆、茂名、阳江
第四分位	韶关、云浮、湛江、揭阳	阳江、茂名、肇庆、清远、韶关、汕头、潮州、湛江	清远、湛江、云浮、潮州、汕尾	韶关、汕头、湛江、清远、潮州、汕尾、云浮、河源
第五分位	汕尾、清远、梅州、河源	云浮、揭阳、汕尾、河源、梅州	河源、揭阳、梅州	揭阳、梅州

（三）广东省各地市经济增速的空间特征

广东省各地市 2020~2022 年的 GDP 年均增长速度和人均 GDP 年均增长速度反映了各地区经济发展的动态变化特征，运用 ArcGIS 中的自然断点分级法对各地市经济增长速度进行分类发现其经济发展动态的空间分布特征（见表 3-3）。

GDP 年均增长速度，第一分位包括河源、深圳、东莞三市，尽管河源相对于珠三角其他地市的基数较小，但其增长势头引人注目。第二分位包括清远、惠州、佛山、珠海、广州五市，以珠三角地市为主，但清远市的表现相对出色，呈现良好的发展势头。惠州在珠三角各市中经济实力一般，但其增长速度相对较快，超过了佛山、珠海和广州。第三分位的地市包括肇庆、中山、汕尾、湛江、阳江、茂名。第四分位只有云浮和韶关。第五分位包括江门、潮州、梅州、揭阳、汕头。

人均 GDP 增长方面，第一分位地市包括河源、清远、汕尾；第二分位地市包括肇庆、湛江、阳江、东莞、茂名、韶关、云浮；第三分位地市包括梅州、潮州、揭阳、佛山、惠州五地，珠三角地市占少数；第四分位有江门、广州、珠海；第五分位有汕头、深圳、中山。总结发现，在第一、第二两个分位中，除东莞和肇庆之外，全是非珠三角地区的地市，并且肇庆一直是珠三角地区 GDP 和人均 GDP 相对落后的地市。相反，第四、第五分位的地市除汕头之外全是珠三角地市。这表明一些经济实力较为薄弱的地市，近几年其人均 GDP 表现出强劲的发展势头；而经济实力较强的地市其人均 GDP 增速却有所放缓，呈现不同的增长态势。

通过对比可以发现，珠三角地区的 GDP 增长速度较快，但人均 GDP 增长速度相对较慢，而粤东粤西粤北地区则呈现相反的现象，即 GDP 增长速度较低但人均 GDP 增长速度较高。这表明尽管粤东粤西粤北地区 GDP 增长速度较慢，但人口数量相对稳定或增长较慢，因此人均 GDP 增速较高，表明当地居民的收入和生活水平提升速度相对较快，这有助于缩小粤东粤西粤北地区与珠三角地区的差距，推动共同富裕。

表 3-3 广东省各地市 2000~2022 年年均经济增长速度自然断点分级法分类结果

	GDP	人均 GDP
第一分位	河源、深圳、东莞	河源、清远、汕尾
第二分位	清远、惠州、佛山、珠海、广州	肇庆、湛江、阳江、东莞、茂名、韶关、云浮
第三分位	肇庆、中山、汕尾、湛江、阳江、茂名	梅州、潮州、揭阳、佛山、惠州
第四分位	云浮、韶关	江门、广州、珠海
第五分位	江门、潮州、梅州、揭阳、汕头	汕头、深圳、中山

二 广东区域经济空间集聚状况及其演变

标准离差椭圆可以反映空间分布的集聚或离散的程度和方向性。运用 ArcGIS 软件分别构建广东省分地市的 2000 年、2010 年、2020 年和 2022 年 GDP 和人均 GDP 的标准离差椭圆①，揭示经济发展在空间上的集聚状况和

---

① 标准离差椭圆分 1、2、3 三个标准离差层级。具体而言，1 标准离差椭圆大约覆盖 68% 的分析对象，2 标准离差椭圆大约覆盖 98% 的分析对象，3 标准离差椭圆大约覆盖 99% 的分析对象。本书的所有分析都是基于 1 标准离差椭圆进行的。

演变特征。较大的椭圆表示数据点分布较为分散，较小的椭圆表示数据点分布较为集中。本书生成的是第一级标准离差椭圆，其范围可将约占总数68%的输入要素包括在内。

（一）广东省各地市 GDP 的标准离差椭圆

以地市为单位，分别构建广东各地市 2000 年、2010 年、2020 年和 2022 年 GDP 的标准离差椭圆，得出的结果整理为表 3-4。

1. 广东省 GDP 呈现沿着沿海经济带带状集聚的特征

从各年度分地市的 GDP 标准离差椭圆来看，长短半轴的长度之比都较大，最低也在 2.5 左右。其中，长半轴的长度表示 GDP 的分布方向，短半轴的长度体现了数据的分布范围，长短半轴的值之比越大，说明 GDP 分布的方向性越明显。2000~2022 年，标准离差椭圆的旋转角度（即长轴与正北方向的夹角）一直保持在 72.50° 左右，与广东省的海岸线基本平行。由此表明，广东分地市的 GDP 空间布局呈现以珠三角核心区为中心、沿着沿海经济带东北-西南走向的带状集聚的特征。

2. 广东省 GDP 的空间分布呈现进一步集聚的趋势

分析结果显示，2000~2022 年分地市的 GDP 标准离差椭圆呈现小幅缩小的趋势，其短半轴基本稳定在 0.70 左右，但长半轴从 2000 年的 1.98 减少到 2022 年的 1.73；其周长从 2000 年的 8.95 逐渐减少到 2010 年的 8.14，2020 年和 2022 年进一步减少为 7.99；其面积也从 2000 年的 4.45 降至 2010 年的 3.89，2020 年和 2022 年则分别降至 3.80 和 3.79。这表明各地市 GDP 的分布范围在这些年份内变得更为集中，呈现更加集聚的特征，其中 2000~2010 年这种集聚趋势表现得尤为显著；而 2010~2022 年，尽管变化幅度相对较小，但集聚特征依然保持稳定，反映出经济活动空间分布格局已逐渐步入一个相对平稳的状态。

3. 广东省 GDP 的空间分布格局变化不大

2000~2022 年，广东 GDP 的标准离差椭圆中心 X 坐标大致稳定在 113.6°E 附近，而椭圆中心 Y 坐标也保持在 22.94°N 附近，从经纬度判断始终位于东莞市范围内。这表明各地市 GDP 整体中心位置相对稳定，没有显著的偏移或变化。在此期间，标准离差椭圆的方向变化不大，旋转角度保持在72.50°左右。结合椭圆中心和夹角可以判断，2000年以来广东经济的空间布局并未发生明显改变。

表3-4 广东省各地市部分年份 GDP 标准离差椭圆①

	2000 年	2010 年	2020 年	2022 年
周长	8.95	8.14	7.99	7.99
面积	4.45	3.89	3.80	3.79
中心 X 坐标（°E）	113.64	113.59	113.63	113.62
中心 Y 坐标（°N）	22.95	22.95	22.94	22.94
X 方向标准距离（长半轴）	1.98	1.77	1.73	1.73
Y 方向标准距离（短半轴）	0.71	0.70	0.70	0.70
旋转角度（°）	72.57	72.33	72.79	72.64

（二）广东省各地市 GDP 的标准离差椭圆

广东各地市2000年、2010年、2020年和2022年人均 GDP 的标准离差椭圆的分析结果详见表3-5。

1. 广东省人均 GDP 呈现沿着沿海经济带带状集聚的特征

分析发现，广东人均 GDP 标准离差椭圆中心和旋转角度与 GDP 标准离差椭圆基本一致，长短半轴之比也在2.5左右，因此也是长轴与广东省海岸线平行的扁长型标准离差椭圆。

2. 广东省人均 GDP 的空间分布经历了集聚化向离散化的转变

2000~2010年，人均 GDP 标准离差椭圆的长半轴有所缩减，短半轴基本不变，其周长和面积都出现了一定程度的缩减，分别从2000年的9.51和5.26降至2010年的9.19和5.11，呈现进一步集聚的趋势。但是，2010年之后，人均 GDP 标准离差椭圆开始沿长轴扩展，到2020年和2022年，其

---

① 这里的数据是根据 ArcGIS 经纬度计算的，所以生成的结果仅能作为相对参考结果，周长、面积、长短半轴的长度都没有具体单位。

长半轴达到了 2.17，超过了 2000 年的 2.09，短半轴也增长到了 0.86；其周长在 2020 年和 2022 年分别为 9.97 和 9.98，比 2000 年的 9.51 有所增长；其面积在 2020 年和 2022 年分别为 5.88 和 5.86，也比 2000 年的 5.26 有所增长，呈现离散化的趋势，反映出各地市人均 GDP 趋于均衡。

3. 广东省人均 GDP 的空间分布格局没有发生根本性变化

2000~2022 年，广东人均 GDP 标准离差椭圆中心 X 坐标和 Y 坐标在不同年份间变化较小，表明人均 GDP 整体中心位置相对稳定。旋转角度不同年份略有波动，但整体保持在 71.50°左右。这表明人均 GDP 椭圆的主要分布方向相对稳定，没有显著的方向性变化。

表 3-5　广东省各地市部分年份人均 GDP 标准离差椭圆

	2000 年	2010 年	2020 年	2022 年
周长	9.51	9.19	9.97	9.98
面积	5.26	5.11	5.88	5.86
中心 X 坐标（°E）	113.65	113.57	113.60	113.59
中心 Y 坐标（°N）	22.91	22.92	22.95	22.95
X 方向标准距离（长半轴）	2.08	1.98	2.17	2.17
Y 方向标准距离（短半轴）	0.80	0.82	0.86	0.86
旋转角度（°）	71.84	71.12	71.32	71.26

（三）广东省各地市经济增长速度的标准离差椭圆

表 3-6 呈现了广东省各地市在 2000~2022 年 GDP 年均增长速度和人均 GDP 年均增长速度方面的空间分布标准离差椭圆的分析结果。

1. 人均 GDP 年均增长速度的空间分布相对均衡

GDP 年均增长速度的标准离差椭圆的周长为 11.60，而人均 GDP 增长速度的标准离差椭圆的周长为 12.07，GDP 增长速度的标准离差椭圆面积为 7.59，人均 GDP 增长速度的标准离差椭圆面积为 8.13。人均 GDP 增长速度标准离差椭圆的长半轴和短半轴也比 GDP 增长速度的标准离差椭圆稍长。这些数据表明，人均 GDP 增长速度比 GDP 增长速度的分布更为均衡。

2. GDP 和人均 GDP 的空间分布特征大致相同

尽管人均 GDP 的空间分布相对于 GDP 表现出较为均衡的特征，但二者长短半轴的长度、周长和面积的差距都不太大，并且 GDP 和人均 GDP 的标准离差椭圆中心 X 坐标和 Y 坐标基本一致，旋转角度也基本相同，表明二者在空间中心位置和主要方向上保持了较强的一致性。这表明无论是从 GDP 还是人均 GDP 的角度来看，各地区之间的经济差异在空间上的分布都呈现相似的格局。

表 3-6　广东省各地市 2000~2022 年经济增长速度的标准离差椭圆

	GDP 增长年均速度	人均 GDP 增长速度
周长	11.60	12.07
面积	7.59	8.13
中心 X 坐标（°E）	113.66	113.68
中心 Y 坐标（°N）	23.07	23.10
X 方向标准距离（长半轴）	2.56	2.67
Y 方向标准距离（短半轴）	0.94	0.97
旋转角度（°）	71.04	71.08

三　广东区域经济发展的空间自相关状况及其演变

空间自相关是指地理空间中不同位置上的观测值之间的统计相关性。它描述的是地理现象或属性在空间分布上的相互依赖关系，即一个位置上的值是否会受到邻近位置上值的影响。常用的空间自相关度量方法包括全局空间自相关分析和局部空间自相关分析。

（一）全局空间自相关分析：广东省各地市经济发展水平空间分布的整体状况

全局空间自相关分析的分析方法是全局空间自相关指数（Global Moran's I，又称全局莫兰指数），反映的是统计范围内研究对象空间自相关的整体水平。Global Moran's I 的取值范围是 [-1, 1]，指数大于 0，表示研究对象的分布呈空间正相关，即呈现聚类趋势；指数小于 0，表示研究对象的分布呈空间负相关，即呈现离散趋势；指数等于 0，表示不存在空间自相关性。2000~2022 年，广东省各地市的 GDP 和人均 GDP 全局莫兰指数均显示出显著的空间正自相关性，但两个指标的变化趋势不同（见表3-7）。

1. 广东省各地市的 GDP 空间自相关整体水平出现回落

2000~2022 年，广东各地市的 GDP 全局莫兰指数一直在 0.2 以上（显著性水平均在 5% 以下），说明存在正向空间自相关关系，表明广东各地市间的经济发展空间差异明显，存在空间集聚现象，即相邻地市的经济水平趋于一致。从其演变趋势来看，GDP 的全局莫兰指数出现小幅波动，从 2000 年的 0.240 增长到 2010 年的 0.323，到 2020 年和 2022 年又有所回落（分别为 0.256 和 0.289），表明 2000~2010 年全省各地市的经济发展水平空间差异性有所扩大，且空间集聚效应有所提升。但 2010 年后，全局莫兰指数的回落则表明广东各地市间经济发展水平差距有所缩小，区域经济均衡性有所增强。

2. 广东省分地市的人均 GDP 空间自相关整体水平较高

人均 GDP 的全局莫兰指数始终保持在较高水平，都明显高于同期的 GDP 全局莫兰指数，并且显著性水平均在 1% 以下，全局莫兰指数 2010 年、2020 年和 2022 年三个年份都高于 0.5，呈现出显著的正向空间自相关性，说明广东省各地市人均 GDP 水平的空间差异明显，空间集聚效应一直较强。从其演变趋势来看，广东省各地市人均 GDP 的全局莫兰指数从 2000 年的 0.471 升至 2010 年的 0.600，表明人均 GDP 在空间上的差异性、集聚性明显增强，2020 年和 2022 年的人均 GDP 全局莫兰指数有所回落，但依然分别高达 0.505 和 0.517，明显高于 2000 年的水平，空间差异性明显。

总体来看，广东省各地市的经济发展水平存在明显的空间集聚效应，即经济发达或经济落后的现象更易于在邻近地区出现。不过，自 2010 年以来，广东区域经济均衡性得到了提升，表明广东省在推动区域协调发展方面取得了积极进展。

表 3-7   广东省各地市经济发展水平的全局莫兰指数

	2000 年	2010 年	2020 年	2022 年
GDP	0.240 *	0.323 **	0.256 *	0.289 *
人均 GDP	0.471 ***	0.600 ***	0.505 ***	0.517 ***

* 表示 $p<0.05$，** 表示 $p<0.01$，*** 表示 $p<0.001$。

3. 广东省各地市经济增长速度存在空间集聚趋势

广东各地市 2000～2022 年 GDP 年均增长速度的全局莫兰指数为 0.459（p=0.001），广东省各地市在 GDP 增速方面存在显著的空间正相关性，展现出了明显的空间集聚现象：高速增长的地区倾向于相互邻近，而低速增长的地区同样趋于集中。人均 GDP 年均增长速度的全局莫兰指数为 0.253（p=0.047），表明不同地市的人均 GDP 增速存在一定程度的正向空间集聚效应，但相较于 GDP 增速的空间集聚效应明显要弱。

（二）局部空间自相关分析：广东省各地市与周边地区的经济水平的相关性

局部空间自相关反映的是每个地区与相邻地区的空间关联性。通过构建基于显著性检验的 LISA 集聚图，可以判断各个区域的局部相关类型及其集聚区域是否在统计意义上显著。LISA 集聚图将地理空间分为"高-高集聚""高-低集聚""低-低集聚""低-高集聚""不显著"五种类型。"高-高集聚"代表自身属性水平高且周边地区水平也高的区域；"低-低集聚"，俗称"冷点"，代表自身和周边地区的属性水平都较低的区域；"低-高集聚"代表自身属性水平低但周边地区属性水平高的区域；"高-低集聚"代表自身属性水平高但周边地区属性水平低的区域；不显著区域，代表属性水平不存在显著空间自相关性且呈空间随机分布的区域。

1. 广东省各地市的 GDP 局部空间自相关状况

广东各地市 GDP 的 LISA 集聚图显示，在 2000 年、2010 年、2020 年和 2022 年四个年份中，存在显著空间自相关性、呈现空间集聚性的地市数量较少，最多有 9 个地市显著（见表 3-8）。

在"高-高"集聚区方面，广州、东莞、深圳始终保持着"高-高"集聚区的特征。这表明这些地市及其周边地区的经济发展水平一直较高，且相互之间形成了强烈的经济集聚效应。作为珠三角核心区，这些城市通过密切的经济联系和协同发展，形成了高度发达的经济圈，带动了区域内的经济增长。

在"低-低"集聚区方面，汕头2000年就呈现"低-低"集聚区的特征，到了2010年，揭阳和梅州也加入了这一行列，并且2020年和2022年依然保持这种局面。这些地区的经济发展水平相对较低，并且相互之间的经济差距不大，表现出明显的"低-低"集聚效应。

在"高-低"集聚区方面，中山、珠海和惠州2000~2022年一直呈现"高-低"集聚区的特征。这些地市作为珠三角地区的重要成员，其经济发展水平虽然与广州、深圳和东莞相比存在一定差距，但在广东省内属于较高的水平，明显高于毗邻的其他地市，由此塑造了"高-低"集聚的空间格局。这表明珠三角核心区的辐射作用有限，其周边地区未能实现同步发展。

2000~2022年广东省各地市的GDP不存在"低-高"集聚区。

表3-8 广东省各地市GDP的局部空间自相关分析结果

	2000年	2010年	2020年	2022年
高-高	广州、东莞、深圳	广州、东莞、深圳	广州、东莞、深圳	广州、东莞、深圳
低-低	汕头	汕头、揭阳、梅州	汕头、揭阳、梅州	汕头、揭阳、梅州
高-低	中山、珠海、惠州	中山、珠海、惠州	中山、珠海、惠州	中山、珠海、惠州
低-高				

2. 广东省各地市的人均GDP局部空间自相关分析结果

广东各地市人均GDP的LISA集聚图显示，2000~2022年存在显著空间自相关性、呈现空间集聚性的地市数量较多，且变化较大。

在"高-高"集聚区方面，广州、东莞、深圳、佛山、中山和珠海始终属于人均GDP"高-高"集聚区。作为珠三角的核心区域，这些地市的经济发展水平和人均GDP均处于全省乃至全国的前列，并且形成了紧密的经济联系与相互促进的发展态势。值得注意的是，惠州2020年加入了"高-高"集聚区，表明其近年来经济发展迅速，逐步赶上珠三角其他核心地市的步伐，共同形成了更大范围的"高-高"集聚区。

在"低-低"集聚区方面，汕头2000年就表现出"低-低"集聚区的特征，2010 年揭阳、梅州和潮州也加入了这一行列。这些地市的经济发展水平相对较低，人均 GDP 也处于全省的较低水平，因此形成了一个发展的"洼地"，"低-低"集聚区一直没有改变。

2000~2022 年，广东省没有出现人均 GDP 的"高-低"集聚区和"低-高"集聚区。

表 3-9　广东省各地市人均 GDP 的局部空间自相关分析结果

	2000 年	2010 年	2020 年	2022 年
高-高	广州、东莞、深圳、佛山、中山、珠海	广州、东莞、深圳、佛山、中山、珠海	广州、东莞、深圳、佛山、中山、珠海、惠州	广州、东莞、深圳、佛山、中山、珠海、惠州
低-低	汕头	汕头、揭阳、梅州、潮州	汕头、揭阳、梅州、潮州	汕头、揭阳、梅州、潮州
高-低				
低-高				

3. 广东省各地市的经济增长速度局部空间自相关分析

2000~2022 年广东省各地市 GDP 年均增长速度和人均 GDP 年均增长速度的局部空间自相关状况存在较大差异。

在 GDP 年均增长速度方面，广州、东莞、深圳、中山、珠海 5 个地市属于"高-高"集聚类型，这些地理相邻的地市在 GDP 增长速度上都属于较高水平。汕头、揭阳、梅州、潮州 4 个地市则属于"低-低"集聚类型，表明这些相邻的地市 GDP 增长速度相对缓慢。

然而，在人均 GDP 年均增长速度方面，深圳、中山、珠海 3 个地市属于"低-低"集聚类型，其人均 GDP 的增长速度相对较低，这与 GDP 年均增长速度的情况相反，可能是由于这些地区在经济发展过程中人口大量流入稀释了人均 GDP 的增长速度。而东莞属于"高-低"集聚类型，表明东莞人均 GDP 增长速度高于其周边的深圳、中山、珠海等地市，呈现"脱颖而出"的格局。

表 3-10　广东省各地市经济年均增速的局部空间自相关分析结果

	GDP 增速	人均 GDP 增速
高-高	广州、东莞、深圳、中山、珠海	
低-低	汕头、揭阳、梅州、潮州	深圳、中山、珠海
高-低		东莞
低-高		

四　广东区域协调发展空间格局的主要驱动因素

在理论分析的基础上，通过建立广东各地市经济发展状况的空间回归模型，深入分析广东区域经济空间格局的影响因素，揭示促进广东省区域协调发展的主要驱动因素。

（一）广东区域协调发展的影响因素的理论分析

广东形成的不平衡的发展空间布局，既有先天性地理空间格局分布的因素，也受后天政治经济优势积累的影响。[①]　主要体现在以下方面。

1. 地理区位与资源禀赋的差异

粤东粤西粤北地区区位因素与发展的存量资源并不具备显著优势，多数城市地处偏远，且地形地貌以山地丘陵为主，多属生态脆弱地区、贫困山区和沿海落后地区，存在较为不利的自然发展基础，造成了经济发展的局限性。比如，河源、韶关、清远属东江和北江水源的生态敏感区，梅州、云浮属水土流失严重的生态脆弱区，肇庆、韶关、河源、梅州等地市的山地丘陵面积超过 80% 甚至 90%。

2. 战略布局与发展政策的区别

改革开放以来，我国地区经济发展经历了从战略和政策驱动到多元驱动的转变，战略和政策已成为驱动地区发展的核心要素之一。然而，广东战略和政策呈现明显的"极化"特征，资源高度集中于珠三角地区。在产业布局方面，十大战略性支柱产业主要分布在珠三角核心区，沿海经济带

---

① 徐曼、黄靖：《以区域协调发展推进共同富裕的理论逻辑与实践路径：以广东为例》，《广东经济》2023 年第 3 期，第 32~35 页。

东翼、沿海经济带西翼、北部生态发展区分布较少。战略性新兴产业多集中在珠三角的广州、深圳、珠海、佛山、东莞、江门，沿海经济带东翼的汕头和沿海经济带西翼的湛江、阳江略有分布。在载体布局方面，粤东粤西粤北地区国家高新区总量仅为珠三角地区的1/2，12个地市中7个零布局。粤东粤西粤北地区产业园数量可观，但1/2的省级产业园未达到"七通一平"，县级甚至难以实现"三通一平"。在政策布局方面，重要利好战略和优惠政策主要集中于珠三角核心城市。比如粤港澳大湾区、深圳先行示范区以及横琴、前海、南沙等重大平台建设都集中于珠三角，粤东粤西粤北地区则相对"边缘化"和"被动化"。

3. 区域产业发展与市场主体培育水平问题

粤东粤西粤北地区的产业以传统制造业、农业和资源型产业为主，这些产业附加值低、市场竞争力弱、抗风险能力差。由于缺乏现代服务业、高新技术产业等高附加值产业，这些地区的经济增长动力不强。此外，与珠三角地区相比，粤东粤西粤北地区的市场主体数量和质量都存在明显差距。其市场主体以中小企业为主，普遍存在规模较小、抗市场风险能力差、创新能力不足等问题，导致市场活力不强。更为关键的是，由于缺乏龙头企业和知名品牌，难以形成产业集群效应，限制了区域经济的发展潜力。

4. 基础设施水平差异

基础设施是经济社会发展的重要支撑。粤东粤西粤北地区因其复杂的地理环境和相对稀疏的人口分布，基础设施建设难度大、成本高且经济效益较低，因此难以吸引足够的资金投入。这些困境致使粤东粤西粤北地区的交通设施、通信设施、能源设施以及公共服务设施等相对落后，制约了当地经济发展。

5. 城镇化水平差异

城镇化是推动经济发展的重要引擎，可以通过人口集中、产业集聚、功能集成、要素集约等多重策略实现资源的优化配置和高效利用，有效提升经济整体运行效率。粤东粤西粤北地区城市承载能力有限、基础设施薄弱和公共服务水平相对落后，难以有效吸引外来人口和资本流入，导致其城镇化进程较为缓慢。城镇化水平较低限制了资源的高效配置与合理利用，也阻碍了经济向更高层次集约化发展，进而制约了这些地区的经济活力与增长潜力。

6. 人才数量差距

人才是推动经济社会发展的重要资源，是产业升级的关键驱动力。粤东粤西粤北地区经济发展水平相对较低、生活和工作环境相对较差，对人才的吸引力较弱。此外，粤东粤西粤北地区在科技创新方面投入不足，人才干事创业的平台较少，进一步削弱了人才在此类地区发展的意愿和动力。这一现状导致粤东粤西粤北地区人才储备薄弱且流失严重，限制了在推动科技创新、提升产业竞争力等方面的竞争力，进而制约了经济高质量发展。

（二）广东各地市经济空间分布格局的影响因素

空间回归模型是一种将空间位置作为自变量、研究空间数据之间的关系和依赖性、揭示空间数据之间关系的统计方法。对于具有较强的空间依赖性的研究对象，采用空间回归模型识别其空间分布的决定因素，其结果会优于利用 OLS 回归（普通最小二乘法回归）模型进行检验的结果。空间回归模型分为空间滞后模型（SLM）和空间误差模型（SEM）。分析时具体选择哪种模型，需要根据拉格朗日乘子（Lagrange multiplier，LM）检验及其稳健性（Robust）形式来判断。

本书分别以广东省各地市 2000 年、2010 年、2020 年和 2022 年的 GDP 和人均 GDP 为因变量，构建空间回归模型。自变量则根据理论分析的结论，从人口状况、城镇化状况、人才状况、工业发展状况、服务业发展状况和财政收入状况（用以反映基础设施建设的能力）等方面设置自变量。在充分考虑数据可得性的前提下，分别选择常住人口数量、城镇化水平、规模以上企业的研发人员数量、规模以上工业增加值、第三产业占比和一般公共预算收入等指标作为自变量。根据拉格朗日乘子（LM）检验及其稳健性分析结果选择空间误差模型（限于 SEM 篇幅，具体过程略）。

1. 广东省各地市的 GDP 空间回归分析结果

本书分别对 2000 年、2010 年、2020 年和 2022 年广东各地市的 GDP 构建空间回归模型，结果如表 3-11 所示。

常住人口数量在所有年份对 GDP 都存在显著的正向影响，且其影响力随时间推移而大幅增强。具体而言，这一影响的系数从 2000 年的 0.58 增长到 2022 年的 9.46，体现了常住人口数量对 GDP 的正向影响显著增强。这表明人口增长为经济发展提供了重要支撑，并且人口规模对经济发展的贡献逐渐加大。这可能是由于人口增长带来的消费需求扩张、劳动力供应充裕和市场规模扩大对经济发展产生了正向影响。

城镇化水平在 2000 年、2010 年和 2020 年对 GDP 的影响并未达到显著水平，但在 2022 年变为显著，且影响系数为正值。这一转变表明城镇化进程的加快对经济增长的推动作用在近年逐渐显现。具体而言，城镇化水平与经济发展水平呈现正相关关系，意味着随着城镇化进程的推进，其对经济发展的推动作用越发明显，表明了城镇化进程的加速对于经济的正向影响日益显著。

人才数量（规模以上企业的研发人员数量）在 2010 年、2020 年和 2022 年对 GDP 的影响为正且显著[1]，但影响系数较小。这说明人才数量增长对经济发展有一定的促进作用，但其促进效应相对有限。

规模以上工业增加值在 2000 年、2010 年和 2020 年对 GDP 存在显著的正向影响，但 2022 年这一影响不再显著。与此同时，第三产业占比在 2010 年和 2020 年对 GDP 的影响同样显著[2]，显示出服务业在推动经济增长中具有重要作用，但 2022 年却不再显著。2022 年，规模以上工业增加值和第三产业占比对 GDP 的影响不显著，可能是由于这些行业增长的边际效应正逐渐递减，即使仍维持增长态势，其对 GDP 增长的边际贡献也可能趋于下降。这一趋势反映出广东省经济结构的深刻变化，新兴产业如高科技产业、绿色经济、数字经济等正蓬勃兴起，在 2022 年对 GDP 增长发挥了更为关键的作用。此外，2022 年全球经济面临许多不确定因素，如国际贸易摩擦、局部供应链中断等，这些外部因素都对广东省的工业和服务业产生了不同程

---

① 2000 年规模以上企业的研发人员数量数据缺失，所以没有纳入空间回归模型。

② 2000 年第三产业占 GDP 的比重数据缺失，所以没有纳入空间回归模型。

度的冲击。例如，供应链中断可能影响工业生产。正是这些外部环境的变化导致传统工业和服务业对 GDP 增长的贡献减弱。

一般公共预算收入在所有分析年份中对 GDP 的影响均为正向且显著，表明财政收入状况对促进经济发展具有重要支持作用。一般公共预算收入涵盖了包括转移性收入在内的多种收入来源，而广东省长期以来都对粤东粤西粤北地区进行财政转移支付。一般公共预算收入对经济发展的显著正向影响表明，加大对粤东粤西粤北等欠发达地区的财政转移支付力度，确保其一般公共预算收入稳定增长，可以为这些地区的经济增长提供重要保障。

用 λ 系数衡量空间自相关性，揭示某一地区的经济状况与其邻近地区经济状况的相互关联程度。λ 系数在各年份均不显著，说明在所分析的年份中，一个地区的经济增长并未对其邻近地区的经济增长产生显著影响。这反映出广东各地市的经济增长呈现相对独立的态势，区域之间的经济联动性不强，需要进一步探索区域经济协同发展的潜力。

总体而言，广东省的经济增长受到人口、城镇化、产业结构和财政收入等多方面因素的共同影响。未来的政策制定应持续聚焦这些关键因素，尤其是要着力提升人才利用效率、优化产业结构，以实现经济高质量发展。

表 3-11　广东省各地市 GDP 的空间回归模型估计结果

	2000 年	2010 年	2020 年	2022 年
常数项	−75.64	−2079.91 ***	−7039.34 ***	−7512.86 ***
常住人口数量	0.58 ***	1.46 ***	5.30 ***	9.46 ***
城镇化水平	0.42	−0.73	14.51	40.09 *
人才数量		0.02 ***	0.06 ***	0.03 **
规模以上工业增加值	1.38 ***	1.05 ***	2.12 ***	0.63
第三产业占比		47.90 ***	101.40 **	64.50
一般公共预算收入	4.36 ***	5.11 ***	5.66 ***	5.30 ***
λ		−0.19	−0.41	0.10

* 表示 $p<0.05$，** 表示 $p<0.01$，*** 表示 $p<0.001$。

2. 广东省各地市的人均 GDP 空间回归分析结果

本书分别对 2000 年、2010 年、2020 年和 2022 年广东各地市的人均 GDP 构建空间回归模型，结果如表 3-12 所示。总体来看，这些年份中对人均 GDP 有显著影响的因素较少。

常住人口数量对人均 GDP 的影响在 2000 年和 2010 年显著（5% 以下的显著性水平）且系数为负，表明常住人口数量增长会导致人均 GDP 下降。表面来看这是"分母效应"的体现，人口数量的增加会导致人均经济指标下降。但深层次来看，可能是因为人口增长带来的资源压力、就业压力和公共服务压力造成了人口对经济发展的边际效益递减。2020 年和 2022 年，该影响仍为负，但不再显著，可能由于其他因素缓解了人口增长对人均 GDP 的负面影响。

城镇化水平对人均 GDP 的影响在所有年份均显著为正，并且随着时间的推移其影响力逐年增强。这表明城镇化进程对经济发展具有促进作用，即城镇化水平的提升能够促进人均 GDP 增长。这可能是得益于城镇化带来的基础设施改善、就业机会增加和生产效率提升。

规模以上工业增加值对人均 GDP 的影响在 2000 年和 2010 年显著为正，表明工业增加值对经济发展的推动作用明显。但 2020 年和 2022 年这一影响不再显著，表明工业对经济增长的边际效益在下降，或者其他产业如服务业等在经济结构中的地位日益凸显。

人才数量（规模以上企业的研发人员数量）、第三产业占比、一般公共预算收入对人均 GDP 的影响在所有年份均不显著。

自 2010 年以来人均 GDP 的 λ 值都不显著，表明相邻地区之间的人均 GDP 关联性并不强。这可能意味着各地区的经济发展较为独立，彼此间的相互影响较小。

表 3-12 广东省各地市人均 GDP 的空间回归模型估计结果

	2000 年	2010 年	2020 年	2022 年
常数项	2231.96	−12905.00	−75651.30*	−49480.10
常住人口数量	−14.01*	−29.50*	−38.99	−10.37

续表

	2000 年	2010 年	2020 年	2022 年
城镇化水平	198.77**	580.37***	1152.03***	1509.95***
人才数量		-0.21	-0.52	-0.32
规模以上工业增加值	35.57*	11.14*	19.53	7.04
第三产业占比		376.65	1421.98	448.68
一般公共预算收入	-16.69	38.13	29.89	31.42
λ		0.40	0.32	0.22

* 表示 p<0.05， ** 表示 p<0.01， *** 表示 p<0.001。

五 广东区域协调发展空间格局的发展趋势

运用空间回归模型可以对区域协调发展的空间格局的演变趋势（是继续分化还是趋于缓和）做出基本的预判。

当前，珠三角尤其是珠三角核心区经济相对发达、粤东粤西粤北地区经济相对落后的区域经济空间格局一直没有得到扭转。这意味着广东省在制定经济政策和发展策略时需要高度重视区域的协调与平衡，以提升整体经济发展的均衡性和可持续性。

实证分析结果显示，增加常住人口数量、提升城镇化水平、促进规模以上工业发展、提高第三产业占比、加大省级层面的财政转移支付力度以及扭转人才流失的趋势，都会显著提高一个地区的经济发展水平。因此，为了有力推动粤东粤西粤北地区的经济发展，缩小与珠三角地区的差距，推动全省经济均衡发展，需要调整和优化区域发展战略，特别是在扩大常住人口规模、提升城镇化水平、促进工业发展和提高第三产业占比等方面，给予粤东粤西粤北地区各地市更多的支持。同时，应加大省级财政转移支付力度，以确保这些地区获得必要的资源和资金支持，为其经济发展注入强劲动力。此外，需要强化分类引导，实施差异化发展策略，在上述方面为不同的地区制定更具备灵活性和针对性的发展政策措施，以确保各项措施能够精准落地。

当前，广东各地区各地市的经济发展呈现相对独立的态势，相邻地区之间的相互影响较为有限，区域协同带动发展的作用尚未得到充分显现。未来，广东省需要继续发挥珠三角尤其是珠三角核心区域的辐射作用，通过区域协同发展、产业转移和对口帮扶等措施，深化区域间的资源共享和优势互补，推动形成更高层次、更广范围的经济协同效应，使各地市之间形成更加紧密的经济联系，构建更加协调、均衡的经济发展格局，提升广东经济的整体竞争力，实现更高水平的区域协调发展。

第三节　广东区域协调发展的主要成效

改革开放以来，广东在推动区域协调发展方面取得了显著成效。通过实施一系列分阶段、有重点的政策举措，诸如山区开发、"双转移"战略、"粤东粤西粤北"振兴发展战略、"一核一带一区"发展格局等，广东显著改善了粤东、粤西和粤北地区的经济条件，有效缩小了这些地区与珠三角地区的差距，促进了全省各区域的协调发展，显著提升了区域一体化水平。

一　区域发展差距持续缩小

近年来，广东省在推动区域协调发展战略指引下，通过一系列政策的实施与调整，显著缩小了地区经济发展速度差距，有效遏制了经济发展水平差异扩大趋势，人均 GDP 水平差距渐趋缩小，促进了全省经济的整体均衡发展。

（一）粤东、粤西和粤北地区与珠三角地区发展速度差距进一步缩小

2000 年以来，粤东、粤西和粤北地区的经济保持了快速增长，地区生产总值、地方一般公共预算收入都有较大幅度增长，与珠三角地区发展速度明显接近。从 GDP 增长速度来看，2001~2020 年珠三角地区每 5 年的年均增长率呈现逐渐下降的趋势，但粤东、粤西和粤北地区则是经历了先明显上升后逐步下降的过程。对比来看，2001~2005 年，珠三角地区的 GDP 年均增长速度明显高于粤东、粤西和粤北地区，但从 2006 年开始，粤东、粤西和粤北地区的年均增长速度与珠三角地区较为接近，甚至部分年份部

分地区还超越了珠三角地区。2021~2022年珠三角，粤东、粤西和粤北地区的年均增长速度相较于前5年都略有下降，四个区域呈现出均衡的局面。从人均GDP年均增长速度来看，2001~2005年珠三角明显优于粤东、粤西和粤北地区，但2006~2020年每五年的年均增长速度都是粤东、粤西和粤北地区高于珠三角地区，2021~2024年四个地区基本持平。随着经济持续快速增长，粤东、粤西和粤北地区的财政实力都显著增加。从地方一般公共预算收入的年均增长速度来看，四个区域都经历了先上升后下降的过程，其中2001~2005年和2011~2015年粤西、粤北地区高于珠三角地区，2006~2010年和2021~2024年则是粤东、粤西和粤北地区都高于珠三角地区，2016~2020年珠三角地区增长速度居于首位，但整体差距不大（见表3-13）。总之，粤东、粤西和粤北地区增长速度加快，接近甚至超过珠三角地区，广东区域经济增长呈现相对均衡增长的格局。

表3-13　各区域分时期GDP、人均GDP和一般公共预算收入年均增长速度

单位：%

		2001~2005年	2006~2010年	2011~2015年	2016~2020年	2021~2024年
GDP	珠三角	16.82	15.59	10.46	7.52	6.45
	粤东	7.61	15.06	10.81	6.18	5.25
	粤西	12.53	15.23	10.97	5.69	5.38
	粤北	12.83	16.24	9.70	7.05	5.52
人均GDP	珠三角	14.83	11.25	5.95	4.61	5.95
	粤东	5.99	13.75	10.82	6.67	5.02
	粤西	10.37	14.53	10.66	5.28	4.95
	粤北	10.61	15.69	9.62	7.22	5.54
一般公共预算收入	珠三角	15.26	20.84	15.28	5.86	1.97
	粤东	8.82	23.32	12.11	1.85	5.06
	粤西	16.26	21.85	15.94	2.65	3.69
	粤北	20.06	25.75	15.25	1.79	12.12

数据来源：根据《广东统计年鉴2023》、2024年各市国民经济和社会发展统计公报数据计算。

（二）四大区域经济发展水平差距扩大的态势得到遏制

由于区域协调发展战略的实施，粤东、粤西和粤北地区经济发展势头

强劲，无论是 GDP、人均 GDP 还是地方一般公共预算收入都有较大幅度增长，部分指标与珠三角地区的差距呈现进一步缩小的趋势，区域经济发展水平更加协调均衡。

2000 年，粤东、粤西和粤北地区生产总值分别为 1067.61 亿元、951.37 亿元和 756.20 亿元，分别只占珠三角同期水平（8471.28 亿元）的 12.60%、11.23% 和 8.93%。之后，这一占比虽然进一步减小，但其变化幅度小，表明粤东、粤西和粤北地区 GDP 和珠三角地区的差异扩大的态势得到了遏制。从人均 GDP 变化情况来看，2000 年以来粤东、粤西和粤北地区人均 GDP 占珠三角地区的比重经历了先降后升的转变，到 2024 年分别达到 35.69%、40.87% 和 34.95%，都明显高于 2005 年的最低水平，这表明 2005 年以来粤东、粤西和粤北地区人均 GDP 与珠三角地区的差距明显缩小。一般公共预算收入方面，2000 年粤东、粤西和粤北地区地方一般公共预算收入分别为 36.94 亿元、25.41 亿元和 26.54 亿元，分别占同期珠三角地区的 6.17%、4.24% 和 4.43%。在后续年份中，粤东地区的占比则持续走低，与珠三角地区的差距不断拉大。但 2005 年、2010 年及 2015 年，粤西和粤北地区的占比持续呈上升趋势，表明两个地区与珠三角地区在财政实力上的差距逐渐缩小。尽管 2020 年和 2024 年的占比出现了一定程度的波动，但粤北地区的占比依然保持在 2000 年的水平之上，表明粤北地区的财政水平与珠三角地区的差距没有进一步拉大（见表 3-14）。

表 3-14　粤东、粤西和粤北地区主要经济指标占珠三角地区的比重

单位：%

		2000 年	2005 年	2010 年	2015 年	2020 年	2024 年
GDP	粤东	12.60	8.36	8.17	8.30	7.80	7.46
	粤西	11.23	9.31	9.17	9.38	8.61	8.27
	粤北	8.93	7.51	7.72	7.46	7.30	7.04
人均 GDP	粤东	35.77	23.97	26.79	33.53	36.97	35.69
	粤西	34.85	28.59	33.07	41.11	42.45	40.87
	粤北	26.24	21.76	26.47	31.38	35.49	34.95

		2000 年	2005 年	2010 年	2015 年	2020 年	2024 年
一般公共 预算收入	粤东	6.17	4.63	5.12	4.45	3.67	4.14
	粤西	4.24	4.43	4.62	4.75	4.07	4.36
	粤北	4.43	5.43	6.63	6.62	5.45	7.96

数据来源：根据《广东统计年鉴 2023》、2024 年各市国民经济和社会发展统计公报数据计算。

（三）地级市经济发展水平差距有缩小的趋势

2000~2024 年广东地级市之间的 GDP、人均 GDP 和一般公共预算收入的变异系数、基尼系数和泰尔指数等，呈现不同的变化趋势。GDP 方面，其变异系数、基尼系数和泰尔指数虽有上升，但其上升幅度不断变小，表明各地市间经济发展水平差距拉大的趋势在放缓。人均 GDP 的变异系数、基尼系数和泰尔指数则呈现持续下降的趋势，而且下降幅度较大，表明各地级市的人均 GDP 水平正在趋于均衡。一般公共预算收入的变异系数、基尼系数和泰尔指数都经历了先下降后上升的波动过程，但从 2024 年和 2020 年的对比可以发现，三项系数都出现了一定幅度的下降，表明地市间财政实力拉大的趋势再一次得到了有效扭转（见表 3-15）。总体来看，广东各地市之间经济发展水平差距扩大的势头已经得到有效控制，尤其是人均 GDP 的地区差异已长期趋向缓和。

表 3-15　2000~2024 年广东区域差异的演变

年份	GDP			人均 GDP			一般公共预算收入		
	变异 系数	基尼 系数	泰尔 指数	变异 系数	基尼 系数	泰尔 指数	变异 系数	基尼 系数	泰尔 指数
2000	1.189	0.511	0.929	0.696	0.354	0.397	1.811	0.675	1.809
2005	1.297	0.556	1.109	0.785	0.401	0.514	1.659	0.656	1.625
2010	1.286	0.554	1.100	0.699	0.359	0.411	1.595	0.631	1.494
2015	1.327	0.557	1.130	0.602	0.308	0.301	1.712	0.639	1.568
2020	1.382	0.569	1.199	0.590	0.276	0.246	1.851	0.673	1.768
2024	1.396	0.576	0.794	0.544	0.275	0.224	1.706	0.647	0.973

数据来源：根据《广东统计年鉴 2023》、2024 年各市国民经济和社会发展统计公报数据计算。

二 形成优势互补、协调发展的区域发展格局

广东省以功能区战略为引领,推动"一核一带一区"在各自的发展轨道上竞相发展、各展所长。珠三角地区发挥主引擎作用,通过产业升级和科技创新不断引领全省经济发展;粤东粤西粤北地区则依托自身的资源禀赋和政策支持,加快形成新的经济增长极,逐步构建起优势互补、相互依托、协调联动的区域发展格局。

(一)粤港澳大湾区成长为世界级城市群

粤港澳大湾区以珠三角为主体,已成为全球人口和经济密度最高、区域竞争力和科技创新能力最强的区域经济体之一,其产业体系和创新链高度发达,居民收入和生活水平达到发达国家标准。这些成就表明粤港澳大湾区已经具备世界级城市群的卓越水平。

2024年,深圳都市圈GDP达5.52万亿元,广州都市圈为4.96万亿元,两大都市圈合计超10万亿元,占全省GDP的74.0%、全国GDP的7.8%,领跑14个国家级都市圈。2019~2024年,大湾区经济总量从超10万亿元增长至14.8万亿元,以不到全国1%的土地面积、6%的人口,贡献了全国11%的GDP,成为高质量发展的主要动力源之一。

区域一体化水平持续提升。珠三角各城市通过产业协同和基础设施共建,已初步形成一小时交通圈。广佛等双城融合进程推进顺利。目前,广佛已开通3条跨城地铁线,累计实现广佛通办事项超3400项,基本实现了"一张网、一票通、一座城"的目标。广州、深圳、珠江口西岸三大都市圈抓住深中通道等重大基础设施建设的契机,提出打造环珠江口100公里"黄金内湾",统筹推进基础设施互联、产业协同创新、要素自由流动,进一步加快东西两岸融合步伐。各城市积极突破行政壁垒寻求深度合作,自2022年10月深圳市政府与中山市政府签署《深圳市中山市战略协作框架协议》以来,两市在营商环境、产业、交通、创新、公共服务、规划六大领域展开了紧密的"一体化"合作,中山市全面对标深圳营商环境,推动超80项改革,新增100项政务服务"跨城通办"。

（二）珠三角地区产业发展迈向高端化

自 2000 年以来，珠三角地区经济持续优化升级，展现强劲的增长势头，巩固了其作为广东省经济核心和主引擎的地位。区域 GDP 从 2000 年的 8471.28 亿元增至 2024 年的 115364.20 亿元，年均增长率为 11.49%；人均 GDP 从 2000 年的 20368.64 元增至 2024 年的 146012.34 元，年均增长率达 8.55%；一般公共预算收入则从 2000 年的 599.06 亿元增至 2024 年的 9185.72 亿元，年均增长率为 12.05%。这些指标都充分体现了珠三角地区经济活力与财政实力显著增强。

制造业是珠三角经济的突出优势。2022 年珠三角地区规模以上工业增加值高达 32444.89 亿元，是 2000 年的 11.91 倍，年均增长率达到了 11.92%，发展势头强劲（见图 3-1）。广深都市圈在全国工业十强城市中占据 4 个席位，2022 年规模以上工业总产值超过 14 万亿元。珠三角区域联合共建了广佛惠超高清视频集群、广深佛莞智能装备集群等 7 个国家级先进制造业集群，显示出制造业的强大协同效应。

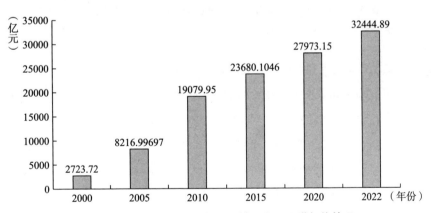

图 3-1　珠三角地区部分年份规模以上工业增加值情况

数据来源：《广东统计年鉴 2023》。

经过多年发展，珠三角在先进制造业和现代服务业领域奠定了坚实基础。2022 年，珠三角先进制造业和高技术制造业占规上工业增加值的比重分别达 57.50% 和 34.80%，较 2012 年显著提升（见图 3-2）。此外，珠三角在科技创新和产业结构优化方面也取得了显著成就，形成了以创新为引领的现代化产业体系，构建了珠江口东岸高端电子信息产业带和珠江口西岸先进装备制造业产业带，形成了双翼齐飞的产业格局。以深圳、广州为代表的珠三角城市，已成为全球重要的科技创新中心，推动区域经济向高附加值的高科技产业和现代服务业转型，提升了珠三角在全球价值链中的地位，使其在全球经济版图中占据了更加重要的位置。

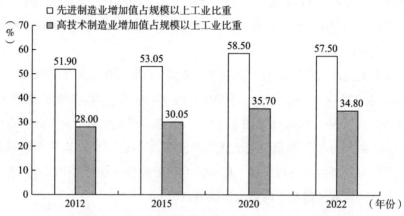

图 3-2 珠三角地区部分年份先进制造业、高技术制造业占比情况

数据来源：根据有关年份《广东统计年鉴》计算。

（三）粤东粤西粤北地区实现跨越式发展

广东省高度重视粤东粤西粤北地区的经济发展，充分利用各自区位和资源优势，通过科学的空间布局和因地制宜的政策措施，推动粤东粤西粤北地区经济社会发展的跨越式发展。2000～2024 年，粤东粤西粤北地区GDP 从 2775.18 亿元增至 26268.66 亿元，年均增长 9.82%；地方一般公共预算收入从 88.89 亿元增至 1511.37 亿元，年均增长 12.53%。工业总产值、外贸进出口、固定资产投资等主要经济指标均实现大幅增长，优势产业集群逐渐形成，现代化产业体系日益完善。

在政策支持和基础设施改善的推动下，粤东和粤西地区的重化工业和能源产业集群加速崛起，绿色石化、绿色钢铁、海工装备和海上风电等产业带逐步形成，成为区域经济的重要引擎。各地涌现出一批世界级重大项目，如湛江巴斯夫一体化、揭阳广东石化炼化一体化项目等。尤其在"十三五"期间，共有 660 多个投资超 10 亿元的重大项目落地，使沿海经济带成为产业发展的主战场。湛江的中科炼化项目 2022 年产值超千亿元，巴斯夫项目首套装置于 2022 年投产，阳江国际风电城也初具规模，显著提升了区域经济竞争力。

粤北地区绿色生态产业体系加快形成。粤北地区依托其绿色生态资源，重点发展绿色生态产业，加快推进产业生态化和生态产业化。现代农业、休闲旅游、绿色低碳产业不断壮大，"生态+文旅""生态+农业"等新业态不断涌现。该地区的现代农业产业园数量占全省的 36.17%，5A 级和 4A 级旅游景区占比分别为 20% 和 27.6%。此外，粤北地区通过促进数字经济与实体经济的融合，加快了新旧动能转换，2022 年，先进制造业增加值和高技术制造业增加值占规模以上工业比重分别达到 36.60% 和 17.10%，较 2012 年分别提升了 11.88 个和 8.92 个百分点（见图 3-3）。

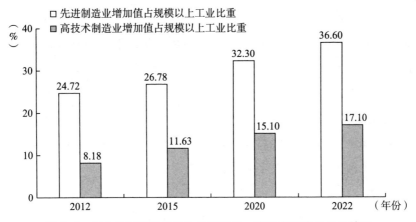

图 3-3　粤北地区部分年份先进制造业、高技术制造业占比情况

数据来源：根据有关年份《广东统计年鉴》。

三　区域经济一体化程度显著提升

通过实施"一核一带一区"战略、推进"百千万工程"、建设五大都市圈，广东省不仅提升了粤东粤西粤北地区的经济发展水平，还进一步强化了这些区域与珠三角地区在产业和市场等方面的紧密联系，形成了资源共享、优势互补、互相支撑的区域发展格局，推动了产业一体化协同发展。与此同时，全省各地区的产业结构持续优化升级，服务业比重显著增加并逐步成为主导产业，各地经济正朝着更加高效、创新和可持续的方向迈进，实现了区域经济的一体化发展。

（一）区域产业结构层次不断提升

21 世纪以来，广东四大区域的产业结构发生了显著变化。珠三角地区服务业的主导地位日益突出，粤东地区服务业快速崛起，粤西和粤北地区的服务业稳步增长，各区域在转型升级过程中呈现差异化发展路径。

珠三角地区的产业结构向服务业主导型转变。自 2000 年以来，珠三角地区的产业结构经历了持续的优化调整。2000 年，三次产业占比分别为 6.52%、49.14% 和 44.34%；到 2024 年，这一结构变为 1.75%、39.38% 和 58.86%（见图 3-4）。其中，第三产业比重上升了 14.52 个百分点，不仅超过第二产业，而且自 2010 年以来占 GDP 比重一直超过 50%，确立了在珠三角经济中的主导地位。珠三角地区产业结构从传统制造业向高附加值服务业快速转型的趋势，进一步巩固了珠三角作为经济中心的地位，也增强了区域经济的韧性和竞争力。

粤东地区服务业迅速崛起。2000 年，粤东地区三次产业的占比分别为 17.47%、46.08% 和 36.46%；到 2024 年，这一结构变为 8.58%、38.97% 和 52.45%（见图 3-4）。在此期间，第三产业的比重增加了 15.99 个百分点，不仅超过第二产业，而且占 GDP 的比重超过 50%。可见，在承接珠三角地区产业转移的同时，粤东服务业的发展速度明显加快，不仅促进了产业结构的现代化，还显著提升了区域经济的整体竞争力。

粤西和粤北地区服务业稳步增长。2000 年，粤西地区的三次产业占比分别为 29.31%、37.12% 和 33.58%，粤北地区的三次产业占比分别为 32.65%、35.92% 和 31.43%；到 2024 年，两地的产业结构分别变为 18.38%、31.33%、50.28% 和 16.25%、31.88%、51.87%（见图 3-4）。总结发现，这一时期两个地区的第一产业比重均大幅度下降，第二产业比重保持相对稳定，第三产业比重显著提升且占 GDP 比重都超过了 50%。这表明，在工业转移的推动下，粤西和粤北地区的服务业稳步增长，成为经济新的增长点，进一步推动了非珠区域产业结构的现代化。

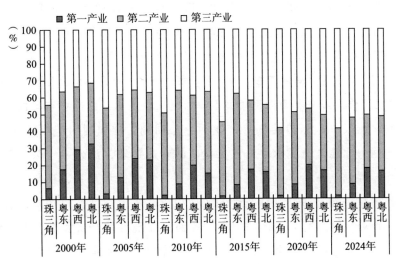

图3-4　主要年份分区域的三次产业比重

数据来源：历年《广东统计年鉴》、2024年各市国民经济和社会发展统计公报数据。

（二）珠三角地区先进制造业加快发展

珠三角地区经济高速发展的原因是多方面的，而广东区域协调发展无疑为其带来了诸多红利，赋予珠三角地区带动粤东粤西粤北地区发展的责任和使命，不仅促进了这些地区的协同发展，实际上也为珠三角地区自身的发展注入了活力。珠三角地区的劳动密集型、部分资源密集型产业向粤东粤西粤北地区转移，有效解决了企业用地难等问题，为其产业升级提供了充裕的空间，有力推动了这些地区的制造业向更高集中度和更高技术层次发展，实现了从轻型化向高级化、适度重型化的战略转型。

珠三角地区的企业积极转型升级，产业发展迈向高端化已经初步显现出成就。经过多年发展，珠三角地区在先进制造业和现代服务业领域积累了雄厚基础，战略性新兴产业成长势头强劲，初步形成了以创新为引领的现代化产业体系，打造了珠江口东岸高端电子信息产业带和珠江口西岸先进装备制造业产业带两大产业带，共有新一代信息通信、超高清视频和智能家电、智能移动终端、智能装备、先进电池材料、高端医疗器械、泛家居 7 个产业入选国家先进制造业集群。截至 2021 年 7 月，佛山拥有 6 个国家外贸转型升级基地，包括建筑陶瓷、金属型材、家电、家具、五金制品和装备制造基地。广州粤芯 12 英寸晶圆、富士康第 10.5 代 TFT-LCD 显示器件、乐金第 8.5 代有机发光二极管（OLED）显示器件、深圳华星光电第 11 代 TFT-LCD 及 AMOLED 新型显示器件等重大项目建成投产。

（三）区域工业有序转移，粤东粤西粤北地区劳动密集型工业迅速发展

"双转移"以来，劳动密集型工业加速从珠三角地区向粤东粤西粤北地区转移，延长了广东传统优势产业的生命周期，推动国内产业链条延伸。粤东粤西粤北地区通过承接珠三角地区的转出产业，加强了与珠三角的产业合作，促进上下游产业错位和配套发展，形成优势互补、互利共赢的产业协作体系；同时通过有针对性的招商引资，大力发展特色经济，加快形成新的产业集群，有力地带动了粤东粤西粤北地区的经济发展和产业结构升级。珠三角地区的资金、人力、资源等各项生产要素加速向粤东粤西粤北地区集聚，在产业转移园的强势带动下，粤东粤西粤北地区实现"整体崛起"，原本相对欠发达的区域开始成为广东经济增长的重要区域。

随着区域均衡发展的推进，劳动密集型工业加速从珠三角地区向粤东粤西粤北地区转移，劳动密集型产业在各区域的分布出现明显变化。根据标准，纺织业、家具制造业等 13 个行业归入劳动密集型工业[①]。全省劳动密集型工业比重呈缓慢下降趋势，2022 年占规模以上工业的 34.0%，比 2007 年下降 1.7 个百分点。然而，区域变化有所不同：珠三角地区的劳动密集型工业呈现持续下降趋势，2022 年的比重为 34.3%，比 2007 年下降 2.5 个百分点；粤东粤西粤北地区比重则出现先上升后下降的转变，2012 年上升至 33.0%，比 2007 年增加 3.5 个百分点，到 2022 年下降为 31.8%，尽管比 2012 年略有下降，但依然高于 2007 年 2.3 个百分点（见表 3-16）。

---

① 劳动密集型工业包括纺织业，纺织服装、服饰业，皮革、毛皮、羽毛及其制品和制鞋业，木材加工和木、竹、藤、棕、草制品业，家具制造业，印刷和记录媒介复制业，文教、工美、体育和娱乐用品制造业，橡胶和塑料制品业，非金属矿物制品业，金属制品业，电气机械和器材制造业，仪器仪表制造业和其他制造业 13 个行业。

表 3-16　主要年份劳动密集型工业占全部工业比重

单位：%

地区	2007 年	2012 年	2022 年
全省	35.7	34.6	34.0
珠三角	36.8	34.6	34.3
粤东粤西粤北	29.5	33.0	31.8

数据来源：根据《广东统计年鉴 2008》《广东统计年鉴 2013》《广东统计年鉴 2023》数据计算。

自 2022 年以来，广东将推动产业有序转移作为实施"百千万工程"和促进区域协调发展的关键举措。粤东粤西粤北地区以及江门、惠州、肇庆部分县（市）部署了 15 个承接产业转移主平台，重点承接国内外特别是珠三角地区的产业转移。省财政迅速安排 30 亿元注入资本金，助力开发建设、招商引资和产业发展。设立了广东省粤东西北产业转移基金，加大对基础设施和产业项目的投资力度。对于符合条件的优质先进制造业项目，给予用地指标支持和指标奖励。在严格遵循生态环境分区管控的前提下，对于主平台内符合条件的产业转移项目，实施豁免环评手续办理、环评告知承诺制审批、降低环评等级等改革措施。一批新能源、智能制造等产业正在向粤东粤西粤北地区有序转移，新能源汽车、光伏、氢能等新兴产业在这些地区快速发展，并逐步形成产业集群。

（四）产业分工基本形成，呈现区域协作格局

2024 年上半年，全省规模以上工业增加值占比前 6 位的行业依次为计算机、通信和其他电子设备制造业（25.49%），电气机械和器材制造业（11.77%），汽车制造业（5.76%），电力、热力生产和供应业（4.88%），金属制品业（4.82%），化学原料和化学制品制造业（3.87%），共占全省规模以上工业增加值的半数以上。[①]

若将优势行业定义为区位熵大于 1.1 且增加值占全省比重大于 2% 的行业，从表 3-17 可见，2022 年珠三角地区共有优势行业 5 个，分别是计算

[①] 根据广东省统计局《2024 年上半年广东规模以上工业生产运行情况分析》（http://stats.gd.gov.cn/tjfx/content/post_4467163.html）提供的数据计算。

机、通信和其他电子设备制造业，电气机械和器材制造业，汽车制造业，通用设备制造业，专用设备制造业。粤东地区的优势行业共有6个，包括电力、热力生产和供应业，非金属矿物制品业，橡胶和塑料制品业，农副食品加工业，文教、工美、体育和娱乐用品制造业，黑色金属冶炼和压延加工业。粤西地区的优势行业也有6个，分别是电力、热力生产和供应业，化学原料和化学制品制造业，有色金属冶炼和压延加工业，石油、煤炭及其他燃料加工业，农副食品加工业，黑色金属冶炼和压延加工业。粤北地区的优势行业有7个，分别是电力、热力生产和供应业，化学原料和化学制品制造业，非金属矿物制品业，有色金属冶炼和压延加工业，农副食品加工业，文教、工美、体育和娱乐用品制造业，黑色金属冶炼和压延加工业。对比可以发现，珠三角地区的优势行业在粤东、粤西和粤北地区均处于相对劣势，而粤东、粤西和粤北地区的优势行业多与其资源禀赋相符，在珠三角地区非优势行业。这表明四大区域产业分工体系基本形成，各区域重心各异，呈现区域协作格局。

表3-17 2022年分区域的规模以上工业按行业大类分的区位熵及增加值占比

行业大类	增加值占全省比重（%）	珠三角	粤东	粤西	粤北
石油和天然气开采业	0.64	0.9	0.0	5.3	0.0
黑色金属矿采选业	0.03	0.4	0.1	0.0	16.4
有色金属矿采选业	0.06	0.2	0.0	6.8	12.6
非金属矿采选业	0.13	0.7	0.6	3.4	5.3
农副食品加工业	2.36	0.8	1.5	4.5	1.3
食品制造业	1.23	0.9	3.2	0.8	0.6
酒、饮料和精制茶制造业	0.65	1.0	0.5	0.4	1.7
烟草制品业	0.33	0.8	0.1	1.1	6.7
纺织业	1.25	0.9	4.1	0.1	0.8
纺织服装、服饰业	1.55	0.7	8.0	0.2	0.4
皮革、毛皮、羽毛及其制品和制鞋业	0.88	0.8	4.1	0.4	2.3
木材加工和木、竹、藤、棕、草制品业	0.24	0.9	1.1	1.8	2.8
家具制造业	1.22	1.1	0.1	0.3	0.7
造纸和纸制品业	1.53	1.0	1.5	1.4	0.7

行业大类	增加值占 全省比重（%）	珠三角	粤东	粤西	粤北
印刷和记录媒介复制业	0.79	1.0	3.2	0.2	0.4
文教、工美、体育和娱乐用品制造业	2.29	1.0	2.3	0.1	1.1
石油、煤炭及其他燃料加工业	2.73	0.6	0.3	11.2	0.0
化学原料和化学制品制造业	4.00	1.0	0.9	1.2	1.6
医药制造业	1.25	1.0	1.8	0.6	1.3
化学纤维制造业	0.11	1.0	2.9	0.0	0.3
橡胶和塑料制品业	3.47	1.0	2.1	0.2	0.8
非金属矿物制品业	3.75	0.9	2.2	0.8	2.8
黑色金属冶炼和压延加工业	2.13	0.4	1.3	8.4	5.4
有色金属冶炼和压延加工业	2.80	0.9	0.9	1.9	2.9
金属制品业	4.87	1.0	0.9	0.4	0.9
通用设备制造业	3.20	1.1	0.6	0.2	0.6
专用设备制造业	3.14	1.1	0.5	0.1	0.4
汽车制造业	6.41	1.1	0.1	0.0	0.3
铁路、船舶、航空航天和其他运输设备制造业	0.88	1.1	0.5	0.0	1.0
电气机械和器材制造业	11.60	1.1	0.4	0.1	0.3
计算机、通信和其他电子设备制造业	25.81	1.1	0.2	0.0	0.6
仪器仪表制造业	0.89	1.1	0.2	0.0	0.4
废弃资源综合利用业	0.36	0.8	2.1	1.2	3.1
金属制品、机械和设备修理业	0.13	1.1	0.2	0.3	0.1
电力、热力生产和供应业	5.08	0.8	2.0	2.1	2.2
燃气生产和供应业	1.36	1.1	0.8	0.3	0.7
水的生产和供应业	0.46	1.0	1.1	0.5	0.6

注：此表为工业 37 个行业大类，不包括比重和区位熵较低的煤炭开采和洗选业、开采辅助活动、其他采矿业、其他制造业。

数据来源：根据《广东统计年鉴 2023》数据计算。

四 基础设施和基本公共服务均等化水平显著提升

2012 年以来，广东针对区域发展不平衡不协调这一最大短板，把握交通基础设施的先导作用、产业建设的支撑作用、城市建设的承载作用三大抓手，加大珠三角地区对口帮扶粤东粤西粤北地区的力度，实施珠三角地区优化发展、粤东粤西粤北地区振兴发展战略，显著推动了基础设施与基本公共服务的均等化发展，从而在区域协调发展的道路上实现了新的跨越。

（一）基础设施互联互通水平全面提升

新时代以来，广东省积极致力于改善粤东粤西粤北地区的基础设施条件，促进全省基础设施互联互通水平全面提升，内联外畅、便捷高效的现代综合交通运输体系加快形成，为区域要素自由流动、产业协作对接奠定了坚实基础。

在交通方面，广东积极完善高速运输网建设，从 2013 年起大力实施"交通大会战"，到 2015 年实现县县通高速，粤东粤西粤北地区通往珠三角核心区至少已建成 2 条大通道。截至 2024 年底，广东省高速公路通车里程已经达到 1.17 万千米，连续 11 年位居全国第一。其中，粤东粤西粤北地区高速公路总里程已突破 6000 千米，超越了珠三角地区。轨道交通建设提速，建成广深港、赣深、广汕、梅龙、深湛铁路（江湛段）等高铁线路，2021年实现"市市通高铁"，2024 年底高铁总里程①达 3016 千米。以广州为中心、连通大湾区和粤东粤西粤北地区、辐射华东中南西南地区的放射型路网格局初步形成，广东 21 市实现 3 小时左右通达，全域"三小时经济圈"形成。

在航空航运方面，全省"5+4"骨干机场布局持续优化，惠州、揭阳、韶关、湛江等地机场相继建成运营，粤东粤西粤北地区四大机场全部运行。广州白云机场 2019 年客流首次突破 7000 万人次，2020~2023 年连续 4 年居全国机场年旅客吞吐量首位。大力推进港口集群建设，以汕头港、湛江港为核心的粤东粤西粤北地区港口群加快建设，广州港、深圳港、湛江港等已成为亿吨大港，万吨级泊位数量大幅增长，截至 2022 年底万吨级及以上泊位达到 368 个。加强内河港口航道建设，截至 2022 年底，东江、北江航道扩能升级等 13 个航道扩能升级项目总体完工，西江干流"黄金水道"（广东段）实现通航 3000 吨级船舶，北江实现 1000 吨级船舶可通达韶关，

---

① 时速 200 千米及以上铁路总里程。

内河高等级航道比 2017 年底增长 383 千米。

在能源水利方面，广东加快推进水资源优化配置工程，构筑全省水网
"大动脉"，韩江高陂水利枢纽、粤东水资源优化配置工程一期等项目基本
建成，环北部湾广东水资源配置工程、珠中江供水一体化工程前期工作加
快推进，助力全省"五纵五横"水资源配置骨干网逐步形成。阳江核电 6
号机组、台山核电 2 号机组等一批核电、抽水蓄能项目建设加快推进。天然
气主干管道实现"市市通"，主干管网"县县通工程"首批项目启动建设；
2021 年，全省输油气管道和输油气里程分别为 154 条和 9664 千米，相比
2012 年分别增长 41.3%、49.9%。

在信息基础设施方面，2019 年省级财政资金安排 1.7 亿元支持粤东粤
西粤北地区 8500 个 20 户以上自然村光网覆盖建设，为欠发达地区乡村振兴
发展持续提供资金保障。2020 年，粤东粤西粤北地区信息基础设施建设投
资 99.4 亿元，同比增长 37.1%，比珠三角地区的增速 8.4% 高出 28.7 个百
分点，投资额占全省比重由 2019 年的 20% 提升至 25.4%。乡村固定宽带网
络实现"村村通"，截至 2020 年 12 月，全省 14.2 万个 20 户以上自然村实
现百兆光网全覆盖。到 2022 年，全省基本实现 5G 全域覆盖，珠三角地区
建成 5G 宽带城市群，粤东粤西粤北地区城区、县城及中心镇镇区实现 5G
网络覆盖。

（二）区域基本公共服务均等化持续推进

广东省高度重视推进区域基本公共服务均等化，2009 年出台《广东省
基本公共服务均等化规划纲要（2009～2020 年）》并于 2017 年修订扩容，
实施持续加大投入、创新政策机制、实施精准帮扶等多元化措施，尤其强
化财政资金的支持引导作用，推动教育、科技、医疗、文化等资源向粤东
粤西粤北地区倾斜，有效地弥补了粤东粤西粤北地区尤其是老区苏区和民
族地区的公共服务短板，使其教育、医疗、社保等水平不断向珠三角地区
看齐，实现了全省基本公共服务的均衡发展。

教育均等化服务能力不断增强。大力实施"新强师工程"，重点支持粤
东粤西粤北地区打造一批高素质校长教师队伍，支持公办学位建设，加大

对乡镇中小学校、县域普通高中的对口帮扶力度，推进教育均衡发展。2022年粤东、粤西和粤北地区的中学师生比①分别为 1∶13.7、1∶14.0 和 1∶13.6，与珠三角地区同期的 1∶13.3 基本持平（见表 3-18）。深入推进职业教育扩容提质强服务，补齐粤东粤西粤北地区的本科教育短板。从 2016 年起支持汕尾、湛江、揭阳、潮州等地创建高级技工学校和技师学院，并将 16 所粤东粤西粤北地区市属高职院校升格为省属，推进职业教育扩容提质；2021 年实现本科院校、高职院校、技师学院 21 个地市全覆盖。

医疗服务水平持续提高。从 2016 年起实施高水平医院建设"登峰计划"，截至 2022 年累计遴选建设 50 家高水平医院，其中粤东粤西粤北地区 18 家，实现 21 个地市全覆盖。建立一对一和组团式帮扶机制，引导 5 家大湾区高水平医院对河源、汕尾等 5 市医院开展帮扶，73 家三甲公立医院与 113 家县级医院形成帮扶关系。从 2017 年以来，大力推进基层医疗卫生机构提档升级，着力提升基层医疗能力，改造建设 189 家县级医院、488 家乡镇卫生院和 10000 间村卫生站②。2022 年，粤东、粤西和粤北地区的每千人医疗床位数分别达到 4.14 张、6.31 张和 6.12 张，其中粤西和粤北地区明显高于珠三角地区（见表 3-18）。

表 3-18　2022 年分区域的教育和卫生事业发展状况

地区	中学师生比	每千人医疗床位数（张）
珠三角	1∶13.3	4.37
粤东	1∶13.7	4.14
粤西	1∶14.0	6.31
粤北	1∶13.6	6.12

数据来源：根据《广东统计年鉴 2023》相关数据计算。

民生兜底保障全面有力。2009～2015 年，广东历经两轮扶贫"双到"（规划到户、责任到人），基本消除绝对贫困。2016 年以来全面部署新时期

---

① 普通中学专任教师数量与在校学生数量之比。
② 《建高地强基层广东努力提升群众普惠医疗卫生获得感》，https://www.news.cn/politics/2022-06/25/c_1128775602.htm。

精准扶贫、精准脱贫，截至 2020 年底，全省 2277 个相对贫困村全部脱贫出列，161.5 万相对贫困人口全部脱贫。实施各项就业创业扶持政策，到 2021 年底累计开展 768 万人次职业技能培训；建立特困供养人员护理、高龄失能人员补贴等制度；2021 年底前通过"双千"计划促成 188 所院校开设养老服务相关专业，在校生超 14 万人①。纵深推进"粤菜师傅""广东技工""南粤家政"三项工程，截至 2022 年 9 月，直接带动就业创业累计达 282 万人次，涌现出一批乡村名厨、家政好手和"厨师村""技工村""月嫂村"，有力帮助群众就业创业、增收致富。稳步推进社会保险省级统筹，广东先后于 2017 年、2019 年、2022 年对企业职工基本养老保险、工伤保险、失业保险实现省级统筹，进度居全国前列，基金共济和保障能力得到进一步提升。

公共文化设施建设布局更加均衡协调。广东出台了一系列法规政策，重点支持粤东粤西粤北欠发达地区的公共文化设施建设，加大财政转移支付力度，逐步实现城乡公共文化服务的均等化。省级财政在"十二五"期间投入 9 亿元，推动粤东粤西粤北地区公共文化设施全覆盖；2016~2018 年，中央和省级财政共投入 10 多亿元完善该地区的公共文化设施网络。到 2022 年，全省共有县级以上公共图书馆 145 个、文化馆 146 个、博物馆 282 个，乡镇综合文化站 1602 个，行政村综合性文化服务中心 25671 个，实现了省、市、县、镇、村五级公共文化设施的全覆盖。

（三）区域间要素流通日益畅通

改革开放初期，粤东粤西粤北地区经历了以劳动力为主的生产要素向珠三角地区的单向流动，这使其陷入"空心化"的境地。新时代以来，随着粤东粤西粤北地区的产业体系不断完善，叠加乡村振兴、建设海洋强省等带来的投资机遇增加，人才、劳动力、资本、技术、信息等开始大规模从港澳和珠三角地区向粤东粤西粤北地区流动，为这些地区的经济社会发展注入了新的动力。

---

① 《广东经济社会发展成就系列发布会——保障和改善民生专场》https://nflive.southcn.com/index？id=795。

土地、资本、劳动力和技术是重要的生产要素。其中，粤东粤西粤北地区的土地相对富余，2022 年单位土地面积万元 GDP 仅为全省平均水平的 27.45%。从资本要素看，近年来投资明显向粤东粤西粤北地区倾斜。与资本相比，广东区域间劳动力的流动比较顺畅，长期以来大量自由流动的劳动力为珠三角地区提供了充足供给，约束了劳动力成本的上涨。同时，"双转移"战略实施以来，产业转移带动劳动力培训和转移，促使粤东粤西粤北地区就业人口结构明显改善。2022 年，珠三角地区第二、第三产业从业人口占 96.0%，接近发达国家的水平；粤东、粤西和粤北地区第二、第三产业从业人口占比分别为 78.3%、72.1% 和 75.2%，分别比 2007 年提高 20.2 个、31.2 个和 27.6 个百分点，表明区域就业结构朝工业化、城市化方向迈进（见表 3-19）。

表 3-19 主要年份分区域就业结构

单位：%

地区	2007 年			2022 年		
	第一产业	第二产业	第三产业	第一产业	第二产业	第三产业
全省	29.4	39.0	31.6	10.5	36.6	53.0
珠三角	13.1	49.5	37.4	4.0	41.0	55.0
粤东	41.9	34.5	23.6	21.7	33.5	44.8
粤西	59.1	20.2	20.7	27.9	23.9	48.2
粤北	52.4	20.8	26.8	24.8	22.6	52.6

数据来源：根据《广东统计年鉴 2008》《广东统计年鉴 2023》数据计算。

粤东粤西粤北地区的人才短板进一步补齐，人才集聚效应开始显现。2006~2021 年，全省共有 22485 名高校毕业生到粤东粤西粤北地区基层开展支农、支医、支教和扶贫志愿活动。自 2013 年起，广东启动实施粤东粤西粤北地区人才发展帮扶计划（简称"扬帆计划"）①，并于 2020 年进行优化调整，由省财政分档给予入选项目支持；深入实施柔性引才机制，采取项

---

① "扬帆计划"面向国（境）外、省外以及珠三角地区大力引进创新创业团队落户粤东粤西粤北地区创新创业和成果转移转化，省级财政按 A、B、C 三档分别资助 800 万元、500 万元、300 万元。

目合作、技术指导、成果转化、学术交流等方式，助力粤东粤西粤北地区引进领军人才和高技能人才。截至 2023 年年中，"扬帆计划"共柔性引进院士 11 名，引进科技领军人才 271 名和博士、硕士 1000 余名，精准引进创新创业团队、产业科研团队等 261 支队伍开展技术攻关[①]。粤东粤西粤北地区的研发人员数量保持快速增长。2022 年，粤东、粤西和粤北地区的工业企业研发（R&D）人员分别为 2.23 万人、1.28 万人和 2.51 万人，2012～2022 年的年均增长速度分别达到 3.06%、2.95% 和 6.25%，与全省增速基本持平[②]。截至 2021 年，已在粤东粤西粤北地区 13 个地级市建成 290 个市、县、镇、村四级人才驿站，累计组织人才活动 3352 场，引进团队 212 个，引才超 1.6 万人次[③]。

（四）重大科创平台加快布局优化

广东省加快重大科创平台布局，有力推动区域创新驱动发展。粤港澳大湾区国际科技创新中心、综合性国家科学中心等重大项目稳步推进，多个国家级科技创新中心和重大科技基础设施相继获批建设，如大湾区量子科学中心、（东莞）散裂中子源二期工程、江门中微子实验站等。鹏城实验室和广州实验室全面运行，进一步增强了广东省的科技竞争力。截至 2021 年底，广东省拥有 30 家国家重点实验室、10 家省实验室及 14 家分中心、430 家省重点实验室[④]，构建了珠三角主导、"粤东粤西粤北"协同发展的实验室体系。

同时，广东大力培育新型研发机构，尤其是通过专项支持和政策倾斜，在粤东粤西粤北地区建立 56 家省级新型研发机构，占全省总数的 20.2%。这些机构涵盖了高端装备与先进制造、新材料、生物医药与医疗器械、海洋技术、农业技术等多个前沿领域，会聚了近 1500 名科研人员，其中 70%

---

① 《广东省科学技术厅关于省政协十三届一次会议第 20230275 号提案答复的函》，https://gd-stc. gd. gov. cn/gkmlpt/content/4/4226/post_4226451. html#729。

② 根据《广东统计年鉴 2013》和《广东统计年鉴 2023》数据计算。

③ 《广东省人力资源和社会保障厅关于省政协十二届四次会议第 20210654 号提案会办意见的函》，https://hrss. gd. gov. cn/gkmlpt/content/3/3265/post_3265054. html#4067。

④ 根据 2021 年广东科技统计数据和广东科技创新动态数据整理。

以上拥有本科及以上学历，博士人员占比达 20%，并成功吸引了 32 名科技领军人才和 34 个创新团队[①]，形成了多层次、多领域的科研力量集聚效应，在技术研发、成果转化、产业链延伸等方面发挥了重要作用，有力推动了区域内产业的升级和高质量发展。

五 人民生活水平差距显著缩小

改革开放以来，珠三角和粤东粤西粤北地区的人民生活水平差距逐步拉大，进入 21 世纪后，这一趋势仍没有得到有效扭转。新时代以来，随着区域协调发展战略的落实，区域之间的人民生活水平差距逐步缩小。

（一）粤东粤西粤北地区的城镇化水平显著提升

1978 年以来，粤东粤西粤北地区的城镇化水平迅速提升，县域城镇化建设蓬勃开展，中心镇、圩镇亦取得长足发展，有效聚集了人口和产业，成为粤东粤西粤北地区新型城镇化的主要支点。粤东粤西粤北地区 12 市的中心城区面积有所增加。2014 年，中心城区的建成区平均面积为 89.58 平方千米，比上年扩大 5.99 平方千米，占全市面积的 0.86%，比 2013 年提高了 0.06 个百分点。其中，汕头市的建成区面积最大，为 178.99 平方千米，占全市面积的 8.2%；汕尾市的建成区面积最小，为 16.37 平方千米，仅占全市面积的 0.3%（见表 3-20）。从中心城区总人口看，汕头、湛江、茂名、清远、揭阳 5 市的中心城区人口超过 100 万人，其中汕头的中心城区总人口最多，为 165.36 万人，占全市年末常住人口的 29.9%[②]。

2024 年，粤东、粤西和粤北地区人口城镇化水平分别达到 62.17%、49.90% 和 55.24%，分别比 2000 年提升 11.72 个、11.26 个和 18.28 个百分点。在此期间，各地市的人口城镇化水平都有一定幅度的提升，其中河源、清远和潮州的提升幅度较大，分别为 26.17 个、25.63 个和 21.94 个百分点，超过了同期全省的增幅（20.91 个百分点）（见表 3-21）。

---

① 《广东省科学技术厅关于省政协十三届一次会议第 20230275 号提案答复的函》，https://gd-stc. gd. gov. cn/gkmlpt/content/4/4226/post_4226451. html#729。

② 广东省统计局：《2014 年粤东西北地级市中心城区发展情况分析》。

表 3-20　2014 年粤东粤西粤北地区 12 市中心城区基本情况

地区	建成区面积		
	总量（平方千米）	同比增长（%）	占全市比重（%）
汕头	178.99	1.3	8.2
韶关	118.80	22.0	0.6
河源	52.65	3.2	0.3
梅州	58.53	2.4	0.4
汕尾	16.37	3.9	0.3
阳江	63.94	4.2	0.8
湛江	150.80	7.7	1.2
茂名	116.10	5.2	1.0
清远	92.49	4.7	0.5
潮州	53.41	4.2	1.7
揭阳	120.00	10.1	2.3
云浮	52.93	18.6	0.7
2014 年 12 市平均	89.58	7.2	0.86
2013 年 12 市平均	83.59	9.7	0.80
2014 年 12 市与上年差距	5.99	-2.5	0.06

数据来源：广东省统计局。

表 3-21　粤东粤西粤北地区各地市人口城镇化水平

单位：%

地区	2000 年	2005 年	2010 年	2015 年	2020 年	2024 年
全省	55.00	60.68	66.18	69.51	74.15	75.91
汕头	67.00	72.34	68.47	68.98	70.70	71.52
韶关	51.13	49.76	52.54	53.60	57.33	60.18
河源	26.53	32.47	40.06	41.92	48.50	52.70
梅州	37.21	41.63	43.03	44.94	51.58	55.23
汕尾	52.58	51.88	54.03	54.79	57.12	59.92
阳江	41.92	44.09	46.82	48.44	54.16	57.75
湛江	38.47	39.71	36.69	38.67	45.46	48.59

续表

地区	2000 年	2005 年	2010 年	2015 年	2020 年	2024 年
茂名	37.45	39.30	35.08	36.98	43.56	48.11
清远	32.60	38.46	47.56	49.12	54.50	58.23
潮州	43.41	53.62	62.78	63.10	64.19	65.35
揭阳	37.91	41.15	47.33	48.08	50.65	52.62
云浮	35.86	37.26	36.97	38.45	43.77	47.42
珠三角	71.59	77.32	82.71	84.41	87.24	88.21
粤东	50.45	54.75	57.71	58.41	60.60	62.17
粤西	38.64	40.23	37.69	39.62	46.15	49.90
粤北	36.96	40.16	44.31	45.97	51.62	55.24

数据来源:《广东统计年鉴 2022》《广东统计年鉴 2023》。

（二）粤东粤西粤北地区人均收入显著提升

粤东粤西粤北地区居民增收主要有两条途径：一是人口向珠三角地区转移，从而提高工资收入；二是依托当地经济发展实现增收。此前主要依赖第一条途径，2018 年以来，当地增收渠道拓展，就业环境亦得到显著改善。

随着区域协调发展政策的实施，粤东粤西粤北地区居民的生活水平整体有了较大幅度提升，从 2014~2022 年全体居民人均可支配收入数据来看，粤东和粤西地区的人均可支配收入年均增长率分别达到 7.61% 和 8.06%，粤北地区的年均增长率达到 8.28%，同期珠三角地区的年均增长率为 8.28%，粤东粤西粤北地区的收入水平实现了与珠三角地区同步增长（见表 3-22）。单从农村居民人均可支配收入水平来看，粤东、粤西和粤北地区的年均增长率分别为 10.25%、10.35% 和 10.47%，明显高于同期珠三角地区 8.94% 的年均增长率，显示出粤东粤西粤北地区农村居民人均可支配收入快速增长的特征（见表 3-23）。尽管珠三角地区居民的收入水平依然明显高于粤东粤西粤北地区，但全体居民的收入差距并没有进一步扩大，且农民收入水平日趋均衡。生活水平的整体提升和大规模贫困人口脱贫，是区域协调发展的重要成就。

表 3-22　广东部分年份分区域的全体居民人均可支配收入

单位：元

地区	2014 年	2016 年	2018 年	2020 年	2022 年
珠三角	33642.14	40109.12	47911.02	54809.63	62699.96
粤东	15782.01	18744.65	21754.18	24575.57	28388.28
粤西	15448.50	18364.51	21690.95	25087.37	28713.62
粤北	14948.74	17967.56	21287.99	24504.72	28255.95

注：按照国家统计局的统一部署，广东省分市县城乡一体化住户调查工作从 2013 年底正式启动，从 2014 年开始正式对外发布分市县的全体居民人均可支配收入数据。

数据来源：历年《广东统计年鉴》。

表 3-23　广东部分年份分区域的农村居民人均可支配收入

单位：元

地区	2010 年	2015 年	2020 年	2022 年
珠三角	11431.40	17296.44	26856.54	31956.72
粤东	6307.32	11607.62	17357.10	20335.40
粤西	6823.34	12749.00	19267.81	22254.32
粤北	6245.91	11577.23	17697.98	20627.73

数据来源：历年《广东统计年鉴》。

第四节　广东区域协调发展的经验做法

广东区域协调发展是一个持续演进的动态过程，不同时期面临不同的挑战和需求，应不断结合时代变化、顺应经济规律，持续优化区域协调发展战略。在这一过程中，广东积累了丰富的实践经验，也取得了显著成效，为未来的发展提供了宝贵借鉴。

一　广东推进区域协调发展的主要做法

（一）强化珠三角核心区的引领带动作用

新时代以来，广东坚持强化珠三角核心区的引领带动作用，大力推动区域一体化进程，巩固产业发展优势，加快打造世界级城市群，引领和带动全省区域协调发展迈上新台阶。

一是加快珠三角一体化进程。2013 年，广东实施"九年大跨越"方案，珠三角现代产业核心区初步形成，现代服务业、先进制造业比重进一步提升。稳步推进重要发展平台和新区建设，城市群发展质量提高。珠三角五个一体化和三大经济圈合作务实推进，交通路网进一步完善，九市实现年票互认，跨界河流治理初见成效。2014 年开展珠三角全域规划编制后，科技创新、生态安全等一体化加快。2017 年以来，在粤港澳大湾区战略推动下，珠三角一体化朝着区域融合方向进一步加快。广州、深圳的核心引擎功能更加强劲，佛山、东莞两个城市以万亿元级的体量迈入新发展阶段，特别是着力打造环珠江口 100 千米"黄金内湾"，带动广州、深圳、珠江口西岸三大都市圈协同发展、聚势腾飞。

二是激活改革开放和发展内生动力。改革开放初期，一方面，争取国家政策支持；另一方面，鼓励珠三角地区先行一步，县、镇、村、社几个轮子一起转，成功实现从乡镇企业到民营企业的转型，现代化产业体系和市场经济体制不断完善。

三是巩固区、镇发展优势。2024 年中国工业百强区，广东入选 20 个，全部来自珠三角地区。赛迪顾问发布的 2024 年全国城区经济高质量发展百强区、全国投资竞争力百强区，广东分别有 17 区、18 区上榜，也全部位于珠三角地区。2024 年全国综合实力千强镇广东占 124 个，其中在珠三角的有 117 个。工业强区和专业镇双轮驱动，成为珠三角"世界工厂"的基础。粤港澳大湾区形成工业规模从 4 万亿元（深圳）、3 万亿元（佛山）、2 万亿元（东莞和广州）到 1 万亿元（惠州）的梯队式格局。

四是发展总部经济，辐射带动周边区域。广州、深圳凭借优越条件，总部经济迅速发展，腾讯、比亚迪等龙头企业以深圳为总部向全国乃至海外辐射。珠三角与粤东粤西粤北地区通过总部—基地功能链条实现产业链空间分布，打造区域产业配套能力，实现区域共赢发展。

（二）以都市圈建设带动打造世界级城市群

进入 21 世纪以来，广东省以都市圈建设为抓手，引领区域协调发展，推动形成世界级城市群。

一是发挥中心城市的辐射带动作用。城市在区域发展中居于核心地位。《中共广东省委关于制定全省国民经济和社会发展第十个五年计划的建议》提出，加快建设现代化中心城市，强化广州、深圳特大中心城市的集聚辐射功能，发展珠江三角洲大都会区。同时，要求粤东和粤西地区规划建设特色城市群，推动粤北地区地级市城区成为区域中心。为此，广东重点强化广州、深圳等中心城市的辐射作用，发挥广州作为省会的带动作用，借助深圳的创新引领优势，带动粤东粤西粤北地区加快发展。

二是将中心城区扩容提质作为推动区域协调发展的重要动力。为推动粤东粤西粤北地区协调发展，省政府重点加强各地市中心城区扩容提质的资金、用地及项目保障。具体措施包括：一是设立粤东西北振兴发展股权基金，集中投资新区及中心城区建设；二是下达 4.05 万亩建设用地指标，满足扩容提质的用地需求；三是加强重点项目年度计划投资，推进基础设施建设。另一方面，鼓励农业转移人口就近就地城镇化，促进常住人口市民化。近年来，粤东粤西粤北地区中心城区扩容提质成效显著。2020 年底全省 85% 以上的地级市中心城区人口规模突破百万，人口承载力显著增强。新区建设稳步推进，城区空间有序扩展，公共服务和基础设施持续完善，城市功能品质逐步提升。同时，城镇产业创新能力和就业承载能力不断增强，全省 21 个地级以上市已实现孵化器和众创空间全覆盖。

三是推动以城镇化促进区域协调发展。广东坚持将城镇化作为推动区域协调发展的重要抓手。2023 年底，粤东、粤西和粤北地区的城镇化率分别达到 61.79%、49.25% 和 54.42%。随着 "双转移" 战略的推进和珠三角地区的产业转型升级，粤东粤西粤北地区的城镇化步伐加快，带动大量劳动力广泛流动和重新配置，2020 年第七次全国人口普查时广东本省流动人口规模达 2117.03 万人，珠三角地区和粤东粤西粤北地区的地级市市区所在地成为主要流入地。此外，广东实施户籍制度改革，"十三五" 期间累计实现 1330.4 万非户籍人口在城市落户，全省常住人口社保卡持卡率达 98.95%[①]。城乡基

---

① 《广东省 "十三五" 时期新型城镇化取得明显成效》，广东省发展与改革委员会网站，2021 年 11 月 30 日，https://drc.gd.gov.cn/fzgh5637/content/post_3683866.html。

础设施一体化建设水平显著提升，农村无害化卫生户厕普及率达99%，行政村实现生活垃圾收运处置体系全覆盖，农村公路硬底化和通客车率均达100%。现代化乡村产业体系逐步建立，"一县一园、一镇一业、一村一品"全面推进，农业县现代农业产业园基本实现全覆盖。

四是规划建设五大都市圈，携手港澳打造世界级城市群。2023年12月，广东发布广州、深圳、珠江口西岸、汕潮揭、湛茂五大都市圈发展规划，培育壮大不同区域的中心城市以带动都市圈发展，进而促进整个区域实现更高水平的协调发展。其中三个都市圈位于珠三角地区，它们与港澳紧密携手，在人才、产业、创新、贸易、文化等领域展开深度合作，科技创新资源加快集聚，基础设施"硬联通"，规则机制"软衔接"，"1小时生活圈"加速形成，重大合作平台加快推进，广州、深圳的辐射带动作用有效发挥，国际一流湾区和世界级城市群建设迈出坚实步伐。

（三）以产业帮扶带动后发地区增强内生发展动力

进入21世纪以来，广东省持续推进产业帮扶，以珠三角地区产业转移带动粤东粤西粤北欠发达地区产业发展，增强区域内生发展动力。

一是实施"双转移"战略，推动珠三角地区产业向欠发达地区有序转移。2008年国际金融危机前后，广东适时推出"双转移"战略，引导珠三角地区劳动密集型产业向粤东粤西粤北地区转移，同时推动粤东粤西粤北地区农村劳动力向非农产业和珠三角地区转移，实现区域优势互补和产业"腾笼换鸟"。从2005年起，广东在粤东粤西粤北欠发达地区规划建设省产业转移工业园。清远、韶关、河源等市与深圳、佛山、中山等市签订11个共建产业转移工业园框架协议，拉开产业转移工业园建设序幕。到2006年底，15个园区被认定为广东省产业转移工业园。此后10年间，全省共建83个省产业转移工业园和产业转移集聚区。截至2015年底，省产业转移工业园引进工业企业约4900家，计划总投资超万亿元。2020年底，省产业转移工业园吸纳就业人数超150万人。产业转移工业园极大促进了粤东粤西粤北地区的产业发展和就业。

二是支持欠发达地区特色产业集聚发展。粤东粤西粤北地区的主导产业为服装、玩具、农副产品加工、陶瓷等，普遍存在技术水平较低、产品档次不高等问题。为此，广东鼓励粤东粤西粤北地区培育高新技术企业，延伸产业链条，提升产业增加值。例如，潮州陶瓷产业通过转型升级，走出一条低能耗、低污染、循环利用的可持续发展新路。2011 年潮州市陶瓷出口 10.3 亿美元，同比增长 9.5%，首次突破 10 亿美元，表现出强劲发展势头。各地积极完善交通、供电、供水、通信、研发、金融、物流等生产要素保障和配套服务设施，为产业发展创造良好条件。

三是以区域合作促进产业有序转移。2023 年以来，广东通过省内产业有序转移，高标准建设 15 个承接产业转移主平台，扭转粤东粤西粤北地区产业基础薄弱局面。区域合作可以实现优势互补，促进要素合理流动和产业分工，提升经济运行效率。目前，粤东粤西粤北地区土地面积是珠三角地区的 3.3 倍，而用地价格仅为珠三角地区的 1/3~2/3，劳动力价格为珠三角地区的 2/3，电价也低于全省平均水平，投资成本优势明显。加强珠三角地区劳动密集型产业与粤东粤西粤北地区的合作，有利于实现优势互补，释放欠发达地区的发展潜力。

四是以科技创新合作提升粤东粤西粤北地区的综合创新能力。新时代以来，广东深入实施创新驱动发展战略，加快形成以创新为引领的经济体系。随着产业共建成为区域协调发展的重要抓手，各地通过产业共建和协同创新，加强珠三角地区对粤东粤西粤北地区的辐射带动，推动珠三角地区加速向粤东粤西粤北地区输出创新资源。部分技术在珠三角地区孵化，在粤东粤西粤北地区推广应用，提升了当地的技术创新水平。2023 年 5 月，潮州首个反向研发基地"潮州—罗湖创享岛"落地，在深圳孵化、在潮州扩产，借助深圳的科技和人才资源，推动潮州产业转型升级。同年，河源的连平、龙川、紫金三县与深圳南山、宝安、龙华三区启动"反向飞地"试点，茂名高州·佛山三水产业合作园的"飞地经济"项目也取得实质性进展，电子通信、新能源领域的 5 个优质项目落地。

（四）重点补齐落后地区基础设施和民生短板

进入 21 世纪以来，广东省持续加大对欠发达地区基础设施和民生领域的投入力度，着力补齐区域发展短板。

一是大力实施交通基础设施提升工程。基础设施是区域经济社会发展的先导和基石，对促进生产要素流动、推动区域协调发展具有重要意义。近年来，广东加快建设高铁网、高速公路网、机场群、港口群等现代化基础设施体系，大大改善了粤东粤西粤北地区的交通条件，为强化要素流动提供了良好基础。建成湛江吴川机场、韶关丹霞机场，极大地提升了粤西和粤北地区的对外通达能力。基本建成韩江高陂水利枢纽、粤东水资源配置工程一期等重大项目，粤东粤西粤北地区的发展条件进一步改善。

二是集中补齐县域教育、医疗短板。教育和医疗是基本的民生问题，事关区域发展后劲。广东坚持在发展中保障和改善民生，通过加大财政投入力度、实施政策倾斜和开展结对帮扶等措施，优化县、镇、村教育资源配置，提升基层医疗卫生服务能力，全省教育、医疗等基本公共服务均等化水平得到有效提升，粤东粤西粤北地区的教育、医疗条件得到明显改善。

三是推进县域高质量发展和美丽圩镇建设。县域是区域协调发展的重要切入点。进入新发展阶段，广东把补齐欠发达地区基础设施和民生领域短板作为推进区域协调发展的关键抓手，加大投入力度，改善发展条件，夯实县域发展根基，增强人民群众的获得感和幸福感，为全方位推进高质量发展、高水平基本公共服务均等化奠定坚实基础。2020年以来，广东大力推进美丽圩镇建设，全面改善县城、中心镇的基础设施、公共服务、人居环境，增强县域产业活力，吸引人口回流，推动居民在县城镇就近享受高品质城镇化生活。

（五）持续完善对口协作与帮扶政策

进入21世纪以来，广东省持续完善对口协作与帮扶政策，大力支持欠发达地区加快发展。广东区域协调发展的顶层设计不断完善，主要体现在以下几个方面。

一是全域统筹机制逐渐健全。建立省领导定点联系市县机制，成立区域协调发展和老区苏区振兴发展领导小组。广州、深圳推进双城联动，在珠三角地区6市对口帮扶粤东粤西粤北地区8市的基础上，开展广州与湛江、深圳与汕头的"核+副中心"深度协作。广佛全域同城化、广清一体化持续推进，深汕特别合作区、广清特别合作区不断输出成功经验。差别化政策体系日趋成熟，相继出台支持珠海、汕头、湛江、佛山、东莞发展的多项政策，在产业、财政、投资、人才、用地、用林、用海、环保等方面采取差别化措施，有关部门和地方政府予以配套细化。粤东粤西粤北地区多个地市立足自身定位，精准发力，逐步建立"融珠融湾"政策体系。同时认真开展"三区三线"划定试点，制定支持老区苏区、民族地区、北部生态发展区、省际交界地区加快发展的一揽子财政政策。

二是将加快粤东粤西粤北地区发展作为实施区域协调发展战略的重点。从 2003 年起，广东优化重大项目布局，加强重点项目建设，促进珠三角与欠发达地区协调发展。"十五"期间，粤东粤西粤北地区重点项目 124 项，占全省项目总数的 45%，总投资 2469 亿元，完成投资 1311 亿元，竣工投产 76 项。2005 年底，全省地级市高速公路联网，打通粤东粤西粤北地区交通瓶颈。2006 年 9 月，广东出台《关于促进粤东地区加快经济社会发展的若干意见》，加大对粤东地区的政策扶持力度。

三是持续加大对山区、老区苏区、民族地区等欠发达地区的帮扶力度。通过省直单位帮扶、企业帮扶、财政补助等多种手段，提升当地居民生活水平。近年来，广东实施一揽子支持政策，将对重点老区苏区补助标准提高至每县每年 5000 万元。2022 年 8 月，《广州市对口帮扶梅州市助推老区苏区全面振兴发展规划（2021~2025 年）》提出，到 2025 年，梅州苏区脱贫攻坚成果全面巩固拓展，广梅产业园共建取得明显成效，培育一批百亿元级产业集群。

二 广东实现区域协调发展的主要经验

实现各区域之间的协调发展，是推动经济社会总体实现高质量发展的必然要求，对于广东而言，区域协调发展依然任重而道远。广东在长期推进区域协调发展进程中积累了宝贵经验，为下一步持续推进区域协调发展提供了参考借鉴。

（一）加强党的领导，科学谋划推动区域协调发展

紧扣党中央战略部署，充分结合广东区域发展实际，构建广东区域协调发展新局。自 2012 年起，习近平总书记多次围绕广东工作发表重要讲话、做出关键指示批示，为广东区域协调发展擘画清晰蓝图、提供根本遵循。广东省委、省政府深入学习贯彻习近平总书记系列重要讲话精神，准确把握中央区域协调发展决策部署，同时立足广东区情实际，因时因势调整完善区域协调发展的思路和举措，在服务全国构建新发展格局中展现广东作为，体现了广东省委、省政府的政治意识、大局意识、核心意识、看齐意识。

广东坚持党的全面领导，充分发挥党在推动区域协调发展中的核心作用，强化区域协调发展的政治保障。广东省委始终将区域协调发展作为重点任务，成立省区域协调发展领导小组，统筹解决重大问题，健全决策与督查机制，建立省级统筹、市县抓落实的工作机制，压实区域协调发展的主体责任。同时，完善省领导联系帮扶欠发达地区机制，深入一线调研，加强分类指导，狠抓落实。各地市和基层领导发挥主观能动性，县（市、区）委书记、乡镇（街道）党委书记和村（社区）党组织书记分别作为"一线总指挥"、"一线施工队长"和"领头雁"，有效落实具体工作，推动区域协调发展取得显著成效。

坚持全省"一盘棋"，支持区域协调发展的顶层设计不断完善。广东省委、省政府高度重视区域发展不平衡问题，制定了一系列政策和措施。自党的十八大以来，广东加快基础设施建设，提升产业园区和城市功能，推动粤东粤西粤北地区振兴。党的十九大后，广东省委、省政府进一步强调补齐城乡区域发展的短板，将其转化为新的发展优势。2018 年，广东省委、省政府确立了"一核一带一区"战略，实施差异化布局，推动区域协调发展，缩小区域差距。党的二十大后，广东省委、省政府明确以"百县千镇万村高质量发展工程"推动城乡区域协调发展迈向更高水平，重点推动县、镇、村高质量发展。广东在区域协调发展战略上的顶层设计，深刻体现了全省"一盘棋"思路的系统性与前瞻性。通过在省级层面统筹各区域的差

异化功能布局，既避免了资源的重复配置和无序竞争，又充分挖掘了各地的资源禀赋和竞争优势，实现了区域经济协同发展绩效的最大化。

（二）坚持以人民为中心，夯实区域协调发展的民生根基

广东省委、省政府始终坚持"发展为了人民、发展依靠人民、发展成果由人民共享"的理念，将增进人民福祉、促进人的全面发展、满足人民日益增长的美好生活需要作为推动区域协调发展的出发点和落脚点。在制定区域协调发展政策时，注重问需于民、问计于民。通过实地考察、调查研究、座谈走访等方式，全面掌握基层实际情况，广泛听取各地区各领域群众的意见建议，使政策更加符合基层实际、更多反映人民意愿，极大提升了政策与群众需求的契合度。

将基本公共服务均等化作为重要抓手，促进区域间发展机会更加公平、发展空间更加均衡。广东推进基本公共服务领域财政事权改革，将八大类 18 项基本公共服务领域确定为省级与市县共同财政事权，分类确定支出责任分担方式，重点向粤东粤西粤北地区倾斜，提高各级政府提供基本公共服务的能力和水平。积极创新基本公共服务领域的帮扶机制，实施基础教育"横向+纵向"双轨帮扶模式，形成以强带弱、协同发展的办学格局；通过组团帮扶、结对帮扶、托管帮扶等形式，实现省级医院对粤东西北所有县（市）综合医院的帮扶，力促优质医疗资源扩容下沉和区域均衡布局。

拓宽就业增收路径，缩小区域收入差距，筑牢区域协调发展民生根基。引导珠三角产业向粤东粤西粤北有序转移，带动当地就业岗位增加。将"广东技工""粤菜师傅""南粤家政"三大培训工程纳入省十件民生实事抓好抓实，实施"农村电商""乡村工匠"重点行动，提升劳动者就业竞争力。在粤东粤西粤北地区实施返乡创业能力提升行动，落实返乡创业人员创办初创企业一次性创业资助政策和返乡创业孵化基地一次性奖补政策，鼓励创业带动就业。

（三）创新体制机制，构建完善的区域协调发展政策体系

新时代以来，广东通过多种政策措施推动区域协调发展，逐步构建起

"四梁八柱"的政策制度体系。省委、省政府坚持统筹协调、分类指导、精准施策,先后出台《关于进一步促进粤东西北地区振兴发展的决定》等一系列政策文件(见表3-24),并为珠海、汕头、湛江、佛山、东莞等地制定了专项政策,涵盖产业、财政、投资、人才、用地、环保等方面,形成了分类考核评价体系,推动差异化政策有效实施。

表3-24 新时代以来广东推动区域协调发展出台的相关政策

类型	文件名
综合类	《关于进一步促进粤东西北地区振兴发展的决定》(2013年) 《关于构建"一核一带一区"区域发展新格局促进全省区域协调发展的意见》(2019年) 《广东省委关于实施"百县千镇万村高质量发展工程"促进城乡区域协调发展的决定》(2022年)
帮扶协作类	《关于深化珠三角地区与粤东西北地区全面对口帮扶工作的意见》(2016年) 《关于新时期精准扶贫精准脱贫三年攻坚的实施意见》(2016年) 《关于实现巩固拓展脱贫攻坚成果同乡村振兴有效衔接的实施意见》(2021年) 《广东省县域产业帮扶协作行动计划》(2025年)
区域类	《关于支持珠海建设新时代中国特色社会主义现代化国际化经济特区的意见》(2021年) 《关于支持汕头建设新时代中国特色社会主义现代化活力经济特区的意见》(2021年) 《关于支持湛江加快建设省域副中心城市打造现代化沿海经济带重要发展极的意见》(2021年) 《关于支持佛山新时代加快高质量发展建设制造业创新高地的意见》(2022年) 《关于支持东莞新时代加快高质量发展打造科创制造强市的意见》(2022年) 《关于推进环南昆山—罗浮山县镇村高质量发展引领区建设的意见》(2024年)
专项类	《广东省财政厅关于支持珠三角与粤东西北产业共建的财政扶持政策》(2016年) 《关于推动产业有序转移促进区域协调发展的若干措施》(2023年) 《关于实施"百县千镇万村高质量发展工程"促进城乡区域协调发展若干财政支持政策》(2023年) 《关于金融支持"百县千镇万村高质量发展工程"促进城乡区域协调发展的实施方案》(2023年) 《关于深入推进全域土地综合整治助力"百县千镇万村高质量发展工程"的意见》(2025年)

资料来源:广东省人民政府网站公开发布。

创新体制机制,率先在全国实施"双转移"战略,设立省级产业转移工业园,探索产业梯度转移和区域错位发展新路径。在公共服务领域,广东实行政府购买服务，推进教育、医疗、就业、社保等普惠性、均等化服务机制创新。在要素市场化配置改革方面，广东创新农村集体经营性建设用地入市制度，推动科技成果使用权、处置权和收益权改革，创造了良好的制度环境。

在推进体制机制创新的同时，广东综合运用规划引导、考核评价、资金投入、产业培育等手段，形成了多管齐下、精准施策的局面。在省级层面编制区域发展与空间布局规划，强化战略协同、空间协调，为区域协调发展提供明确指引。同时，对欠发达地区在转移支付、专项资金安排、重大项目布局等方面给予倾斜，助力其特色产业集群发展。广东还创新性地推进省级现代农业产业园、农业特色小镇、"万企帮万村"等行动，促进工业化、信息化、城镇化、农业现代化同步发展，大大增强了欠发达地区的高质量发展能力。

（四）推动区域分工协作，提升经济活力和综合效益

广东坚持发挥比较优势，科学定位区域功能，推动形成分工明确、错位发展的区域发展格局。珠三角核心区加快向知识密集型经济转型，发展高端产业和总部经济，提升产业链和价值链的高端竞争力；沿海经济带重点发展临港产业和高端制造业，打造具有国际竞争力的现代产业集群；北部生态发展区聚焦生态经济，建设绿色发展示范区。广东通过强化产业关联配套和区域合作，推动产业链关键环节向欠发达地区延伸，促进珠三角与粤东粤西粤北地区共建产业园区，打造一批"反向飞地"产业园，实现跨区域产业转移和协作，拓展区域协调发展新空间。支持各地立足比较优势，充分利用 RCEP、自贸区、中国-东盟博览会、21 世纪海上丝绸之路国际博览会等平台，打造国际合作和竞争新优势，积极融入国内国际双循环。支持沿海经济带主动服务和融入国家海洋强国战略，高水平建设向海经济，打造更具国际竞争力的海洋经济发展"蓝色引擎"。

广东大力实施"均衡化"保障和"协同化"机制建设，建立完善省领导同志定点联系市、县工作机制，以及纵向支持、横向帮扶、内部协作相结合的新型帮扶协作机制。实现对粤东粤西粤北地区 45 个县（市）帮扶协

作全覆盖，优化珠三角核心区与粤东粤西粤北地区县级结对关系，建立省直机关事业单位、省属国有企业、高校、科研院所等组团帮扶机制。广州、深圳推进"双城"联动，建立广州与湛江、深圳与汕头深度协作机制。

推动一批重大区域合作平台作为区域协调发展的主要载体，推动构建开放协同创新生态。出台《广东省深汕特别合作区条例》，制定了支持梅州对接融入大湾区、加快振兴发展的若干措施，莞韶形成"2+10+N"共建园区创新模式，获得国家发改委等四部门联合通报表扬。制定了《科技创新促进粤东西北地区振兴发展的专项实施方案（2014~2020年）》和《关于促进高新技术产业开发区高质量发展的意见》等系列政策，开展高新区对高新区、孵化器对孵化器、创新平台对创新平台的精准帮扶和合作共建，基本形成了以"广深港""广珠澳"科技创新走廊为核心的发展主轴。

（五）形成政府与市场协同，凝聚"有形之手"与"无形之手"的强大合力

在推动区域协调发展过程中，广东充分发挥政府的领导和服务职能，同时结合市场的资源配置功能，政府的"有形之手"与市场的"无形之手"形成了推动区域协调发展的最大合力。

在政府的"有形之手"方面，广东成立省级区域协调发展领导小组，强化统筹规划和督导落实，健全了省、市、县各级的领导体制，明确了市、县在落实区域协调发展中的主体责任。着力推动政府职能转变，提升政府服务区域协调发展的能力。通过数字化转型和公共数据共享，广东提高了政府决策的科学性、社会治理的精准性，以及公共服务的有效性。同时，深化"放管服"改革，简化审批流程，减轻企业负担，增强市场主体的活力。此外，广东在加大对粤东粤西粤北地区以及革命老区、生态功能区等重点区域转移支付力度的同时，通过政策引导鼓励企业和各类社会资本进入粤东粤西粤北地区。

在市场的"无形之手"方面，广东省注重发挥市场在资源配置中的决定性作用，促进区域间合理分工。通过引导生产要素和商品的自由流动，增加固定资产投资，广东大力培育粤东粤西粤北地区的内生发展能力。同时，广东创新财政资金使用方式，更多通过市场化手段支持欠发达地区的

重大项目和基础设施建设，并完善了区域利益补偿机制，营造了鼓励社会各界参与欠发达地区建设的良好氛围。特别是企业作为产业转移的主体，按照市场规律和自身发展需求，推动了区域产业的合理布局，民营经济的发展也在推进广东区域协调发展中发挥了重要作用。

第四章
广东探索共同富裕的历程、主要成就及经验启示

　　"均贫富"曾是中国历代先贤孜孜不倦的追求。从《礼记·礼运》中"大道之行也,天下为公"到近代康有为在《大同书》中提出的"人类平等,人类大同",以及历史上的"苟富贵,无相忘""均田免赋"等口号,皆反映出社会大众对共同富裕的想象和朴素愿望。在西方资本主义社会,也有不少学者持有共同富裕的理念,如范登·德尔与范·韦尔瑟芬所著的《民主与福利经济学》提出减少社会财富分配上的两极分化的观点①。然而,受生产资料私有制、社会生产力等限制,普通百姓"均贫富"的愿望在代表少数人利益的资本主义社会注定难以实现。

　　马克思、恩格斯等经典马克思主义者指出实现共同富裕的路径,即无产阶级革命胜利以后,人们之间形成既彼此平等又相互依赖的关系,人们为了一致的利益与共同的目标而联合起来,一起消灭雇佣劳动、共同占有生产资料与共享社会财富,形成个性自由而又彼此依赖的"自由人联合体"。中国共产党自成立以来,始终将实现共同富裕作为奋斗目标,领导全国人民不断奋斗、创造更加美好的生活。广东是改革开放的排头兵、先行地、实验区,其改革实践的历史也是广东人民迈向共同富裕的奋斗史。因

---

　　① 〔荷〕汉斯·范登·德尔(Hans Van Den Doel)、〔荷〕本·范·韦尔瑟芬(Ben Van Velthoven):《民主与福利经济学》,陈刚等译,中国社会科学出版社,1999。

此，系统梳理广东践行共同富裕的历程、取得的主要成效和重要经验，不仅可以管窥中国共产党带领全国人民迈向共同富裕的立体图景，还可以总结提炼新时代共同富裕实践应当遵循的规律。

第一节　中国共产党共同富裕理论发展脉络

中国共产党自成立伊始，就致力于为中国人民谋幸福、为中华民族谋复兴，毛泽东、邓小平、习近平等党和国家领导人，皆把实现共同富裕作为重中之重，在"忠实坚守"马克思主义崇高社会理想中不断推进共同富裕。

一　奠基：确立共同富裕的社会主义制度基础（1949~1978年）

中国共产党成立之初即明确了对共同富裕的追求，在中共一大党纲中提出要废除资本主义私有制、消灭阶级差别。在新中国成立前的旧社会，土地是广大中国农民最重要的生产资料，因此让广大农民拥有土地是摆脱普遍贫困状态的前提。毛泽东同志在1927年考察湖南农民运动以后，深刻意识到解决农民土地问题的紧迫性，提出要推进土地改革。此后，以毛泽东同志为主要代表的中国共产党人，在井冈山时期、延安时期、西柏坡时期等，通过"打土豪、分田地"等方式努力让农民摆脱贫困、提高生活质量。新中国成立后，以毛泽东同志为代表的党中央积极推动共同富裕，1953年在《关于发展农业生产合作社的决议》中提出要使农民"取得共同富裕和普遍繁荣的生活"，并随后提到"共同富裕"[①]。1956年三大改造完成，标志着社会主义制度在我国初步确立，为共同富裕的初步探索奠定了制度基础。

二　发展：厘清"先富后富"辩证关系，筑牢"先富"基础（1978~2012年）

由于生产力限制以及对实现形式、实现时间的误解，共同富裕实践一

---

① 周建华、张文婷：《"共同富裕"概念与内涵的历史演进》，《江西社会科学》2022年第9期。

度沦为"吃大锅饭"的平均主义。1978 年 12 月 13 日，邓小平提出"要允许一部分地区、一部分企业、一部分工人农民，由于辛勤努力成绩大而收入先多一些……带动其他地区、其他单位的人们向他们学习。这样，就会使整个国民经济不断地波浪式地向前发展，使全国各族人民都能比较快地富裕起来"①。1980 年，邓小平强调"逐步改善人民的生活，提高人民的收入必须建立在发展生产的基础上。多劳多得，也要照顾整个国家和左邻右舍"②。1984 年党的十二届三中全会提出"社会主义社会要保证社会成员物质、文化生活水平的逐步提高，达到共同富裕的目标"③；"社会主义最大的优越性就是共同富裕，这是体现社会主义本质的一个东西"④。1992 年邓小平同志指出，"社会主义的本质，是解放生产力，发展生产力，消灭剥削，消除两极分化，最终达到共同富裕"⑤，认为"共同富裕"不是"同时同步富裕"，提出"先富带动后富，最终达到共同富裕"的观点。"如果富的愈来愈富，穷的愈来愈穷，两极分化就会产生，而社会主义制度就应该而且能够避免两极分化。……解决的办法之一，就是先富起来的地区多交点利税，支持贫困地区的发展。"⑥ 党的十四届三中全会提出"效率优先、兼顾公平的原则"⑦，进一步解放和发展生产力，为共同富裕夯实物质基础。进入 21 世纪，中国共产党人继续探索共同富裕，更加注重社会公平，通过废除农业税、逐步建立社会保障体系，推动共同富裕稳步前进。

三 升华：在高质量发展中促进共同富裕（2012 年至今）

新时代以来，以习近平同志为核心的党中央高度重视共同富裕。习近平总书记在多个场合阐发了有关"共同富裕"的重要论述。党的十九大报告进一步提出"保证全体人民在共建共享发展中有更多获得感，不断

---

① 《邓小平文选》（第二卷），人民出版社，2008，第 152 页。
② 《邓小平文选》（第二卷），人民出版社，2008，第 258 页。
③ 《十二大以来重要文献选编》（中），中央文献出版社，2011，第 64 页。
④ 《邓小平文选》（第三卷），人民出版社，2008，第 364 页。
⑤ 《邓小平文选》（第三卷），人民出版社，2008，第 373 页。
⑥ 《邓小平文选》（第三卷），人民出版社，2008，第 374 页。
⑦ 《十四大以来重要文献选编》（上），中央文献出版社，2011，第 465 页。

促进人的全面发展、全体人民共同富裕"①；党的十九届五中全会提出要"扎实推进共同富裕"这一重要目标举措；2021年8月17日，习近平总书记在中央财经委员会第十次会议上指出："共同富裕是社会主义的本质要求，是中国式现代化的重要特征。我们说的共同富裕是全体人民共同富裕，是人民群众物质生活和精神生活都富裕，不是少数人的富裕，也不是整齐划一的平均主义。"② 党的二十大报告更是将"实现全体人民共同富裕"纳入中国式现代化的本质要求，共同富裕成为全社会的重要共识，共同富裕的任务和举措也相继写入"十四五"规划等多个重要文件中。

共同富裕中的"富裕"意味着先进的生产力。正如马克思在《德意志意识形态》中所指出的那样，若没有生产力的高度发展，就会出现普遍的贫困。因此，发达的生产力是实现共同富裕的基础，生产劳动是实现共同富裕的必要手段；"共同"代表着社会主义的先进生产关系，意味着通过更为公平公正的分配制度来切好社会财富"蛋糕"，维护共同富裕的社会基础。因此，要"规范收入分配秩序……调节过高收入，清理规范隐性收入，取缔非法收入，增加低收入者收入，扩大中等收入者比重，努力缩小城乡、区域、行业收入分配差距，逐步形成橄榄型分配格局"③。要"坚持以人民为中心的发展思想，在高质量发展中促进共同富裕，正确处理效率和公平的关系，构建初次分配、再分配、三次分配协调配套的基础性制度安排"④，并从"提高发展的平衡性、协调性、包容性""着力扩大中等收入群体规模""促进基本公共服务均等化""加强对高收入的规范和调节""促进人民精神生活共同富裕""促进农民农村共同富裕"6个方面提出了实施举措⑤。要"健全劳动、资本、土地、知识、技术、管理、数据等要素由市场评价贡献、按贡献决定报酬的机制。健全以税收、社会保障、转移支付等为主要手段的再分配调节机制，强化税收调节，完善直接税制度并逐步提

---

① 《十九大以来重要文献选编》（上），中央文献出版社，2019，第17页。
② 《十九大以来重要文献选编》（下），中央文献出版社，2023，第392页。
③ 《十八大以来重要文献选编》（上），中央文献出版社，2014，第537页。
④ 《十九大以来重要文献选编》（下），中央文献出版社，2023，第393页。
⑤ 《十九大以来重要文献选编》（下），中央文献出版社，2023，第394~396页。

高其比重"①。新时代以来，共同富裕理论内涵在不断丰富的同时，也更具有实践指导性。

第二节　先富起来：广东共同富裕的历史实践

党的十一届三中全会之后，广东敢为天下先，主动破除束缚生产力发展的体制机制，创造性地运用中央赋予的特殊政策、灵活措施，积极推行农村联产承包责任制、创办经济特区、引进外资、发展加工贸易等，推进投资、劳动用工、收入分配等一系列改革，为全国改革开放"杀出一条血路"。改革开放释放出广东巨大的生产力，从 1989 年起生产总值开始居全国第一位，居民总体生活水平大幅提高，居民"富起来"了。

一　从"贫困"到"温饱"：改革初期先富的探求（1978~1992 年）

（一）敢为天下先，创办经济特区

早在 1979 年 1 月，广东省和交通部联合向国务院提出在宝安蛇口建立工业区的设想。1979 年 4 月中央工作会议期间，由习仲勋向党中央和邓小平提出在深圳、珠海、汕头创办"贸易合作区"的建议，并得到党中央支持。同年 5 月，习仲勋等人向谷牧及其率领的中央工作组汇报时，提出试办出口特区，进行单独管理。同年 6 月 6 日，广东省委向党中央、国务院呈送的《关于发挥广东优越条件，扩大对外贸易，加快经济发展的报告》中，专门列出"试办出口特区"一节，提出了特区的管理原则等意见。1979 年 7 月 15 日，中共中央、国务院指出"关于出口特区，可先在深圳、珠海两市试办，待取得经验后，再考虑在汕头、厦门设置的问题"②，赋予广东更多对外经济活动自主权，可实行特殊政策和灵活措施③。至此，广东特区建设正式起步，随后深圳、珠海两个经济特区的经济社会进入高速发

---

① 《十九大以来重要文献选编》（中），中央文献出版社，2021，第 281 页。
② 《广东省委、福建省委关于对外经济活动实行特殊政策和灵活措施的两个报告》（中发〔50〕号文件）。
③ 本书编写组：《改革开放简史》，人民出版社、中国社会科学出版社，2021，第 30 页。

展阶段。1984 年 5 月，广州、湛江被列为我国第一批沿海开放城市。广东的改革开放，吸纳了大量外省农民南下广东，形成了第一次"民工潮"，1988 年进入广东务工的外省劳动力约为 300 万人。经济特区是广东推进共同富裕中极为重要的"先富"力量，亦是把物质财富"蛋糕"做大做好的重要体现①。

（二）推进农业生产管理体制改革

1978 年下半年，广东部分地区恢复曾经的"包产到组"办法，并实行"三定一奖"② 生产责任制。1979 年 2 月 4 日，广东省委批转了省委农村工作部《关于建立"五定一奖"生产责任制问题的意见》，开始推广生产责任制③。同年 5 月 20 日，《人民日报》在《调动农民积极性的一项有力措施——关于广东农村实行"五定一奖"生产责任制的调查》一文中充分肯定了广东的做法，认为其"五定一奖"责任制走在全国的前列④。同时，包干到户、包产到户和家庭联产承包责任制也在广东农村推开。到 1980 年 10 月，广东已允许多种形式的生产责任制同时存在。新型生产组织形式极大地调动了农民的生产积极性和创造性，解放和发展了农村生产力，提高了农民的收入和生活水平。

（三）推动企业改革经营管理体制，扩大企业自主权

党的十一届三中全会后不久，以清远县为代表的国营工业企业中实行奖金制度，收到明显效果，得到省和国家的重视。1980 年 7 月，习仲勋指导总结"清远经验"，在国有企业推广实行超计划利润提成奖。在国有企业内部，广东率先采取"放权让利""公司制股份制"等，提高国有企业活力。在集体所有制企业中则一改过去"统负盈亏"为"自负盈亏"的办法，实施多种形式的承包责任制。以广州为例，1984 年全市 46 家大中型企业实

---

① 蔡银潇：《广东推进共同富裕的基础条件、面临的问题与关键路径》，《新经济》2023 年第 3 期。

② 三定一奖，即定工、定产、定成本、超产奖励。

③ 广州市委党史文献研究室：《第四章 社会主义现代化建设新时期——第二节 探索改革开放的新路子》，广州市情网，2020 年 6 月 1 日，http://gzsqw.org.cn/szjsjk/dsk/jbzl/dz/202006/t20200601_8868.html。

④ 陈弘君：《习仲勋：广东改革开放事业的主要开创者》，《红广角》2012 年第 10 期。

行厂长负责制和企业内部岗位责任制。除公有制经济外，个体经济、私营经济等非公有制经济开始逐步发展起来。广东的企业经营管理体制改革扩大了企业自主权，成功激活了职工和企业经营者的工作积极性和创造性，职工收入和企业盈利获得快速增长。

（四）"效率优先，兼顾公平"的收入分配原则

1979 年，广东已获准在劳动工资计划管理体制上拥有更多自主权①，并重新确立了按劳分配原则，开始恢复和实行计件工资制和奖金制度。1985 年 3 月，广东决定按照"大的方面管住管好，小的方面放开放活"的原则，对不同地区和不同所有制企业的工资采取分级分类管理办法，管理权限下放，新增职工人数和工资总额实行同生产建设和经济效益挂钩浮动的办法②。1986 年广东对不同类型企业和地区的劳动工资计划管理进行了若干改革，如允许经济特区根据生产、建设发展需要，自行制定劳动工资计划；探索工资总额同经济效益按一定比例挂钩浮动，以搞活企业。1987 年，党的十三大提出"我们的分配政策，既要有利于善于经营的企业和诚实劳动的个人先富起来，合理拉开收入差距，又要防止贫富悬殊，坚持共同富裕的方向，在促进效率的前提下体现社会公平"③。1988 年，实施多年的指令性劳动工资计划被取消，取而代之的是更符合商品经济发展需要的弹性工资计划，而在国有企业中则采取工效挂钩办法来决定工资总额④。此后，广东继续深化企业劳动工资综合配套改革。到 1991 年末，全省职工工资总额达到 268. 19 亿元。这一时期扭转了过去收入分配体制的高度集中和平均主义的分配方式，重新确立了按劳分配原则，并肯定了其他分配方式的合法存在。按劳分配原则的重新确立，释放了人民的积极性，鼓励人民勤劳致富。

---

① 《广东省委、福建省委关于对外经济活动实行特殊政策和灵活措施的两个报告》（中发〔50〕号文件）。

② 《广东省人民政府批转省劳动局〈关于改革劳动工资管理体制的意见〉的通知》，《广东省政府公报》1985 年第 4 期，广东省人民政府网，https://www.gd.gov.cn/zwgk/gongbao/1985/4/content/post_3354456.html。

③ 《十三大以来重要文献选编》（上），中央文献出版社，2011，第 28 页。

④ 陈斯毅：《广东企业工资制度改革 30 年回顾与展望》，《广东经济》2009 年第 1 期。

（五）再分配政策尽量保障公平

这一时期广东的政策强调效率优先，鼓励人民先富起来，但同时也重视分配公平，在致富路上尽量不落下一些特殊群体。例如，广东开始探索社会保障制度改革，全省各地都把扶贫工作纳入重要议事日程，发动各部门共同搞好扶贫工作，实行包干扶贫责任制，省直机关派出干部轮换蹲点包扶贫困县，市直单位包扶贫困乡镇、县，乡镇干部包扶贫困村和贫困户等①，并从单纯救济改为既保障贫困户的生活，又扶持他们发展生产，通过开展专业技能培训等方式加强贫困农民的自身发展活力②。持续巩固和发展劳动合同制，1991 年广东制定了合同制工人退休养老办法，完善合同制工人工资分配制度配套改革③。广集社会资金兴办社会福利事业，利用改革开放的有利条件，积极发动社会力量筹集社会福利资金，争取海外、港澳亲人捐资赞助兴办家乡社会福利事业。广东的社会福利奖券销售量和筹集的福利资金总额在 1988~1991 年连续 4 年居全国第一位，仅 1991 年福利资金资助扶持的社会福利事业项目就达 347 个④。敬老院、社会福利院由 1978 年的 400 多家增加到 1988 年的 1151 家⑤。

二　经济体制改革背景下的共同富裕探求（1992~2002 年）

1992 年 1 月，邓小平视察广东并发表南方谈话，先后到深圳、珠海和顺德等地考察，要求广东解放思想，加快改革步伐，赶超"亚洲四小龙"⑥。党的十四大明确指出"我们要建立的社会主义市场经济体制，就是要使市场在社会主义国家宏观调控下对资源配置起基础性作用，使经济活动遵循价值规律的要求，适应供求关系的变化"⑦。社会主义市场经济体制的建立为广东实现共同富裕奠定了经济制度基础。

---

① 《广东年鉴 1991》，广东人民出版社，1991，第 590 页。
② 《广东年鉴 1987》，广东人民出版社，1987，第 497 页。
③ 《广东年鉴 1992》，广东人民出版社，1992，第 606 页。
④ 《广东年鉴 1992》，广东人民出版社，1992，第 612 页。
⑤ 《广东年鉴 1989》，广东人民出版社，1989，第 438 页。
⑥ 《邓小平文选》（第 3 卷），人民出版社，1993，第 373 页。
⑦ 《十四大以来重要文献选编》（上），中央文献出版社，2011，第 16 页。

（一）提高居民收入，厚植共富基础

1992 年邓小平同志南方谈话后，广东各项政策向纵深推进，改革开放步伐加快，经济快速发展，人民生活水平大幅提高。一是以产权改革为突破口，建立社会主义市场经济体制，夯实致富的制度基础。1993 年广东开始推进企业股份制试点改革，1993 年下半年顺德在全国率先推行以产权制度改革为核心的综合配套改革，通过政府独资、控股、参股经营等方式，对全市公有、集体所有制企业进行产权改革，实现产权主体多样化。到 1997 年顺德已在全国率先建立起社会主义市场经济体制框架，成为中国企业产权制度改革的先行者[①]。1994 年，顺德工农业总产值已达到 280.6 亿元，比 1978 年增长 16 倍，全市职工人均年收入 8712 元，农村人均年收入 3033 元，分别比 1978 年增长 13 倍和 14 倍[②]。二是加强劳动就业服务，通过劳务扶贫、省际劳务协作、春运期间组织劳动力有序流动、建立公益性职业介绍机构和劳动力供求信息局域网等方式，促进城乡居民就业，增加收入。例如，引导山区、贫困地区富余劳动力向广东经济发达地区流动，从 1993 年起广东还通过完善与四川、湖南等 9 个省（区）的劳务协作网络，促进外省劳动力有序流入广东就业创业[③]。三是积极开展智力扶贫，提高居民增收能力。从 1995 年起，广东开始探索职业技能培训与就业相结合的运作机制，通过技工学校和中职院校建设，加强对劳动力的职业技能培训，从而提高居民的就业能力和就业收入[④]。2002 年，广东城镇、农村居民人均可支配收入分别为 11137 元、3912 元，城乡居民家庭恩格尔系数（食品消费支出占消费支出的比重）分别下降至 37.8%和 47.6%[⑤]。

（二）完善收入分配制度改革

1993 年 11 月，党的十四届三中全会正式提出建立社会主义市场经济体

---

① 盛培德：《从产权改革到资产重组——顺德市综合改革试点经验谈》，《经济学动态》1998年第 8 期。

② 陈池：《顺德改革历史轨迹初探》，《岭南文史》2020 年第 3 期。

③ 《广东年鉴 1994》，广东年鉴社，1994，第 604 页。

④ 《广东年鉴 1996》，广东年鉴社，1996，第 678 页。

⑤ 《广东年鉴 2003》，广东年鉴社，2003，第 424 页。

制，在收入分配方面，提出"个人收入分配要坚持以按劳分配为主体、多种分配方式并存的制度，体现效率优先、兼顾公平的原则"①。广东探索建立"市场机制决定、企业自主分配、职工民主参与、政府监督调控"的企业工资改革目标与管理模式，即既要在国家层面建立企业工资分配的宏观调控机制，又要在企业层面构建企业内部工资分配的微观机制②。从国有企业打破"铁饭碗"、改革用工制度开始，到1999年党的十五届四中全会明确提出建立市场导向的就业机制，从统包统配的"铁饭碗"，走向市场配置劳动力资源。在企业工资制度和管理模式上，推进企业职工工资分配制度改革，探索建立与现代企业制度相适应的工资制度。同时，建立最低工资保障制度。1994年，广东省首次实施最低工资制度，成为中国最早推行该制度的省份之一，通过定期调整和严格监督，保障劳动者的基本生活，推动社会公平与经济发展。广东加强对工资总量和工资水平的宏观调控，2001年广东决定在各地开展企业工资集体协商试点工作③，一批股份制企业试行"两个低于"（企业职工工资总额低于经济效益的增长、人均工资增长低于全员劳动生产率的增长）原则，到2002年全省共有18个地级以上市开展了工资集体协商工作④。2002年，全省在岗职工（包括机关、事业单位和企业）工资总额为1306.32亿元，在岗职工年平均工资为17814元，其中企业在岗职工年平均工资为15801元⑤。

（三）完善再分配调节机制

再分配更加注重公平原则，除直接收入转移外，也通过教育、卫生等基本公共服务的提供，为国民创造机会平等的环境。一是完善社会保障制度。1993年11月，党的十四届三中全会提出要建立多层次的社会保障体系，且社会保障水平要同我国社会生产力发展水平以及各方面的承受能力相适应⑥。广

---

① 《十四大以来重要文献选编》（上），中央文献出版社，2011，第465页。
② 陈斯毅：《广东企业工资制度改革30年回顾与展望》，《广东经济》2009年第1期。
③ 《关于开展工资集体协商试点工作的通知》，广东省人力资源和社会保障厅网站，2001年6月14日，http://hrss.gd.gov.cn/zwgk/xxgkml/bmwj/qtwj/dwjs/content/post_1295198.html。
④ 《广东年鉴2003》，广东年鉴社，2003，第418页。
⑤ 《广东年鉴2003》，广东年鉴社，2003，第418页。
⑥ 《十四大以来重要文献选编》（上），中央文献出版社，2011，第466页。

东逐渐建立起养老保险、失业保险、医疗保险、工伤保险和生育保险制度。2002 年，全省参加养老保险、失业保险、医疗保险、工伤保险、生育保险人数分别达到 1082.95 万人、890.2 万人、717.74 万人、1049.9 万人、258.67 万人①。完善社会救济制度，城乡居民最低生活保障制度日趋完善。广东率先颁布《广东省社会救济条例》（1998 年）和《广东省城乡居民最低生活保障制度实施办法》（1999 年），低保工作逐步走上规范化、法治化轨道。到 2002 年，全省共有 1454 个乡镇建立了农村社会保障网络，社会保障网络覆盖率为 98.0%，全年城乡居民最低生活保障人数达 86.8 万人②。二是推进对口帮扶和扶贫工作。1992 年 6 月 2 日，广东希望工程扶贫助学行动通过希望小学、助学行动和专项资助项目，帮助贫困地区困难学校改建、扩建或新建校舍，改善办学条件，资助家庭困难入学适龄儿童③。2002 年省财政给 14 个困难市转移支付低保补助金 2.23 亿元，全省共发放低保资金 4.63 亿元，医疗救助金 5557 万元④。2001 年 11 月印发《省民政厅关于切实做好经常性社会捐助工作的实施意见》，重视发挥第三次分配在促进共同富裕中的作用。

（四）促进物质富裕与精神富裕协调发展

广东较早重视物质文明与精神文明之间的协调发展。1992 年，广东省按照"坚持两手抓、两手都要硬"的要求，进一步加强社会主义精神文明建设。深入推动创建文明村、文明户和文明城镇的群众性活动，成立广东省精神文明建设研究中心，开展树立新风尚活动。

三 更加注重公平：社会主义现代化建设时期的主要探索 (2002~2012 年)

改革开放后经济的快速增长带来了巨大的社会财富，同时居民收入差

---

① 《广东年鉴 2003》，广东年鉴社，2003，第 419 页。
② 《广东省 2002 年国民经济和社会发展统计公报》，中国统计信息网，http://www.tjcn.org/tjgb/19gd/2367.html。
③ 广东省地方史志编纂委员会编《广东省情志·青年工作志》，广东人民出版社，2007，第 139 页。
④ 《广东年鉴 2003》，广东年鉴社，2003，第 419 页。

距也在扩大，如何实现分配公平成为这一时期的重要议题。为此，党的十六大提出坚持效率优先、兼顾公平、初次分配注重效率、再分配注重公平的要求①。党的十七大提出"初次分配和再分配都要处理好效率和公平的关系，再分配更加注重公平"②。广东以基本公共服务均等化为主线，采取"规划到户、责任到人"扶贫开发新模式，不断改善民生福祉，稳步提高城乡居民收入，缩小城乡区域差距。

（一）不断增加居民收入，人民生活实现总体小康

首先，继续"做大蛋糕"。广东不断优化产业结构，发展先进制造业和高技术产业，推动产业结构转型升级。2012年先进制造业实现增加值10923.69亿元，占规模以上工业增加值的近半壁江山；高技术制造业实现增加值5478.80亿元，占规模以上工业增加值的近1/4③。同时，广东不断优化中小企业发展环境，加强中小企业服务，促进民营经济健康发展。2012年，广东民营经济占GDP比重达51.4%④。2012年广东实现GDP57067.92亿元，是2001年的5.4倍；人均GDP达到54095.38元，按平均汇率折算为8570美元⑤。

其次，居民收入和居民生活水平大幅提高。根据《广东统计年鉴》数据，广东城镇居民人均可支配收入从2002年的11137.2元达到2012年的30226.71元，农村居民人均可支配收入从2002年的3911.91元提高至2012年的10542.84元（见图4-1）。广东城乡居民的消费水平提高，消费结构明显优化。2012年，广东城镇、农村居民人均消费支出分别为22396.35元、7458.56元，分别是2002年的2.5倍、2.64倍，城镇和农村居民的恩格尔

---

① 《十六大以来重要文献选编》（上），中央文献出版社，2011，第21页。
② 《胡锦涛在中共第十七次全国代表大会上的报告全文》，中华人民共和国中央人民政府网站，2007年10月24日，https://www.gov.cn/ldhd/2007-10/24/content_785431_8.htm。
③ 《改革开放三十五年广东发展实现若干重大跨越》，广东统计信息网，2013年11月11日，http://stats.gd.gov.cn/tjkx185/content/post_1427501.html。
④ 《2012年广东民营经济发展情况分析》，广东统计信息网，2013年6月18日，http://stats.gd.gov.cn/tjfx/content/post_1435109.html。
⑤ 《2012年广东国民经济和社会发展统计公报》，广东统计信息网，2013年3月1日，http://stats.gd.gov.cn/tjgb/content/post_1430117.html。

系数分别为 36.9%、49.1%（见图 4-2）。居民住房条件明显改善，城镇和
农村居民人均住宅建筑面积分别达到 34.4 平方米、31.67 平方米；彩电、
移动电话、计算机、汽车等消费品逐步普及。居民财富增长迅速，2012 年
末广东城乡居民本外币储蓄存款余额增加到 46265.58 亿元。

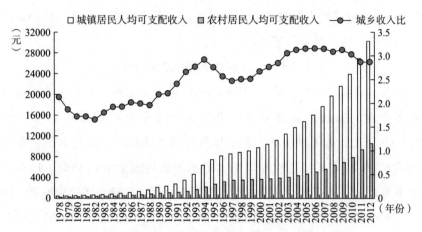

图 4-1　广东城乡居民人均可支配收入的变化（1978~2012 年）

数据来源：根据《广东统计年鉴》相关年份数据计算制图。

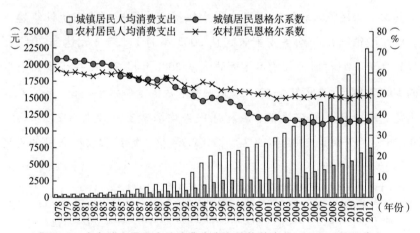

图 4-2　广东城乡居民人均消费支出和结构的变化（1978~2012 年）

数据来源：根据《广东统计年鉴》相关年份数据计算制图。

再次，实施"扩大与促进就业民心工程"，以就业保障收入增长。2003
年广东把就业再就业纳入国民经济和社会发展宏观调控目标中，在全省实

施"扩大与促进就业民心工程",当年再就业资金达 11.6 亿元,发放下岗失业人员再就业优惠证 31.75 万本①。实施"三补贴三降低两优惠"扶企稳岗政策②;打造就业新增长点,广东通过建立创业孵化基地、出台发展家庭服务业的实施意见和实施家庭服务业促进就业计划等,吸纳劳动力就业创业。在帮扶重点群体就业方面,组织开展南粤高校毕业生就业推动行动,通过实施"三支一扶"(到农村基层从事支农、支教、支医和扶贫工作)、大学生创业引领计划等方式,促进高校毕业生就业,2012 年广东高校应届毕业生就业率达 96.3%。推动流动人口和农业转移人员就业,2003 年劳动保障部门登记管理的外省流动就业人数达 885.43 万人,全省劳动力新增转移就业 47.8 万人③。2004 年广东劳务合作取得新突破,加强与湖南、广西、黑龙江等省(区)的劳务合作。通过"南粤春暖"异地务工人员就业活动、就业援助月(1~2 月)活动等方式,帮助异地务工人员、就业困难群体就业。从 2012 年起广东以县(市、区)为单位,统筹推进劳动力转移④,2012 年底全省农村富余劳动力转移就业率超过 90%,全省 89.6%的镇街和63.5%的社区实现公共就业服务机构信息联网⑤。注重提高居民致富能力,加强居民职业技能培训。

(二)逐渐重视初次分配的公平问题

为缓解不同群体间收入差距,广东贯彻落实按劳分配与按生产要素分配相结合的分配政策,在收入分配上更加重视公平,缩小收入差距。在保障劳动者合法收入的同时,一方面,注重宏观政策对收入公平的引导,如完善最低工资保障制度、工资集体协商制度、国企工效挂钩办法等;另一面,通过加强工资立法来规范企业工资支付行为,从 2005 年 5 月 1 日起

① 《广东年鉴 2004》,广东年鉴社,2004,第 402 页。
② 《关于贯彻落实省政府 2012 年扶持中小微企业发展若干政策措施的通知》,广东省人力资源和社会保障厅网站,2012 年 5 月 9 日,https://hrss.gd.gov.cn/jyzl/zcfg/bszc/content/post_1309259.html。
③ 《广东年鉴 2004》,广东年鉴社,2004,第 402 页。
④ 《印发广东省区域劳动转移规划(2012~2020 年)的通知》,广东省人民政府网站,2012 年 7 月 11 日,https://www.gd.gov.cn/gkmlpt/content/0/140/post_140908.html#7。
⑤ 《广东年鉴 2013》,广东年鉴社,2013,第 397 页。

开始实施《广东省工资支付条例》。在企业职工工资分配上，广东着重探索建立与现代企业制度相适应的工资体制，建立企业工资收入分配的宏观调控体系，加强对企业收入分配的指导和立法监督。在企业工资集体协商方面，为贯彻落实人力资源和社会保障部《关于进一步推行平等协商和集体合同制度的通知》，2010年广东出台《关于进一步推进企业工资集体协商工作的指导意见》和《广东省企业工资集体协商指引》，加强工资集体协商的指导和服务，着力推行平等协商和集体合同制度，以集体协商和个人劳动合同为基础的谈判确定工资的机制初步形成。

（三）重视再分配机制的不断完善，实施基本公共服务均等化

广东为缩小城乡区域差距，不断完善再分配机制。通过取消农业税、大幅增加涉农补贴等方式，降低农民负担；通过建立农村新型合作医疗制度以及最低生活保障制度，将农民纳入社会保障范围。通过探索建立均等的基本公共服务制度，为群众提供公平的发展机会，率先实施《广东省基本公共服务均等化规划纲要（2009~2020年）》；聚焦分配公平和贫富差距问题，2011年提出建设"幸福广东"，次年国家工商总局印发了《关于支持广东加快转型升级建设幸福广东的意见》①。在社会保障上，先后出台一系列规章制度，如《广东省失业保险条例》《广东省社会养老保险条例》《关于资助贫困农民参加新农保的通知》《广东省城镇居民社会养老保险试点实施办法》等，推动社会保险覆盖面快速扩大和社会保险待遇水平稳步提高。到2012年底，城乡居民养老保险，以及城镇职工基本养老保险、基本医疗保险、失业保险和工伤保险参保人数皆实现显著增长（见表4-1）。社会保障水平显著提高，企业退休人员基本养老金从2002年的月人均655元上升至2012年的1821元；全省21个地市全部实现医保市级统筹和门诊统筹，18个地市实现城乡统筹，职工医保、居民医保政策范围内住院支付比例平均分别达到87%和70%左右②。

---

① 《转发国家工商总局关于支持广东加快转型升级建设幸福广东意见的通知》，广东省人民政府网站，2012年4月25日，https://www.gd.gov.cn/zwgk/gongbao/2012/11/content/post_3363527.html。

② 《广东年鉴2012》，广东年鉴社，2012，第412页。

表 4-1 2002~2012 年参保人数变化

指标	2002 年	2012 年	年均增长（%）
参加城镇职工基本养老保险（含离退休）（万人）	1082.95	4034.08	14.5%
参加城乡居民养老保险人数（万人）	——	2460.0	——
参加城乡（镇）基本医疗保险（万人）	717.74	8421.81	27.92%
参加城镇基本医疗保险的异地务工人员（万人）	——	1835.82	
参加城镇基本失业保险（万人）	890.20	2009.12	8.48%
参加工伤保险（万人）	1049.9	2962.77	10.93%
参加生育保险（万人）	258.67	2484.93	25.39%
企业退休人员基本养老金［元/（人·月）］	655	1821	10.77%

数据来源：《广东年鉴 2003》，广东年鉴社，2003，第 419 页；《广东年鉴 2013》，广东年鉴社，2013，第 399~400 页；《2012 年广东国民经济和社会发展统计公报》，广东统计信息网，2013 年 3 月 1 日，http://stats.gd.gov.cn/tjgb/content/post_1430117.html。

同时，广东实施财政转移支付制度和对口帮扶等模式，缩小区域差距，促进共同富裕。从 2004 年起，广东实施以激励性为主体的转移支付制度，对粤东粤西粤北地区实行与 GDP、财政收入增长挂钩的考核制度，发展越快则奖励越多，发挥"激励先进、鞭策后进"的作用。长期以来，广东省财政转移支付实行"省保县、市保区"的模式，市辖区主要由市本级财政予以保障。2008 年以来，广东实施对口帮扶，推动珠三角与粤东粤西粤北地区共建产业转移园，探索出深汕特别合作区等经济模式。此外，广东大力推行"规划到户、责任到人"扶贫开发新模式。

（四）推进精神富裕与物质富裕协调发展

改革开放后，为使精神富裕与物质富裕均衡发展，广东实施文化大省战略、文化强省战略等举措，满足人民的精神文化需求。2002 年，广东省委九届二次全会提出了加快建设文化大省的战略部署。次年，广东出台《关于深化文化体制改革建设文化大省的若干配套经济政策》，提出增加对宣传文化事业的财政支持，支持建设广东科学中心、省博物馆（新馆）、省立中山图书馆（改扩建）三项标志性文化基础设施，以及广东社科中心、省档案方志馆（新馆）、广东画院（新址）等九项重要文化工程①，丰富群众精神世界。从 2010 年起推动由文化大省向文化强省跨越，出台《关于加快提升文化软实力的实施意见》和《广东省建设文化强省规划纲要（2011~2020）》等文件，对培育良好社会心态、树立正确幸福观、提升全民思想道德和科学文化素质以及弘扬岭南优秀文化等皆有规定，并将广东精神概括为"厚于德、诚于信、敏于行"九字。

第三节　迈向共富：广东共同富裕的时代探索

2017 年，广东省第十二次党代会报告提出，"广东已经发展到了'先富帮后富、最终实现共同富裕'的关键阶段"。广东通过实施粤东西北地区振兴发展、脱贫攻坚、深化珠江口东西两岸协同发展、深化新一轮省内对口帮扶、区域利益共享、城乡融合发展、乡村振兴等一系列战略和机制，吹响了共同富裕的冲锋号。

一　着力推进就业创业工作，奠定城乡居民收入增长基础

广东坚定不移践行以人民为中心的发展思想，着力保障和改善民生，扎实推进共同富裕。坚持"小切口大变化"，解决群众"急难愁盼"问题，持续将七成财政支出用于民生保障。

（一）推动经济增长和产业升级，带动更充分更高质量就业

新时代以来，广东着力促进经济稳定增长和产业转型升级，经济实力显著增强，经济总量逐年攀升，2023 年成为全国首个 GDP 突破 13 万亿元的省份，经济总量连续 35 年居全国首位②，为促进充分就业创造了有利条

---

① 《印发关于深化文化体制改革建设文化大省若干配套经济政策的通知》，《广东省人民政府公报》2003 年第 21 期，广东省人民政府网站，http://www.gd.gov.cn/zwgk/gongbao/2003gongbao/21/content/post_3361206.html。

② 《2024 年 1 月 23 日广东省省长王伟中在广东省第十四届人民代表大会第二次会议上作政府工作报告》，广东省人民政府网，2024 年 1 月 27 日，https://www.gd.gov.cn/gkmlpt/content/4/4341/post_4341257.html#45。

件。广东以推进经济发展方式转变和产业结构调整升级为抓手，不断实现更充分更高质量就业。例如，广东注重培育和形成先进制造业和现代服务业"双轮驱动"的现代产业体系，不断创造新的就业岗位；推动传统优势产业改造升级，挖掘就业潜能，提供更多高收入职位。广东产业在向中高端水平迈进，就业人员的职业结构进一步优化。同时，广东将就业列为"六稳""六保"之首，实施更加积极的就业创业服务政策，在促就业、稳就业、扩就业工作上持续创新发力，2018 年、2019 年和 2021 年分别出台"促进就业 9 条" 1.0 版、"促进就业 9 条" 2.0 版和"促进就业 9 条" 3.0版，2023 年出台"稳就业 16 条"和就业领域"民生十大工程"五年行动计划。在《广东省促进就业"十四五"规划》中，广东提出要通过实施就业补贴、缓解社保缴费压力、扶持创新创业等一系列减负稳岗扩就业政策举措，通过更充分就业来促进共同富裕。

（二）多措并举稳步提高居民增收能力，扩大中等收入群体规模

收入差距过大是共同富裕的第一"拦路虎"，会损害经济增长带来的居民幸福感的提升[1]，容易引发社会的不公平感、社会信任度下降和社会阶层之间的对立[2]。作为"社会稳定器"的中等收入群体，既可以缓和社会矛盾、减少社会冲突，又因其强大的消费能力和需求，可以为经济稳定和发展提供动力，因此扩大中等收入群体规模是共同富裕的关键。为提高居民收入、扩大中等收入群体规模，2016 年国务院出台了《关于激发重点群体活力带动城乡居民增收的实施意见》，次年广东省人民政府印发了《广东省关于激发重点群体活力带动城乡居民增收的工作方案》，东莞等市也出台了激发重点群体活力带动城乡居民增收行动计划，主要瞄准小微创业者、技能人才等七大群体，分类实施激励计划，提出深化收入分配制度改革、深入开展就业促进等八大行动，带动城乡居民实现总体增收（2012~2024 年广东城乡居民可支配收入变化如图 4-3 所示）。2018 年以来，广东

---

① 李路路、石磊：《经济增长与幸福感——解析伊斯特林悖论的形成机制》，《社会学研究》2017 年第 3 期。

② 李骏、吴晓刚：《收入不平等与公平分配：对转型时期中国城镇居民公平观的一项实证分析》，《中国社会科学》2012 年第 3 期。

以"粤菜师傅""广东技工""南粤家政"三项工程为抓手，提升低文化水平和低技能劳动者的职业技能，至 2021 年 10 月累计培训 640 万人次[①]，大大拓宽了老百姓的致富渠道。2021 年，广东将三大工程以规划文件的形式加以制度化推进，出台了《广东省"粤菜师傅""广东技工""南粤家政"三项工程高质量发展"十四五"规划》。2023 年，广东将"三项工程"纳入《广东省"民生十大工程"五年行动计划（2023~2027 年)》中的"就业领域民生工程"。

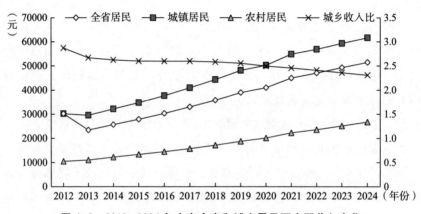

图 4-3　2012~2024 年广东全省和城乡居民可支配收入变化

数据来源：根据《广东统计年鉴》相关年份数据制图。

二　深化薪酬制度改革，建立健全工资正常增长机制

2013 年国家出台《深化收入分配制度改革的若干意见》[②]，2015 年广东出台《广东省人民政府关于深化收入分配制度改革的实施意见》，标志着广东收入分配制度改革全面展开。2023 年中共广东省委、广东省人民政府《关于新时代广东高质量发展的若干意见》再次强调要深化收入分配制度改

---

① 肖文舸：《"粤菜师傅""广东技工""南粤家政"强劲带动就业创业》，《南方日报》2021 年 10 月 21 日，https://news. southcn. com/node_54a44f01a2/847f33c0ac. shtml。

② 《国务院批转发展改革委等部门关于深化收入分配制度改革若干意见的通知》，中华人民共和国中央人民政府网站，2013 年 2 月 4 日，https://www. gov. cn/zwgk/2013-02/05/content_2327531. htm。

革，标志着广东收入分配改革进入深化阶段。

（一）完善企业薪酬调查和信息发布制度

新时代以来，广东建立健全反映劳动力市场供求关系和企业经济效益的工资决定及正常增长机制，注重保护劳动所得。2018年，广东根据国家相关规定①建立企业薪酬调查和信息发布制度，2021年这一制度被纳入《广东省人力资源和社会保障事业发展"十四五"规划》，每年定期开展企业薪酬调查，发布企业工资指导线，引导企业在内部工资分配中向技术、生产一线等岗位的职工倾斜。根据2023~2024年数据，广东平均月薪为9100元，同比增长5.8%②。低收入群体薪酬增长明显，劳动者收入分配差距收窄，反映出全省扎实推进共同富裕取得一定成效。

（二）建立健全最低工资标准调整机制

广东通过实施最低工资标准保障底线工资水平，逐步提高居民收入。根据2024年出台的《广东省人民政府关于调整我省最低工资标准的通知》，作为一类地区的广州、深圳的最低工资标准分别调整为2500元/月、2520元/月，二类地区调整为2080元/月，三类地区调整为1850元/月，四类地区调整为1750元/月，月最低工资分别比2011年增加1200元、980元、900元、900元（见表4-2）。推动地方立法规范工资集体协商行为，2014年，广东在《关于加强广东省基层工会建设的实施意见》中，提出要"完善企业集体协商集体合同制度，建立工资共决与正常调整机制"；2015年，出台《广东省人民政府关于深化收入分配制度改革的实施意见》，大力推行行业性、区域性等工资集体协商，当年全省集体合同签订率达到80%。针对新业态，广东总工会推动平台企业建立多形式多层级协商协调机制。

---

① 《人力资源社会保障部、财政部关于建立企业薪酬调查和信息发布制度的通知》，中华人民共和国人力资源和社会保障部网站，2018年5月2日，https://www.mohrss.gov.cn/SYrlzyhshbzb/laodongguanxi_/zcwj/LDGXzonghe/201807/t20180709_297094.html。

② 《这些行业薪酬最高！广东最新薪酬调查报告出炉》，南方网，2023年10月27日，https://economy.southcn.com/node_71505a4d28/c4e4d9c8f2.shtml。

表 4-2　广东最低工资标准的变化

单位：元/月

调整年份	一类地区		二类地区	三类地区	四类地区
	广州	深圳	珠海、佛山、东莞、中山	汕头、惠州、江门、湛江、肇庆	韶关、河源、梅州、汕尾、阳江、茂名、清远、潮州、揭阳、云浮
2011	1300	—	1100	950	850
2013	1550	—	1310	1130	1010
2015	1895	—	1510	1350	1210
2018	2100	2200	1720	1550	1410
2021	2300	2360	1900	1720	1620
2024	2500	2520	2080	1850	1750

（三）完善技术要素参与分配机制

2023 年广东提出要"持续优化初次分配格局，健全劳动者工资决定、合理增长和支付保障机制，提高劳动报酬在初次分配中的比重，开展扩大中等收入群体行动"[①]。在完善技术要素参与分配机制方面，广东建立健全以实际贡献为评价标准的科技创新人才薪酬制度，鼓励企业和有条件的事业单位对急需的高层次、高技能人才实行协议工资、项目工资、年薪制等，建立健全有利于科技成果转化的分配政策，保障科技成果在分配中的应得份额。

三　完善再分配机制，保障机会公平

广东坚持按劳分配原则，完善按要素分配的体制机制，促进收入分配更合理、更有序，并要求履行好政府的再分配调节职能，加快推进基本公共服务均等化，缩小收入分配差距。

（一）建立一般性转移支付体系和稳定增长机制

财政作为国家治理基础和重要支柱，发挥着缩小城乡、地区、群体间

[①] 《中共广东省委、广东省人民政府关于新时代广东高质量发展的若干意见》，广东省人民政府网站，2023 年 5 月 29 日，https://www.gd.gov.cn/gdywdt/gdyw/content/post_4188047.html。

差距的重要作用。随着广东经济由高速增长阶段迈入高质量发展阶段,过去激励性转移支付机制在逆周期调节、"保基本、补短板"方面作用不足的弊端逐渐显现。广东及时优化调整转移支付政策导向,重点增加民生领域、革命老区、民族地区、边远山区、贫困地区的一般性转移支付投入,从激励性转移支付机制向侧重于"保住基本、兜住底线,雪中送炭、扶弱补短"的均衡性转移机制转变。2023 年,广东出台《广东省进一步推进省以下财政体制改革工作的实施方案》,提出要完善省以下转移支付制度,包括优化一般性转移支付、完善共同财政事权转移支付、规范专项转移支付和完善转移支付管理机制。例如,在基本公共服务上,广东要求一般性转移支付充分考虑常住人口基本公共服务需求,促进资金分配与人口流动挂钩,实现在资金分配中对外来人口和户籍人口一视同仁,健全"钱随人走"的转移支付机制,推动财政资源配置"跟人走、可携带"。2023 年,广东省下达的 6670 亿元对市县税收返还、转移支付以及债务转贷支出中七成投向财力相对薄弱的粤东粤西粤北地区[①]。均衡性转移支付覆盖全部 86 个财力困难县(市、区),有力保障市县基层财政平稳运行。

(二)民生投入长效机制不断完善

政府通过在医疗卫生、养老、保险等方面增加财政资金投入,推进基本公共服务均等化,可以减少民众基本公共服务支出。已有实证研究也指出,促进基本公共服务向均等收敛,是缩小国民收入差距、实现共同富裕目标的重要途径[②]。广东根据经济社会发展变化,于 2017 年重新修订《广东省基本公共服务均等化规划纲要(2009~2020 年)》,明确广东基本公共服务制度、基本公共服务清单,调整实施阶段及阶段目标,细化阶段目标和实施措施,其中基本公共服务清单覆盖 104 个服务项目。2018 年广东出台《基本公共服务领域省级与市县共同财政事权和支出责任划分改革方

---

① 《广东省 2023 年预算执行情况和 2024 年预算草案的报告》,广东省人民政府网站,2024 年 2 月 7 日,https://www.gd.gov.cn/attachment/0/542/542793/4361282.pdf。

② 伏润民、缪小林、张彰等:《共同富裕目标下基本公共服务均等化与财政改革:基于广义国民收入的分析》,《经济研究》2024 年第 1 期;马海涛、陆胤、李永海:《基本公共服务均等化推进共同富裕的实证研究》,《河北经贸大学学报》2024 年第 1 期。

案》，明确基本公共服务领域省级与市县共同财政事权范围，坚持"既尽力而为，又量力而行"，合理制定地方保障标准，分类确定基本公共服务领域共同财政事权的支出责任分担方式。此后，部分领域也出台了相应的改革方案，例如在教育领域，于2020年出台《广东省教育领域省级与市县财政事权和支出责任划分改革实施方案》。2024年广东全省财政民生类支出达1.28万亿元，占一般公共预算支出的比重超过七成[①]。

（三）不断丰富基本公共服务内涵，提升服务标准

《广东省公共服务"十四五"规划》提出公共服务供给侧结构性改革，着力构建基本公共服务、普惠性非基本公共服务和生活服务三大公共服务体系。在义务教育方面，2013年广东出台深入推进义务教育均衡优质标准化发展的意见和义务教育标准化学校标准，2016年实现义务教育发展基本均衡县全覆盖。在改善农村和贫困地区义务教育办学条件、提高办学质量上，广东着重加强"两类学校"（乡村小规模学校和乡镇寄宿制学校）建设，改善贫困地区义务教育薄弱学校，2023年出台《广东省"百县千镇万村高质量发展工程"教育行动方案（2023~2027年)》，全面推进乡村教育振兴。推动异地务工人员随迁子女平等接受义务教育，2019年以来随迁子女入读公办学校（含享受政府购买学位服务）比例大幅增长，2022年进一步达到95%以上，全省122个县（市、区）均达到国家"两为主"（以流人政府地为主，以公办学校接受为主）要求。

在社会保障领域，广东全面推进全省统一的城乡居民社会养老保险制度，落实基本养老保险关系转移接续政策和城乡养老保险制度衔接办法。2017年7月广东正式实施企业职工基本养老保险省级统筹；全省城乡居民基本养老保险基础养老金最低标准提高到每人每月180元，珠三角地区低保救助实现城乡一体化。2023年广东提出深入实施全民参保计划，稳步提高统筹层次和待遇水平，推动社会保障从"制度全覆盖"转向"人群全覆盖"，以及"规范发展第三支柱养老保险，完善多层次的养老保险体系、医

---

① 《广东省2024年预算执行情况和2025年预算草案的报告》，广东省财政厅网站，2025年2月6日，https://czt.gd.gov.cn/czysjs/content/post_4664159.html。

疗保障体系和分层分类的社会救助体系"①。

在医疗保障方面，广东实施统一的城乡居民基本医疗保险制度，医疗卫生资源总量和人均资源持续增加（2012～2023 年广东每千人卫生人员数如图 4-4 所示），年人均基本公共卫生服务补助经费从 2015 年的 40 元提高到 2023 年的 89 元②。

在住房保障服务领域，广东于 2012 年、2023 年先后出台《广东省住房保障制度改革创新方案》《广东省城镇住房保障办法》，提出以公租房解决住房保障对象的基本居住需求，目前已构建起以公共租赁住房、保障性租赁住房和共有产权住房为主体的住房保障体系。通过实物保障与租赁补贴相结合的住房保障方式，不断扩大保障范围，为低保、低收入住房困难家庭以及环卫工人、公交司机、青年医生、青年教师等重点群体提供住房保障公共服务，基本实现"住有所居"目标。此外，广东加强对困难群体的救助和帮扶，建立城乡低保标准、农村"五保"供养标准、低收入群众临时价格补贴与物价上涨挂钩的联动调整机制，提高城乡居民最低生活保障水平。

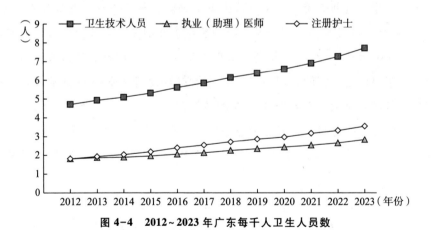

图 4-4　2012～2023 年广东每千人卫生人员数

数据来源：根据《广东统计年鉴》相关年份数据制图。

① 《中共广东省委、广东省人民政府关于新时代广东高质量发展的若干意见》，广东省人民政府网站，2023 年 5 月 29 日，https://www.gd.gov.cn/gdywdt/gdyw/content/post_4188047.html。

② 《广东省 2023 年国家基本公共卫生服务项目实施方案》，广东省卫生健康委员会，2023 年 7 月 21 日，https://wsjkw.gd.gov.cn/gkmlpt/content/4/4222/mpost_4222675.html#4196。

四 发挥第三次分配作用，加快广东共同富裕进程

第三次分配能够显著加快共同富裕进程[①]。广东高度重视第三次分配促进共同富裕的作用，通过慈善捐赠、志愿服务等方式济困扶弱，推动公益事业发展，实现收入和财富向弱势人群、地区、行业等关键领域合理分配，推动先富帮后富。

（一）市场主体财力强，为第三次分配奠定经济基础

广东快速的经济发展为第三次分配奠定了坚实的经济基础。截至 2024 年底，广东登记在册经营主体突破 1900 万户，其中登记在册民营企业 774.49 万户、个体工商户 1063.38 万户，以民营企业和个体工商户为代表的民营经济主体占全省经营主体总量的 96.48%，民营经济主体总量全国第一[②]。同时，广东中等收入群体规模不断扩大，居民可支配收入增长，为第三次分配发挥作用奠定了物质基础。

（二）加强社会慈善和社会公益相关制度要素支撑

广东积极贯彻落实《关于支持中央企业积极投身公益慈善事业的意见》《关于鼓励支持民营企业积极投身公益慈善事业的意见》《中华人民共和国公益事业捐赠法》《慈善组织公开募捐管理办法》等国家法规政策；另一方面，广东根据地方实际，出台了《广东省推动慈善事业高质量发展若干措施》等鼓励社会力量参与慈善事业的政策，明确参与第三次分配的税收优惠条件，初步构建起一个覆盖公益慈善各主要领域、制度健全、体系完备、规范性制度与激励性制度相配套的法律体系，为第三次分配奠定了制度基础。

（三）慈善文化底蕴增添第三次分配促进共同富裕的社会底色

截至 2023 年 6 月 30 日，广东省拥有慈善组织 1944 家，含社会团体 526 家、民办非企业单位 143 家、基金会 1275 家，慈善组织网络基本实现行政

[①] 张智勇、王凤：《第三次分配推动共同富裕的实证研究——基于 2010～2019 年中国省级面板数据》，《生产力研究》2023 年第 2 期。

[②] 《广东登记在册经营主体突破 1900 万户 稳居全国第一》，《南方日报》2025 年 1 月 1 日，第 A03 版。

区域全覆盖，社区社会组织中公益慈善类 11609 家①。广东打造了若干慈善品牌，吸引众多社会资源投入公益慈善事业。例如，广东扶贫济困日活动每年吸引大量社会资源投入扶贫济困事业，成为社会力量"先富帮后富"的重要渠道，是社会力量参与乡村振兴的重要平台②。此外，广东侨乡众多，海外华侨华人众多，通过捐赠回馈家乡的历史悠远。改革开放以来，海外华侨华人捐助广东教育、卫生、体育等方面社会公益项目超过 5 万宗，折合人民币 600 亿元③。广东悠久的慈善文化历史和慈善环境，为通过第三次分配促进共同富裕提供了文化土壤。

五　精神与物质富裕协同发展：人民的精神生活日益丰盈

新时代以来，广东精神文明建设突破单向灌输的传统模式，通过多维度的治理工具创新，将价值理性嵌入社会运行的制度架构，形成文化治理效能与社会发展动能的双向互构。首先，强化价值引领的系统性嵌入。广东将社会主义核心价值观融入社会治理各环节，通过"南粤楷模""道德讲堂"等品牌项目，构建起"榜样示范—实践养成—制度保障"的递进式价值传导机制，实现主流意识形态的柔性传播。其次，激活传统文化的现代性转化。依托岭南文化资源禀赋，创新实施"非遗活化工程""广府文化记忆再造"等项目，推动传统文化符号与现代公共文化服务深度融合，塑造具有地域特色的文化认同。再次，创新社会协同的制度化路径。率先推出《广东省文明行为促进条例》，建立文明创建动态管理机制，通过"志愿广东"平台整合超 2000 万名注册志愿者，形成政府主导、社会组织协同、公众参与的共建共治格局。此外，人民群众在参与第三次分配活动中公益意识、志愿意识增强，也是精神共同富裕的体现。

---

① 《2023 年第二季度广东省社会组织数据统计报告》，广东省社会组织综合信息服务平台，https://www.gdnpo.gov.cn/home/Pubbase/Repjb/2023-06。
② 《"第三次分配"齐参与助力广东共同富裕》，《南方日报》2022 年 10 月 5 日，第 A013 版。
③ 《侨乡侨情》，广东省人民政府网站，2025 年 3 月 24 日，https://www.gd.gov.cn/zjgd/sqgk/qxqq/index.html。

六　多举措促进农民增收致富

（一）增加农民家庭经营收入

广东出台了一系列规范、促进和壮大农村经营主体发展的政策法规。在 2017 年《广东省农业厅关于新型职业农民（生产经营型）认定管理办法》、2023 年《广东省发展壮大农村经营主体若干措施》等文件中，广东围绕农村经营主体创新创业、准入准营、高质量发展等全链条加强政策供给和资源要素支持，多方位促进农业经营主体高质量发展。广东不断完善农产品价格形成机制和农业补贴制度，通过农产品价格保护制度、创新农业补贴方式等加大政策支持力度，降低农民家庭经营风险，补贴资金实现向新型农业经营主体倾斜，不让种粮农民和主产区吃亏。完善农产品市场体系建设，如通过完善大宗农产品临时收储政策，实施家禽、水产品、蔬菜瓜果应急收储奖补政策，解决积压滞销问题①。组织实施修订后的《广东省价格监测报告制度》，对重点农产品价格实施监测，让农民真正得实惠。在实践中，通过持续实施"一县一园、一镇一业、一村一品"等农业产业项目，以及通过发展休闲农业、农村电商和支持农民工返乡创业等方式，带动家庭农场等经营主体高质量发展，增加农民收入。

（二）增加劳动就业收入和财产性收入

广东通过"粤菜师傅""广东技工""南粤家政"三大工程，以及"农村电商""乡村工匠""高素质农民培育"等重点工程，基本建立起普惠制职业技能培训制度，有效满足农村劳动者就业技能提升需要。同时，扎实推进农业转移人口市民化，推进其非农化就业，并保护进城落户农民在农村的合法权益。针对广东农民财产性收入比重偏低的现象，广东拓展转移性收入和增加农民财产性收入。以深化农村产权结构化改革为突破口，系统推进土地要素市场化配置机制创新。通过激活承包地经营权流转、完善

---

① 《关于印发〈2020 年广东省家禽水产品收储和蔬菜瓜果收购、贮藏应急补贴方案〉的通知》，广东省农业农村厅网站，2020 年 2 月 28 日，https://dara.gd.gov.cn/zwgk/tzgg/content/post_2911496.html。

集体经营性建设用地入市制度、构建宅基地"三权分置"实现路径，着力破解农村资产权能虚置问题。同步推进集体资产股份化改革，赋予土地承包经营权和宅基地使用权完整用益物权属性，建立规范化的产权交易市场与增值收益分配体系，形成"赋权—活权—强权"的制度改革闭环，有效促进要素价值显化与农民财富积累机制的制度性构建，提高农民收益。

（三）以"组团式"帮扶促进共同富裕

在共同富裕目标引领下，广东省针对珠三角与粤东西北地区之间、城乡之间发展梯度差的结构性矛盾，采取"组团式"帮扶方式促进共同富裕。在脱贫攻坚和乡村振兴中，"组团式"帮扶助力乡村产业发展和治理现代化。2016 年，广东开展新时期精准扶贫、精准脱贫工作，通过派出驻镇（街道）工作组、驻村工作队以及发动企业参与"万企帮万村"等方式，帮扶贫困村、贫困家庭脱贫。到 2020 年底解决绝对贫困问题，全省 2277 个相对贫困村全部出列、161.5 万相对贫困人口全部脱贫，贫困群众全部实现"两不愁三保障"。2021 年 6 月，广东完善帮扶机制，采取驻镇帮镇扶村组团结对帮扶工作模式，开启全面实现乡村振兴的新征程。在教育领域，广东实施高校教育人才"组团式"帮扶，如华南理工大学对口帮扶广东石油化工学院，推动区域教育均衡发展，为共同富裕筑牢人才根基。在医疗卫生领域，广东开展医疗卫生人才"组团式"帮扶，14 家三甲医院对口帮扶粤东、粤西、粤北地区 14 家县级医院，有效缓解城乡医疗资源不均衡现状，为共同富裕提供健康保障。"组团式"帮扶通过整合各方资源，形成帮扶合力，发挥规模效应和协同优势，为广东实现共同富裕提供了有效路径，也为破解区域发展不平衡提供了制度弹性更强的中国方案。

第四节　广东共同富裕的成效与经验

一　主要成效：共同富裕根基扎实，社会结构优化

广东快速的经济社会发展对广东居民的家庭收入产生了重要影响，表现为居民收入增长迅速，人民的物质生活逐渐丰裕、精神文化生活日渐丰

盈，人均可支配收入、消费水平显著增长，收入结构、职业结构变得更为合理，中等收入群体规模扩大，城乡差距、区域差距有所缩小。

（一）共同富裕根基扎实：人民的物质生活逐渐丰裕

1. 居民收入与经济发展保持同步增长

改革开放以来，广东经济实现高速增长，城乡居民家庭收入提升明显。但在改革开放过程中，城市地区的经济增长速度快于农村地区，二者之间的收入差距逐步拉大，城乡人均收入比在 2007 年前总体上呈扩大的趋势。2006年，城乡收入比达到最大值 3.15，随后有所下降，但 2009 年又有所反弹，2010 年以来广东城乡居民收入差距持续缩小。得益于农业税的取消以及政府对农业扶持力度的加大，特别是精准扶贫和乡村振兴战略的实施，近年来农村居民收入增长速度超过城镇居民收入增长速度，城乡收入比下降。到 2024年，广东居民人均可支配收入突破 5 万元，约高出全国平均水平 1 万元。分城乡看，广东城镇居民家庭人均可支配年收入从 1978 年的 412 元增长到 2024 年的 61629 元，农村居民家庭人均可支配收入从 1978 年的 193 元增长到 2024 年的 26729 元①，城乡居民收入比缩小至 2.31：1。从增速变动情况来看，2013 年以来广东居民人均可支配收入增速均不低于地区生产总值增速，基本实现了居民收入增长与经济发展同步的预期目标（见图 4-5）。

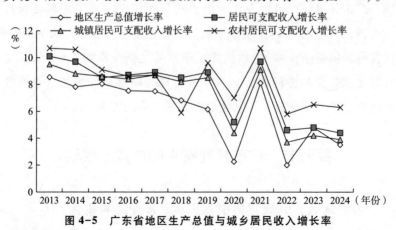

图 4-5　广东省地区生产总值与城乡居民收入增长率

---

① 《2024 年广东居民收入和消费支出情况》，广东省人民政府网，2025 年 1 月 20 日，https://www.gd.gov.cn/zwgk/sjfb/mssj/rjkzpsr/content/post_4657190.html。

2. 工资差距稳步缩小，共同富裕初见成效

2012 年以来，广东城镇单位就业人员与城镇私营单位就业人员年平均工资均呈持续平稳增长态势。2023 年，城镇非私营单位就业人员年平均工资为 131418 元，比 2012 年增加 81140 元；城镇私营单位就业人员年平均工资为 80685 元，比 2012 年增加 48765 元（见图 4-6）。2023 年，在统计的19 个行业门类中，广东城镇非私营单位就业人员年平均工资超过 10 万元的行业有 13 个，最高的 3 个行业分别是金融业（26.74 万元），信息传输、软件和信息技术服务业（24.38 万元），采矿业（21.33 万元），分别为全省平均水平的 2.04 倍、1.86 倍和 1.62 倍。总体而言，各行业间的工资差距呈现逐步缩小的发展态势。城镇非私营单位就业人员各行业最高工资与最低工资比由 2012 年的 4.99∶1 缩小到 2023 年的 4.62∶1；城镇私营单位就业人员各行业最高工资与最低工资比由 2012 年的 3.07∶1 缩小到 2022 年的2.94∶1，2023 年略上升至 3.15∶1。2012~2023 年，城镇单位就业人员年平均工资与城镇私营单位就业人员年平均工资比保持在 1.4~1.7[①]。

图 4-6　广东城镇非私营单位与城镇私营单位就业人员年平均工资变动情况

3. 居民消费支出结构进一步优化

改革开放以来，广东省城镇居民人均消费支出从 1978 年的 400 元上升

---

① 国家统计局。

到 2024 年的 35818 元。与过去的消费结构相比，广东省城乡居民消费结构正在由生存型消费向发展型消费升级、由物质型消费向服务型消费升级、由传统型消费向新型消费升级。具体而言，1978~2023 年，虽然城乡居民用于食品、衣着的消费支出规模不断上升，但城乡居民的恩格尔系数持续下降，从 1978 年的超过 60%（城镇 61.7%，农村 66.63%）降至 2022 年的 40% 以下（城镇 31.2%，农村 37.6%）。物质性消费基本得到满足，在经过"井喷式"消费扩张后，城镇居民家庭的"大件"基本普及，农村居民家庭的"大件"普及度也明显提高。2022 年全省平均每百户居民年末拥有家用汽车 53.04 辆、计算机 68.07 台，冰箱、洗衣机几乎家家户户普及。1978~2023 年广东居民生活水平的变化如图 4-7 所示。

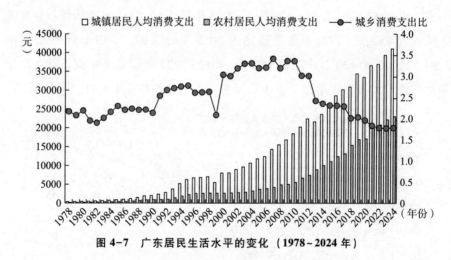

图 4-7　广东居民生活水平的变化（1978~2024 年）

（二）社会结构优化：中等收入群体规模持续扩大

共同富裕还表现在社会的阶层结构上。社会学者认为，良好的社会结构应该是"纺锤"型、"橄榄"型的稳定结构或者是中等收入群体占比较高的人口收入结构。现代社会阶层的结构是"橄榄"型，有较大规模的社会中间阶层（即中等收入者），与此相反，传统社会阶层结构表现为倒"丁"字形结构，极少数群体位于社会金字塔的顶端，绝大部分人处于社会的底端。广东省作为中国改革开放的前沿阵地，其社会结构发生了深刻变化，新经济组织和社会组织不断扩大，人们或受雇于私营企业，或成为个体户、企业主，出现了专业技术阶层、管理阶层、私营企业主阶层和个体户阶层。在社会现代化的过程中，职业结构会经历一个动态的不断高级化的过程。正是较高层级职业的增加，为越来越多的社会成员提供了向上流动的机会。基于2005年1%人口抽样调查数据的分析发现，广东省人口的职业结构呈现合理化和高级化特征，从最初的"梯形"向"锥形"转变，职业结构中间层的人口比例变大①。

根据梅州、江门、深圳和韶关四市的800多户家庭抽样调查数据，采用国家统计局的方法以及均值上下限方法（下限按均值的70%计算、上限按均值的2.5倍计算）计算四市的中等收入群体比例，结果表明2022年中等收入群体约占44.57%，高收入群体约占6.40%。如果分城市看，按照国家统计局标准计算，广东四市中等收入群体规模占比已达到47.22%，高收入群体占2.66%。作为一线城市的深圳，中等收入家庭占比最高，按当年价格计算，2022年约有73.66%的深圳居民家庭属于中等收入群体，9.27%的家庭属于高收入群体；其次是江门，2022年约有49.75%的家庭是中等收入群体，1.52%的家庭属于高收入群体；排在第三位的是韶关，2022年中等收入群体家庭约占41.15%；最后是梅州，约24.5%的家庭是中等收入群体（见表4-3）。

表4-3 2022年四市中等收入群体规模

城市	相对标准			绝对标准（国家统计局方法）		
	非中等收入	中等收入	高收入	非中等收入	中等收入	高收入
梅州	75.5	24.5	0	75.5	24.5	0
江门	47.21	47.72	5.08	48.73	49.75	1.52
深圳	16.1	65.37	18.54	17.07	73.66	9.27
韶关	57.08	40.71	2.21	58.85	41.15	0
全体	49.03	44.57	6.40	50.12	47.22	2.66

（三）走向"均等化"：基本公共服务为共同富裕赋权

公共服务普及普惠是共同富裕的基本维度与判断标准之一。广东城乡

---

① 张国英：《广东省在业人口职业结构时空变迁：1982~2005》，《南方人口》2009年第1期。

基本公共服务正从服务均等化转为制度一体化，真正消弭城乡之间、地区之间的差异①。广东率先在全国建立了覆盖全省绝大部分常住人口的基本公共服务体系，实现城乡基本公共服务从低度覆盖到基本全面覆盖，从城乡二元的巨大差异到逐步缩小差异，从为本地户籍居民提供公共服务到对常住人口开放，逐步从"不平等"向"均等化"迈进②。公共财政预算支出从1999年的1000亿元增加到2023年的1.85万亿元（见图4-8），其中民生支出1.3万亿元，占比超七成③。已有研究发现，尽管各地方政府受经济发展水平、财政不平衡影响，各地市之间基本公共服务均等化水平存在显著差异，但整体水平稳中有升；珠三角地区和粤东粤西粤北地区的区域差异逐渐增大，但内部差异逐渐缩小④。随着经济的发展和政府认识的转变，广东实施居住证制度，推进常住人口享有均等化的基本公共服务。

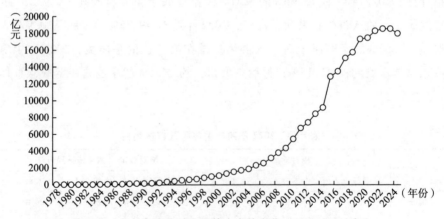

图4-8 广东省公共财政预算支出的变化（1978~2024年）

数据来源：根据相关年份《广东统计年鉴》数据制图。

---

① 左晓斯、吴开泽：《城乡基本公共服务：从服务均等化到制度一体化——基于广东省调查数据的分析》，《广东社会科学》2016年第6期。

② 蒋斌、王珺：《广东2035：发展趋势与战略研究》，社会科学文献出版社，2018。

③ 《广东省2023年预算执行情况和2024年预算草案的报告》，广东省人民政府网站，2024年1月24日，https://www.gd.gov.cn/attachment/0/542/542789/4361282.pdf。

④ 邵燕斐、郑若萍、陈晓敏：《地方政府基本公共服务均等化测度及空间差异研究——基于广东省21个地市的数据》，《石家庄铁道大学学报》（社会科学版）2016年第3期。

二 经验启示：坚持有效市场与有为政府的协同

改革开放以来，广东共同富裕实践成效显著，其实践中蕴含的规律、逻辑等经验对推动中国共同富裕具有启示意义。广东探索共同富裕的历程伴随着计划经济体制向市场经济体制的转型，资源配置方式由计划走向以市场配置为主。由于市场配置强调机会均等而非结果均等，若再分配制度不完善则容易扩大收入分配差距①。因此，广东共同富裕探索成就的取得离不开中国特色社会主义市场经济制度，也离不开党和政府的主动、积极作为。有效市场与有为政府的分析框架②可以解码广东共同富裕之路。

（一）坚持有为政府：完善再分配调节机制，守护共同富裕底线

1. 坚持党的领导是推进共同富裕的根本政治保证

人民立场是中国共产党始终坚持的根本政治立场，中国共产党作为马克思主义使命型政党，其领导核心作用是实现共同富裕的根本政治保障。首先，党的制度优势为共同富裕提供系统性保障。广东将"以人民为中心"的价值理性转化为"集中力量办大事"的制度效能，确保改革开放、脱贫攻坚、粤港澳大湾区协同发展等战略高效实施。党的组织体系为共同富裕提供结构性支撑，广东依托全省超 30 万个基层党组织形成的"纵向到底、横向到边"治理网络，使脱贫攻坚、乡村振兴等重大战略精准落地。其次，党的领导避免了西方多党制下政策短视化、利益集团化的痼疾。通过五年规划接续推进、对口帮扶、驻镇帮镇扶村等制度设计，构建起超越换届选举周期的长效治理框架。再次，中国共产党对生产关系的适应性调整有效遏制了贫富分化。在党的领导下，广东以"两个毫不动摇"巩固公有制主

---

① 蔡昉：《城乡收入差距与制度变革的临界点》，《中国社会科学》2003 年第 5 期；蔡昉、杨涛：《城乡收入差距的政治经济学》，《中国社会科学》2000 年第 4 期；林毅夫、刘培林：《中国的经济发展战略与地区收入差距》，《经济研究》2003 年第 3 期。

② 李兰冰：《中国区域协调发展的逻辑框架与理论解释》，《经济学动态》2020 年第 1 期；李楠、王继晨：《以有效市场与有为政府扎实推动共同富裕》，《湘潭大学学报》（哲学社会科学版）2022 年第 4 期；蔡承彬：《"有效市场"和"有为政府"更好结合扎实推进共同富裕》，《学术评论》2022 年第 3 期。

体地位，通过税收、社保等再分配制度调节资本逻辑的扩张张力，避免了西方国家"资本逻辑主导分配"的困境，确保财富创造与分配始终服务于全体人民根本利益。这种将政治势能转化为治理效能的实践，是对"政党—国家—社会"关系理论的创新性发展，为后发国家破解发展失衡难题提供了解决方案。

2. 改革和完善收入分配的基础性制度安排

收入分配的基础性制度主要包括由市场按照效率原则主导的初次分配、由政府通过税收和财政支出、社会保障支出等手段对初次分配的结果进行的再分配，以及在道德、文化、习俗等力量推动下的民间捐赠、慈善、志愿服务等帮扶行为，是对再分配的补充①。首先，坚持马克思主义政治经济学的劳动价值论。广东注重保护劳动所得，尤其侧重保障一线劳动者收入的稳步增长，提高劳动报酬在初次分配中的比重，确保居民共享发展成果。加大知识价值导向力度，完善事业单位岗位绩效工资制度，深化高校、科研机构、公立医院等事业单位收入分配制度改革。其次，健全再分配调节机制，促进城乡、不同区域、不同群体实现共同富裕。广东充分采取税收、社会保障、转移支付等分配调节机制，逐步解决城乡、区域发展不充分不平衡问题。例如，适当扩大对农村居民的转移性收入比重，加大对农村居民收入项目的转移支付力度；探索加快税收结构变革，形成有利于扩大中等收入群体的新税制；加强救助和帮扶，确保困难群众、困境儿童、残疾人等重点群体的各项补贴扶助落实到位。再次，制定第三次分配的鼓励性措施，营造一个更加鼓励慈善事业发展的制度环境，发挥第三次分配的作用。

3. 以基本公共服务均等化推进富裕机会均等

共同富裕不仅包括"做大蛋糕"和"分好蛋糕"的理念，还包括机会均等的理念。机会均等就是让每个人都有获得市场资源、向上流动和致富的机会。保证机会均等必须探索建立基本公共服务均等化制度，减少不同

---

① 厉以宁：《股份制与现代市场经济》，商务印书馆，2020；刘鹤：《坚持和完善社会主义基本经济制度》，《人民日报》2019 年 11 月 22 日。

地区人的发展机会的差别，让居民都有人生出彩的机会。例如，广东通过统筹发展城乡一体的社会保障体系，为共同富裕提供托底保障；通过增加公共支出，减轻城乡居民尤其是中低收入居民的教育、医疗、养老、住房负担；针对大量流动人口，广东深入推进基本公共服务均等化，淡化因户籍身份而导致的基本公共服务差异，农业转移人口入户城镇门槛全面降低，使千万家庭在城市安居乐业。

（二）完善有效市场：社会主义市场经济是共同富裕的关键支撑

1. 推进共同富裕必须坚持社会主义基本经济制度

发展社会主义市场经济成为促进共同富裕的关键支撑。广东共同富裕的探索实践，本质上是社会主义基本经济制度优势的在地化演绎。作为以公有制为主体、多种所有制共同发展的制度承载者，广东通过"两个毫不动摇"筑牢经济基础：2023 年末全省地方国资监管企业资产总额达 17.72 万亿元①，承担着港珠澳大桥、粤西水资源配置、乡村振兴等功能使命，同时，2023 年上半年民营单位的税收贡献超过 50%②，形成"国有资本定盘星"与"市场活力蓄水池"的共生格局。因此，推进共同富裕，必须坚持社会主义基本经济制度，在保证公有制经济主体地位的同时，充分利用资本发展社会主义，激发各类市场主体活力。这种制度设计契合马克思"生产决定分配"的经典论断，公有制主体地位确保土地、能源等核心要素的收益由全民共享。在分配维度，广东初次分配依托要素市场化改革，建立技术、数据等新型生产要素参与分配机制。再分配通过全省统一社保体系，将财政支出七成以上投向民生③。第三次分配则发挥社会组织的帮扶作用，支持慈善组织在促进共同富裕中发挥更大作用。例如，持续 14 年的"6·30"（广东扶贫济困日）品牌，吸引超千家社会组织、近万家企业、两千多万名

---

① 《广东国资国企的跨越式发展密码》，国务院国有资产监督管理委员会，2024 年 8 月 27 日，http://ysp.net.sasac.gov.cn/n2588025/n2588129/c31509806/content.html。

② 《5 大突出表现！〈广东省民营企业社会责任报告（2022~2023）〉发布》，南方网，2024 年 2 月 1 日，https://news.southcn.com/node_d16fadb650/42466296aa.shtml。

③ 《全省财政民生类支出占比超七成》，广东省财政厅网站，2025 年 1 月 27 日，https://czt.gd.gov.cn/mtgz/content/post_4656303.html。

爱心人士参与，累计募集社会资金 505.6 亿元①。广东的探索表明，社会主义基本经济制度既释放市场活力，又规避资本无序扩张。

2. 推进共同富裕必须实现更高质量更充分就业

首先，坚持以扩大市场就业机会、提供更多高质量就业岗位促进居民增收。工业化程度越高，职业结构越复杂多样，高级职业机会越多，工业化能够创造机会平等的职业结构②。因此，需要加快建设现代化产业体系，发展"互联网+"、人工智能等产业，促进职业结构升级，从而为城乡居民提供更多高收入的职业位置。同时，实施积极的就业政策，把稳定和扩大就业作为民生及社会发展的优先目标，优化升级援企稳岗政策，完善普惠性创业扶持政策，稳定市场主体，以创业带动就业，增加就业岗位。

其次，拓宽居民劳动收入和财产性收入渠道，增加居民收入。人力资本与财富资本是影响居民劳动收入和财产性收入的主要渠道。例如，通过激发技能人才、新型职业农民、农业转移人口、科研人才等重点群体活力，带动居民增收，提高技术工人待遇；推动建立企业技术工人工资正常增长机制，工资总额分配向高技能人才倾斜；通过实施职业技能提升行动提高居民就业技能和就业能力。

再次，拓宽农村居民收入渠道。农民和农业转移人口是最大的潜在中等收入人群。一方面，持续以户籍制度改革为抓手，重点解决农业转移人口随迁子女教育等公共服务问题，让农业转移人口在城市稳定就业安家；另一方面，努力增加农民和农业转移人口的财产性收入，通过深化农村土地制度改革，加快落实集体经营性建设用地入市改革，建设城乡统一的建设用地市场。

最后，健全工资决定和正常增长机制。完善企业薪酬调查及人工成本监测、企业工资集体协商等制度，完善与经济发展相适应的最低工资标准调整机制，深化国有企业工资决定机制和工资分配监管体制改革。探索通过土地、资本等要素使用权、收益权增加中低收入群体的要素收入。

---

① 《广东汇聚慈善力量，推动慈善事业高质量发展》，广东省民政厅网站，2024 年 9 月 6 日，https://smzt.gd.gov.cn/mzzx/tpxw/content/post_4490816.html。
② Donald Treiman, "Industrialization and Social Stratification", *Sociological Inquiry*, 1970, 40 (2): 207-234.

第五章
广东区域协调发展促进共同富裕实证分析

本章将应用第二章构建的指标体系对广东当前区域协调发展与共同富裕状态开展实证分析，横纵比较，找出短板，为后续战略和对策研究提供支撑。

第一节　广东区域协调发展实证分析

本章节以第二章讨论的兼具逻辑性与数据可得性的区域协调发展指标体系为基础，使用熵权法计算得到 2010~2022 年广东省 21 个地级以上市在区域协调发展指标体系不同维度上的分数。具体地，将分析各地级以上市的区域发展差距指数、区域发展协同指数、城乡发展差距指数、城乡发展融合指数（如表 5-1 至表 5-4 所示），进而研究各地级以上市的区域发展差距与协同指数、城乡发展差距与融合指数（如表 5-5 至表 5-6 所示），最终探讨各地级以上市的区域协调发展指数（如表 5-7 所示）。为消除价格因素的影响以及方便不同城市之间的对比，本章节对相关指标进行价格平减处理，且计算得出的得分均做乘 100 处理。同时，对个别缺失数据，使用插值法进行了补充。

一　广东各地级以上市区域协调发展指数

（一）二级指标

1. 区域发展差距指数

表 5-1 反映了 2010~2022 年广东省 21 个地级以上市的区域发展差距情

况，指数越高，表明区域发展越好。从表 5-1 可看出，2010～2022 年，广东省 21 个地级以上市的区域发展水平总体呈现上升趋势，表明 2010～2022 年广东各地级市在经济增长、绿色创新、公共保障和教育医疗等方面取得了显著的进步，推动了区域发展。其中，深圳、珠海和广州的指数长年居于前列，2022 年区域发展差距指数均在 30 以上，分别为 41.62、37.51 和 34.08；佛山、东莞、惠州和中山等部分珠三角城市次之，2022 年区域发展差距指数均在 20 以上；2022 年潮州区域发展差距指数最低，为 15.05。但是从 2010～2022 年增长率[①]来看，茂名的增长最为明显，2022 年茂名的区域发展差距指数是 2010 年的 4.07 倍，增长率达 306.51%；揭阳、河源的增长情况也比较理想，增长率分别为 280.18% 和 250.92%。

2. 区域发展协同指数

表 5-2 反映了 2010～2022 年广东省 21 个地级以上市的区域发展协同情况，指数越高，表明区域发展协同程度越高。从表 5-2 可看出，2010～2022 年，广东省 21 个地级以上市的区域发展协同程度总体呈现上升趋势，表明广东省在加强地区产业联系、平衡劳动力市场和资本市场价格、增强地区交通联系等方面取得了一定成效。从 2022 年的区域发展协同指数来看，广州、深圳和佛山的区域发展协同指数均在 20 以上，分别是 31.52、25.78 和 22.26，区域发展协同指数最低的是云浮，为 3.37；潮州、河源、梅州、韶关、汕尾、阳江的指数也较低，均低于 4。从 2010～2022 年区域发展协同指数增长率来看，云浮的区域发展协同情况得到大幅改善，2022 年的指数是 2010 年指数的 4.77 倍，增长率达 377.49%；阳江、河源、茂名的增幅同样较为明显，增长率分别为 361.40%、351.64% 和 343.81%；指数较低的汕尾、潮州的增长情况表现不佳，增长率分别为 40.16% 和 66.17%。

---

① 本研究使用定基增长率，计算公式为：增长率＝（2022 年指数－2010 年指数）/2010 年指数×100%。为表述简洁，指数保留到两位小数，增长率则使用原始数据计算得出，表 5-1 至表 5-16 皆如此。

表 5-1　2010~2022 年广东省 21 个地级市的区域发展差距指数

城市	2010年	2011年	2012年	2013年	2014年	2015年	2016年	2017年	2018年	2019年	2020年	2021年	2022年	增长率（%）
广州	17.70	19.38	20.54	21.63	23.54	25.13	26.61	28.20	28.30	29.39	31.30	31.96	34.08	92.49
深圳	22.51	24.74	26.63	28.03	29.33	31.71	34.31	36.90	37.55	38.74	38.34	39.69	41.62	84.92
珠海	19.30	20.45	23.43	24.42	25.20	27.24	28.79	31.24	34.24	34.62	35.88	36.56	37.51	94.33
汕头	5.75	6.95	8.07	9.03	9.53	12.55	13.69	15.06	15.40	15.99	16.77	16.78	17.26	200.31
佛山	15.82	16.94	18.93	19.96	20.85	22.77	23.76	25.31	26.08	25.79	26.23	27.02	28.87	82.53
韶关	8.94	9.62	10.34	11.24	11.95	14.58	15.33	16.36	17.55	18.65	19.46	19.52	19.80	121.63
河源	5.17	5.29	6.31	7.49	8.81	12.44	14.06	15.30	15.79	16.77	17.75	18.41	18.16	250.92
梅州	4.98	5.50	6.22	7.62	8.59	12.16	13.41	14.61	15.49	15.87	16.84	17.12	17.46	250.19
惠州	10.31	11.88	14.09	15.22	15.83	17.83	18.54	19.57	20.12	20.83	22.26	23.48	25.01	142.48
汕尾	5.35	5.51	6.57	7.64	8.24	11.97	13.68	14.08	14.64	13.67	14.39	15.39	16.92	216.13
东莞	13.65	15.15	16.24	17.33	17.80	18.99	19.35	20.35	21.67	21.88	23.97	25.00	26.72	95.77
中山	16.00	16.89	18.16	19.06	19.46	19.98	20.59	21.80	21.20	21.36	22.10	22.89	24.63	53.94
江门	8.63	10.38	12.02	13.07	13.82	16.70	17.66	19.31	19.80	20.58	21.40	21.95	22.44	159.89
阳江	6.01	6.49	8.03	9.01	9.89	13.35	13.62	14.37	14.50	15.21	16.42	17.21	17.92	197.98
湛江	5.06	5.13	6.17	7.36	8.10	11.41	12.30	12.96	13.93	14.57	15.45	15.69	16.65	229.23
茂名	4.24	4.77	6.21	7.11	8.43	11.73	13.47	14.89	15.28	15.52	16.18	16.26	17.23	306.51
肇庆	6.84	7.34	8.66	9.70	10.45	13.28	13.83	15.24	15.93	16.83	18.13	18.54	19.66	187.46
清远	6.72	6.83	7.93	8.55	9.44	12.31	13.21	13.96	14.33	15.41	16.30	17.08	17.97	167.16
潮州	4.88	5.37	6.32	6.93	7.62	10.60	11.42	11.92	12.71	13.54	14.53	14.14	15.05	208.17
揭阳	4.30	4.49	5.26	5.98	6.77	10.24	10.80	11.97	17.86	13.72	14.51	14.59	16.35	280.18
云浮	5.91	6.11	7.39	8.77	8.04	12.77	12.80	13.74	13.98	14.77	15.89	16.59	17.39	194.21

数据来源：根据《广东统计年鉴》、广东各地级市统计年鉴、广东省科技经费投入公报相关年份数据计算得出。

表 5-2　2010~2022 年广东省 21 个地级市区域发展协同指数

城市	2010 年	2011 年	2012 年	2013 年	2014 年	2015 年	2016 年	2017 年	2018 年	2019 年	2020 年	2021 年	2022 年	增长率（%）
广州	22.67	24.29	24.61	25.68	26.83	27.73	29.19	30.09	30.47	30.87	31.23	31.49	31.52	39.01
深圳	15.25	15.50	15.86	17.51	18.24	20.51	22.02	24.49	24.30	24.81	25.90	25.50	25.78	68.99
珠海	6.43	6.75	6.56	8.02	3.11	10.39	11.01	12.64	13.04	12.69	12.74	12.93	14.06	118.66
汕头	2.32	2.78	3.66	4.22	4.88	5.06	5.69	6.79	6.98	6.69	6.92	7.00	7.15	208.31
佛山	13.35	9.70	14.49	14.62	17.27	18.50	19.37	20.73	20.39	20.56	21.36	21.82	22.26	66.68
韶关	1.01	1.17	1.45	1.75	2.04	2.18	2.35	2.46	2.72	2.95	3.29	3.51	3.51	248.52
河源	0.79	0.89	1.18	1.33	1.81	2.14	2.39	2.68	2.89	2.99	3.32	3.51	3.58	351.64
梅州	1.26	1.02	1.08	1.36	1.71	2.16	2.37	2.67	2.98	3.05	3.25	3.36	3.56	181.58
惠州	7.16	8.02	8.38	8.65	9.38	10.60	11.10	11.42	11.13	11.38	12.11	11.76	12.39	73.14
汕尾	2.46	1.10	1.26	1.71	1.93	2.17	2.52	2.62	2.66	2.97	3.19	3.39	3.45	40.16
东莞	12.98	13.34	13.62	13.87	14.06	14.01	15.44	17.03	17.32	16.98	16.78	16.70	17.69	36.27
中山	12.53	13.82	14.63	14.64	14.44	14.37	14.78	15.13	15.35	15.85	16.35	16.46	16.54	32.03
江门	7.41	9.14	9.35	10.27	10.89	11.20	12.68	13.37	13.44	13.67	14.00	14.16	14.30	93.05
阳江	0.74	1.03	1.35	1.60	2.32	2.49	2.43	2.57	2.73	2.94	3.26	3.31	3.43	361.40
湛江	1.80	1.84	1.79	2.17	2.99	3.59	3.90	4.20	4.55	4.59	4.95	5.06	5.15	185.83
茂名	1.18	1.35	1.65	2.26	2.99	3.69	3.86	4.38	4.52	4.73	4.97	5.14	5.26	343.81
肇庆	2.49	4.12	4.46	4.88	6.05	6.60	6.85	7.01	7.27	7.35	7.71	7.78	7.92	218.17
清远	3.88	3.40	3.53	3.91	4.58	4.77	4.99	5.24	5.26	5.33	5.21	5.52	5.69	46.50
潮州	2.26	2.40	2.51	2.73	3.12	3.39	2.67	2.88	3.04	3.21	3.48	3.59	3.76	66.17
揭阳	2.31	3.05	3.66	4.28	4.99	4.84	4.62	3.91	3.98	4.17	4.33	4.43	4.54	96.90
云浮	0.71	0.95	1.37	1.74	2.06	2.31	2.13	2.48	2.74	2.82	3.02	3.26	3.37	377.49

数据来源：根据《广东统计年鉴》、广东各地级市统计年鉴、广东省科技经费投入公报相关年份数据计算得出。

3. 城乡发展差距指数

表 5-3 反映了 2010~2022 年广东省 21 个地级以上市的城乡发展差距情况，指数越高，表明城乡发展差距越小。从 2022 年的城乡发展差距指数来看，珠海最小，为 0.22；深圳最大，为 1.13。从 2010~2022 年城乡发展差距指数增长率来看，绝大部分城市实现负增长，表明城乡差距扩大。其中珠海的城乡差距变化最为明显，2022 年指数相比 2010 年指数缩小 69.97%；韶关情况较为理想，城乡发展差距有所缩小，城乡发展差距指数增长率为 11.17%；河源、云浮和揭阳三市的指数基本持平。

4. 城乡发展融合指数

表 5-4 反映了 2010~2022 年广东省 21 个地级以上市的城乡发展融合情况，指数越高，表明城乡发展融合程度越高。从表 5-4 可看出，除深圳（城镇化率达 100%）外，2010~2022 年广东省其余 20 个地级以上市的城乡发展融合程度整体呈现上升趋势，表明广东在推进城镇化、促进城乡劳动力流动等方面取得一定进展。从 2022 年的城乡发展融合指数来看，广州、佛山、中山、东莞位于前列，均在 6 以上；而肇庆、河源、云浮的指数较低，不到 3。从 2010~2022 年的城乡发展融合指数增长率来看，茂名、梅州的增长较为明显，增长率分别为 82.35% 和 71.48%；珠海、中山、佛山的增幅相对较小，但基数较大，总体情况表现理想。

（二）一级指标

1. 区域发展差距与协同指数

区域发展指数由区域发展差距和区域发展协同两个二级指标指数加总得到，指数越高，表明各地级市发展情况越好。表 5-5 反映了 2010~2022 年广东省 21 个地级以上市的区域发展差距与协同情况。从表 5-5 可看出，2010~2022 年，广东省 21 个地级以上市的区域发展水平和区域发展协同程度总体呈上升趋势。从 2022 年的区域发展差距与协同指数来看，深圳、广州的指数较高，在 60 以上，分别为 67.40 和 65.59；潮州的指数最低，仅为 18.81。从 2010~2022 年区域发展差距与协同指数增长率来看，茂名的增长幅度最大，2022 年指数为 2010 年指数的 4.15 倍，增长率达 314.66%；中

表5-3 2010～2022年广东省21个地级市的城乡发展差距指数

城市	2010年	2011年	2012年	2013年	2014年	2015年	2016年	2017年	2018年	2019年	2020年	2021年	2022年	增长率(%)
广州	0.74	0.85	0.56	0.64	0.71	0.61	0.61	0.58	0.49	0.52	0.50	0.48	0.38	-48.34
深圳	1.18	1.11	1.11	1.11	1.18	1.17	0.76	1.18	1.07	1.18	0.93	1.02	1.13	-4.43
珠海	0.75	0.81	0.72	0.64	0.85	0.85	0.83	0.75	0.76	0.62	0.62	0.61	0.22	-69.97
汕头	1.10	0.70	1.11	1.00	1.01	0.75	0.88	0.94	0.88	0.90	0.89	0.85	0.88	-20.65
佛山	0.91	0.89	0.81	0.85	0.81	0.82	0.81	0.79	0.78	0.36	0.76	0.65	0.72	-20.16
韶关	0.70	0.68	0.90	0.84	0.98	0.93	0.88	0.47	0.91	0.89	0.79	0.84	0.78	11.17
河源	0.98	0.99	0.99	0.99	0.63	1.03	0.92	1.01	0.92	0.94	0.99	0.96	0.97	-1.77
梅州	0.99	1.01	1.00	0.96	1.00	0.65	0.96	0.93	0.92	0.92	0.92	0.94	0.90	-8.61
惠州	0.91	0.86	0.89	0.81	0.92	0.93	0.89	0.87	0.83	0.81	0.79	0.79	0.79	-14.19
汕尾	1.05	1.02	0.96	0.96	1.00	0.98	1.00	0.97	0.99	0.92	0.98	0.92	0.90	-13.76
东莞	0.90	0.87	0.85	0.81	0.91	0.90	0.86	0.87	0.87	0.83	0.78	0.80	0.80	-11.27
中山	0.95	0.99	0.94	0.96	0.91	0.96	0.89	0.86	0.88	0.84	0.86	0.83	0.82	-13.91
江门	0.94	0.91	0.90	0.90	0.94	0.90	0.90	0.89	0.85	0.85	0.81	0.84	0.77	-18.85
阳江	1.04	0.99	0.98	1.00	0.99	0.99	0.95	0.94	0.95	0.92	0.95	0.97	0.92	-11.09
湛江	0.98	0.99	0.98	0.95	1.01	0.97	0.98	0.91	0.96	0.90	0.90	0.91	0.88	-9.61
茂名	1.03	1.02	1.01	1.02	1.01	1.03	1.04	0.99	0.95	0.95	0.96	0.94	0.96	-6.85
肇庆	0.98	1.01	0.93	0.98	0.98	0.99	0.98	0.96	0.95	0.91	0.90	0.94	0.88	-10.65
清远	1.00	1.01	0.96	0.94	0.97	0.97	0.94	0.94	0.91	0.84	0.86	0.91	0.83	-16.65
潮州	1.03	1.04	1.00	1.02	1.01	1.00	1.02	0.99	1.00	0.98	1.00	0.98	0.98	-4.65
揭阳	0.98	0.98	1.00	0.97	1.02	0.96	1.01	0.93	0.99	0.98	0.98	0.98	0.95	-3.29
云浮	0.99	1.06	1.00	0.99	1.06	1.03	0.98	1.00	0.97	0.97	0.99	0.98	0.97	-2.18

数据来源：根据《广东统计年鉴》和广东各地级市统计年鉴、各地级市统计公报相关年份数据计算得出。

表5-4 2010～2022年广东省21个地级市的城乡发展融合指数

城市	2010年	2011年	2012年	2013年	2014年	2015年	2016年	2017年	2018年	2019年	2020年	2021年	2022年	增长率（%）
广州	6.63	6.77	6.83	6.88	6.66	6.94	6.78	7.05	7.13	7.34	7.76	7.71	7.69	16.05
深圳	6.04	6.03	6.03	6.02	6.01	6.00	6.00	5.98	5.98	5.96	5.98	5.96	5.97	-1.14
珠海	5.23	5.28	5.21	5.25	5.22	5.27	5.27	5.18	5.16	5.30	5.46	5.46	5.41	3.46
汕头	4.19	4.32	4.35	4.54	4.45	4.23	4.24	4.42	4.59	4.60	4.92	4.92	4.86	15.83
佛山	6.72	6.93	7.06	7.02	6.94	6.92	6.85	6.87	6.86	6.36	6.87	7.17	6.87	2.25
韶关	2.43	2.49	2.56	2.63	2.55	2.57	2.68	2.69	2.72	3.32	2.97	3.19	3.26	34.28
河源	1.63	1.73	1.75	1.83	1.86	1.89	1.63	1.89	2.02	2.17	2.72	2.76	2.68	64.04
梅州	1.84	2.09	2.14	2.49	2.30	2.15	2.20	2.34	2.55	2.69	3.19	3.15	3.16	71.48
惠州	3.77	3.92	4.11	4.34	4.07	4.23	4.30	4.20	4.41	4.57	4.99	4.89	4.95	31.40
汕尾	2.78	2.93	2.95	3.04	3.04	3.01	2.98	3.05	3.13	3.19	3.43	3.43	3.47	24.66
东莞	5.68	5.74	5.77	5.82	5.72	5.83	5.92	5.98	6.02	6.16	6.38	6.30	6.37	12.17
中山	6.26	6.38	6.34	6.39	6.20	6.21	6.02	6.24	6.19	6.17	6.39	7.03	6.48	3.45
江门	3.64	3.76	3.79	3.87	3.72	3.77	3.70	3.81	3.91	4.08	4.51	4.59	4.41	20.90
阳江	1.95	2.21	2.34	2.53	2.36	2.44	2.22	2.50	2.59	2.70	3.10	3.11	3.13	61.03
湛江	1.91	1.94	2.05	2.16	2.01	2.03	2.21	2.17	2.27	2.42	3.40	3.22	3.18	66.90
茂名	1.66	1.84	1.84	1.99	1.75	1.89	1.84	1.99	2.16	2.32	3.03	3.11	3.02	82.35
肇庆	1.85	1.69	1.72	1.93	1.86	1.85	1.59	1.87	2.24	2.35	3.04	2.78	2.78	50.24
清远	2.23	2.25	2.26	2.36	2.30	2.14	2.45	2.25	2.52	2.61	3.21	3.21	3.13	40.58
潮州	3.35	3.53	3.52	3.62	3.52	3.52	3.17	3.54	3.57	3.58	3.77	3.80	3.74	11.73
揭阳	2.78	2.86	3.06	3.30	3.12	2.86	3.16	3.18	3.16	3.16	3.32	3.46	3.50	25.63
云浮	1.26	1.42	1.57	1.60	1.42	1.43	1.51	1.44	1.53	1.70	2.16	2.24	2.13	69.34

数据来源：根据《广东统计年鉴》、广东各地级市统计年鉴、广东农村统计年鉴相关年份数据计算得出。

表 5-5 2010~2022 年广东省 21 个地级市的区域发展差距与协同指数

城市	2010 年	2011 年	2012 年	2013 年	2014 年	2015 年	2016 年	2017 年	2018 年	2019 年	2020 年	2021 年	2022 年	增长率（%）
广州	40.37	43.68	45.15	47.31	50.38	52.87	55.79	58.29	58.76	60.26	62.53	63.45	65.59	62.46
深圳	37.76	40.24	42.49	45.53	47.57	52.21	56.33	61.38	61.85	63.55	64.24	65.19	67.40	78.48
珠海	25.73	27.20	29.99	32.44	28.31	37.63	39.80	43.88	47.28	47.31	48.62	49.49	51.56	100.41
汕头	8.07	9.73	11.73	13.25	14.41	17.61	19.38	21.85	22.38	22.68	23.69	23.78	24.42	202.61
佛山	29.17	26.64	33.42	34.58	38.11	41.27	43.13	46.03	46.47	46.35	47.59	48.84	51.13	75.27
韶关	9.94	10.79	11.79	12.99	13.99	16.76	17.68	18.82	20.27	21.60	22.75	23.04	23.31	134.48
河源	5.97	6.17	7.49	8.81	10.63	14.59	16.45	17.98	18.68	19.76	21.07	21.91	21.74	264.31
梅州	6.25	6.52	7.30	8.97	10.30	14.32	15.78	17.28	18.47	18.92	20.09	20.47	21.01	236.31
惠州	17.47	19.90	22.46	23.87	25.21	28.43	29.63	30.99	31.24	32.21	34.37	35.25	37.39	114.08
汕尾	7.81	6.61	7.83	9.35	10.17	14.15	16.20	16.70	17.30	16.64	17.58	18.78	20.36	160.74
东莞	26.63	28.49	29.87	31.20	31.85	32.99	34.79	37.38	38.99	38.86	40.74	41.70	44.41	66.77
中山	28.52	30.70	32.79	33.70	33.90	34.35	35.37	36.93	36.55	37.22	38.44	39.35	41.17	44.32
江门	16.04	19.52	21.37	23.35	24.70	27.90	30.34	32.68	33.25	34.25	35.40	36.11	36.74	129.03
阳江	6.76	7.52	9.38	10.60	12.21	15.84	16.06	16.94	17.22	18.15	19.68	20.52	21.36	215.98
湛江	6.86	6.97	7.97	9.53	11.09	15.00	16.20	17.16	18.48	19.16	20.40	20.75	21.80	217.83
茂名	5.42	6.12	7.86	9.37	11.42	15.42	17.32	19.27	19.80	20.25	21.15	21.41	22.49	314.66
肇庆	9.33	11.46	13.12	14.59	16.50	19.88	20.68	22.25	23.21	24.18	25.84	26.31	27.58	195.65
清远	10.61	10.24	11.46	12.47	14.02	17.08	18.20	19.20	19.58	20.74	21.51	22.59	23.65	123.01
潮州	7.15	7.76	8.83	9.66	10.74	13.99	14.09	14.80	15.76	16.76	18.01	17.72	18.81	163.23
揭阳	6.61	7.53	8.92	10.26	11.76	15.08	15.43	15.88	21.84	17.89	18.84	19.02	20.89	216.20
云浮	6.62	7.07	8.76	10.51	10.10	15.08	14.93	16.22	16.72	17.59	18.91	19.85	20.76	213.78

数据来源：根据《广东统计年鉴》、广东各地级市统计年鉴相关年份数据计算得出。

山、广州、东莞的基数较大，增幅相对较小，总体表现理想。

2. 城乡发展差距与融合指数

城乡发展指数由城乡发展差距和城乡发展融合两个二级指标指数加总得到，指数越高，表明各地级市城乡发展情况越好。表 5-6 反映了 2010～2022 年广东省 21 个地级以上市的城乡发展差距与融合情况。从表 5-6 可看到，除深圳（城镇化率达 100%）外，2010～2022 年，其余 20 个地级以上市总体呈现稳定或稳中有升的状态。从 2022 年城乡发展差距与融合指数来看，广州、佛山、中山、东莞、深圳的指数较高，均在 7 以上；云浮的指数最低，为 3.10。从城乡发展差距与融合指数增长率来看，茂名、梅州、湛江、阳江的增长比较明显；佛山指数基本稳定；珠海 2022 年指数较 2010 年指数下降 5.73%。

（三） 21 个地级以上市的区域协调发展指数

区域协调发展指数由区域发展和城乡发展两个一级指标得分加总得到，指数越高，表明各地级市的区域协调发展程度越高。从表 5-7 可以看出，2010～2022 年，广东省 21 个地级以上市的区域协调发展程度整体上升，表明广东在加快发展的同时，也注重加强地区间联系和缩小城乡差距。从 2022 年区域协调发展指数来看，深圳、广州的区域协调发展指数表现突出，均在 70 以上，分别为 74.49 和 73.67；而汕尾、潮州、云浮的指数较低，均不到 25。从 2010～2022 年的区域协调发展指数增长率来看，茂名的区域协调发展指数增速最快，2022 年指数是 2010 年指数的 3.26 倍，2022 年指数比 2010 年指数增长 226.35%；其余地级市的区域协调发展也呈现较好态势。

二 广东四大区域的区域协调发展指数

从上文各地级以上市的分析结果可以发现，广东省区域协调发展指数存在地理区域上的差异。本部分将广东省 21 个地级以上市划分为四大区域，即粤东、粤西、粤北与珠三角地区，以对广东省区域协调发展指数的区域差异性做进一步分析。本部分将各地级市的指数加总平均，得到四大区域 2010～2022 年的指数（如图 5-1 至图 5-7 所示）。

表 5-6 2010~2022 年广东省 21 个地级市的城乡发展差距与融合指数

城市	2010年	2011年	2012年	2013年	2014年	2015年	2016年	2017年	2018年	2019年	2020年	2021年	2022年	增长率（%）
广州	7.37	7.62	7.39	7.52	7.38	7.55	7.40	7.63	7.62	7.86	8.25	8.19	8.07	9.61
深圳	7.22	7.14	7.14	7.13	7.19	7.17	6.76	7.16	7.05	7.14	6.91	6.98	7.10	-1.68
珠海	5.98	6.09	5.93	5.90	6.08	6.12	6.10	5.93	5.91	5.92	6.08	6.07	5.64	-5.73
汕头	5.30	5.02	5.46	5.54	5.47	4.99	5.12	5.36	5.47	5.50	5.81	5.77	5.73	8.22
佛山	7.63	7.82	7.87	7.87	7.75	7.74	7.66	7.66	7.64	6.72	7.63	7.82	7.59	-0.41
韶关	3.13	3.17	3.46	3.46	3.54	3.50	3.56	3.16	3.63	4.21	3.76	4.03	4.04	29.10
河源	2.62	2.72	2.74	2.82	2.49	2.92	2.55	2.90	2.94	3.11	3.70	3.72	3.64	39.29
梅州	2.83	3.11	3.14	3.45	3.30	2.80	3.16	3.27	3.47	3.61	4.11	4.09	4.07	43.58
惠州	4.68	4.79	5.01	5.15	4.99	5.16	5.19	5.08	5.25	5.38	5.78	5.68	5.73	22.49
汕尾	3.83	3.95	3.91	4.00	4.04	3.99	3.98	4.02	4.12	4.11	4.41	4.36	4.37	14.16
东莞	6.58	6.60	6.62	6.63	6.63	6.73	6.77	6.85	6.90	6.99	7.16	7.10	7.17	8.97
中山	7.21	7.37	7.28	7.35	7.11	7.18	6.91	7.10	7.07	7.01	7.25	7.87	7.30	1.16
江门	4.59	4.67	4.69	4.78	4.66	4.67	4.60	4.70	4.76	4.93	5.33	5.43	5.17	12.73
阳江	2.98	3.20	3.32	3.53	3.35	3.43	3.17	3.44	3.54	3.61	4.05	4.08	4.06	35.91
湛江	2.88	2.93	3.03	3.11	3.02	2.99	3.19	3.08	3.23	3.31	4.30	4.12	4.06	40.98
茂名	2.69	2.86	2.85	3.02	2.76	2.92	2.88	2.99	3.11	3.27	3.99	4.05	3.98	48.10
肇庆	2.83	2.70	2.65	2.91	2.84	2.83	2.56	2.83	3.18	3.26	3.94	3.72	3.66	29.15
清远	3.23	3.26	3.21	3.30	3.27	3.11	3.38	3.19	3.43	3.52	4.07	4.12	3.97	22.89
潮州	4.38	4.56	4.54	4.63	4.61	4.53	4.19	4.53	4.57	4.56	4.77	4.77	4.73	7.87
揭阳	3.76	3.85	4.06	4.28	4.14	3.82	4.16	4.12	4.14	4.13	4.29	4.44	4.45	18.08
云浮	2.25	2.48	2.57	2.59	2.47	2.46	2.49	2.43	2.50	2.67	3.15	3.21	3.10	37.79

数据来源：根据《广东统计年鉴》、广东各地级市统计年鉴相关年份数据计算得出。

表 5-7 2010~2022 年广东省 21 个地级市的区域协调发展指数

城市	2010 年	2011 年	2012 年	2013 年	2014 年	2015 年	2016 年	2017 年	2018 年	2019 年	2020 年	2021 年	2022 年	增长率（%）
广州	47.74	51.30	52.54	54.83	57.75	60.42	63.19	65.92	66.38	68.12	70.78	71.64	73.67	54.31
深圳	44.98	47.38	49.62	52.67	54.75	59.38	63.10	68.55	68.91	70.69	71.15	72.17	74.49	65.62
珠海	31.71	33.30	35.93	38.34	34.39	43.76	45.90	49.81	53.19	53.23	54.70	55.56	57.20	80.39
汕头	13.36	14.75	17.19	18.79	19.88	22.59	24.51	27.21	27.85	28.18	29.50	29.54	30.15	125.58
佛山	36.80	34.46	41.28	42.44	45.87	49.01	50.78	53.69	54.11	53.07	55.22	56.66	58.72	59.59
韶关	13.07	13.96	15.25	16.45	17.53	20.26	21.24	21.98	23.90	25.81	26.52	27.06	27.35	109.26
河源	8.58	8.90	10.23	11.64	13.11	17.50	19.00	20.88	21.61	22.87	24.77	25.63	25.38	195.72
梅州	9.08	9.63	10.44	12.42	13.60	17.12	18.94	20.56	21.94	22.52	24.20	24.56	25.08	176.21
惠州	22.15	24.69	27.47	29.02	30.20	33.59	34.82	36.06	36.49	37.59	40.16	40.93	43.13	94.72
汕尾	11.64	10.56	11.75	13.35	14.21	18.14	20.18	20.71	21.42	20.76	21.99	23.14	24.73	112.54
东莞	33.21	35.09	36.48	37.83	38.48	39.73	41.56	44.22	45.89	45.85	47.91	48.80	51.58	55.32
中山	35.74	38.07	40.07	41.04	41.01	41.53	42.28	44.03	43.63	44.23	45.69	47.22	48.46	35.61
江门	20.63	24.18	26.06	28.12	29.36	32.57	34.94	37.38	38.00	39.18	40.73	41.54	41.91	103.16
阳江	9.74	10.73	12.70	14.13	15.56	19.26	19.23	20.38	20.77	21.77	23.73	24.60	25.41	160.82
湛江	9.74	9.90	10.99	12.65	14.11	18.00	19.39	20.25	21.70	22.47	24.70	24.88	25.86	165.52
茂名	8.11	8.98	10.71	12.39	14.18	18.34	20.20	22.26	22.91	23.52	25.14	25.45	26.47	226.35
肇庆	12.16	14.16	15.77	17.50	19.34	22.71	23.24	25.09	26.39	27.44	29.78	30.03	31.23	156.88
清远	13.83	13.50	14.67	15.77	17.30	20.19	21.58	22.39	23.01	24.26	25.57	26.71	27.62	99.65
潮州	11.53	12.33	13.38	14.29	15.36	18.52	18.28	19.33	20.33	21.32	22.78	22.50	23.54	104.17
揭阳	10.37	11.38	12.98	14.53	15.91	18.90	19.59	20.00	25.98	22.02	23.13	23.46	25.33	144.28
云浮	8.86	9.55	11.34	13.10	12.58	17.54	17.43	18.66	19.22	20.26	22.06	23.06	23.86	169.17

数据来源：根据《广东统计年鉴》、广东各地级市统计年鉴相关年份数据计算得出。

（一）二级指标

1. 四大区域的区域发展差距指数

图5-1反映了2010~2022年广东省四大区域的区域发展差距情况。从图5-1可看出，2010~2022年，广东省四大区域发展差距指数总体呈现上升趋势。其中，珠三角地区的区域发展水平明显高于粤东、粤西和粤北地区，这主要是因为珠三角地区作为广东的经济中心，拥有更强的经济发展基础、更环保的政策要求和更完善的社会保障体系，这些因素共同促进了珠三角地区的均衡发展。粤东、粤西和粤北地区的区域发展水平保持相对接近的状态，其中，粤北地区的区域发展水平略高于粤东和粤西地区。

图5-1 2010~2022年广东省四大区域的区域发展差距指数

2. 四大区域的区域发展协同指数

图5-2反映了2010~2022年广东省四大区域的区域发展协同情况。从图5-2可以看出，2010~2022年广东省四大区域发展协同指数总体呈现稳中有升趋势。与区域发展差距指数类似，珠三角地区的区域发展协同指数明显高于粤东、粤西和粤北地区。这是因为珠三角地区存在更密切的经济联系及更有活力的劳动力市场和资本市场。粤东、粤西和粤北地区的区域发展协同水平大致相当，粤北地区略低于粤东和粤西地区；粤西地区虽然一开始略低于粤东地区，但在2013年后稳步上升，已经与粤东地区的区域发展协同水平十分接近。粤西地区的产业结构较为多元化、交通网络相对

便利，且在推进新兴产业发展过程中激活了劳动力市场和资本市场，因此发展较为明显。

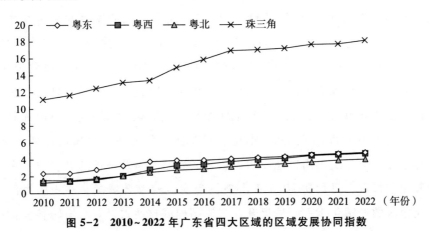

图5-2　2010~2022年广东省四大区域的区域发展协同指数

3. 四大区域的城乡发展差距指数

图5-3反映了2010~2022年广东省四大区域的城乡发展差距情况。从图5-3可以看出，2010~2022年，四大区域的城乡发展差距指数虽有波动，但总体呈下降趋势，表明广东整体城乡发展差距扩大。2010~2022年，珠三角地区的城乡发展差距明显拉大，尽管城乡消费支出差距缩小，但城乡人均可支配收入差距进一步扩大。由于2014年前后城乡居民人均可支配收入数据的统计口径发生变化，因此2010~2014年指数波动较为明显。

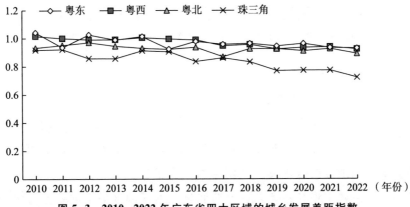

图5-3　2010~2022年广东省四大区域的城乡发展差距指数

4. 四大区域的城乡发展融合指数

图 5-4 反映了 2010~2022 年广东省四大区域的城乡发展融合情况。从图 5-4 可以看出，2010~2022 年广东省四大区域的城乡发展融合指数虽有波动，但总体呈上升趋势，表明广东省城乡发展融合水平整体上升。其中，珠三角地区的城乡发展融合程度明显高于粤东、粤西和粤北地区，这得益于珠三角地区更高的城镇化水平和更顺畅的农村劳动力转移。而在粤东、粤西和粤北地区中，粤东地区的城乡发展融合指数高于粤西和粤北地区，这是因为汕头、潮州、汕尾、揭阳四市的常住人口城镇化率较高，且粤东地区的建筑占用耕地面积也较多。粤西和粤北地区的城乡发展融合指数比较接近，且均在 2020 年出现较为明显的上升情况，这表明粤西和粤北地区的城镇化水平明显提升，产业结构调整使农村劳动力转移承接更为顺畅。

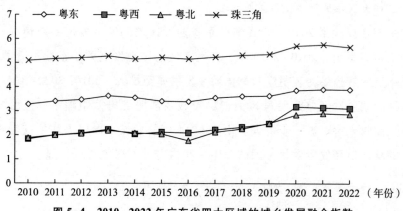

图 5-4 2010~2022 年广东省四大区域的城乡发展融合指数

（二）一级指标

1. 四大区域的区域发展差距与协同指数

图 5-5 反映了 2010~2022 年广东省四大区域的区域发展差距与协同情况。从图 5-5 可以看出，广东省四大区域的区域发展差距与协同指数稳中有升，珠三角地区的区域发展差距与协同水平显著高于粤东、粤西和粤北地区，且保持稳定增长；粤东、粤西和粤北地区的区域发展差距与协同水平相近，与珠三角地区存在较大差距，从 2019 年开始，粤东地区的区域发

展差距与协同水平略低于粤西和粤北地区。

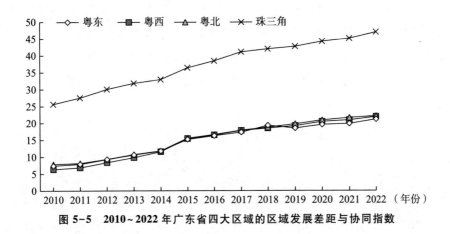

图 5-5　2010~2022 年广东省四大区域的区域发展差距与协同指数

2. 四大区域的城乡发展差距与融合指数

图 5-6 反映了 2010~2022 年广东省四大区域的城乡发展差距与融合情况。从图 5-6 可以看出，四大区域的城乡发展差距与融合指数虽有波动，但总体呈现上升趋势。得益于更高的城镇化水平和更顺畅的农村劳动力转移路径，珠三角地区的城乡发展差距与融合指数显著高于粤东、粤西和粤北地区；粤东地区的城乡发展差距与融合指数高于粤西和粤北地区；粤西和粤北地区的城乡发展差距与融合指数相近，并且在 2020 年出现较为明显的上升情况。

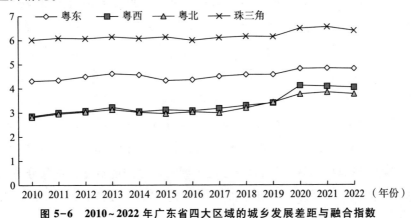

图 5-6　2010~2022 年广东省四大区域的城乡发展差距与融合指数

（三）广东省四大区域的区域协调发展指数

图 5-7 反映了 2010~2022 年广东省四大区域的区域协调发展情况。从图 5-7 中可以看出，虽然略有波动，但四大区域的区域协调发展指数总体呈现上升趋势。四大区域中，珠三角地区的区域协调发展指数显著高于粤东、粤西和粤北地区，粤东、粤西和粤北地区的区域协调发展指数较为接近。

图 5-7　2010~2022 年广东省四大区域的区域协调发展指数

第二节　广东共同富裕实证分析

本章节以第二章讨论的兼具逻辑性与数据可得性的共同富裕指标体系为基础，使用熵权法计算得到 2010~2022 年广东省 21 个地级以上市在共同富裕指标体系不同维度上的分数。具体地，本部分将分析各地级以上市的经济高质量发展、人民物质生活富裕、人民精神生活富裕、生活环境良好、收入差距、分配公平 6 个二级指标的得分（如表 5-8 至表 5-13 所示），进而研究各地级以上市在两个一级指标，即富裕与共享层面的得分（如表 5-14 至表 5-15 所示），最终探讨各地级市在共同富裕方面的表现（如表 5-16 所示）。为消除价格因素的影响以及方便不同城市之间的对比，本部分对相关指标进行价格平减处理，并对计算得出的得分均做乘 100 处理。同时，对于个别缺失数据，使用插值法进行了补充。

一 广东省各地级以上市共同富裕指数

（一）二级指标

1. 经济高质量发展指数

表5-8反映了2010~2022年广东省21个地级以上市的经济高质量发展情况，指数越高，表明经济发展质量越高。从表5-8可以看出，2010~2022年广东省21个地级以上市的经济发展质量总体呈上升趋势。从2022年的经济高质量发展指数来看，深圳、珠海的指数均在30以上，分别为36.18和30.13；广州、佛山、东莞紧随其后，指数均在20以上，梅州的指数最低，为6.28，仅为指数最高的深圳的约1/6。然而，经济高质量发展指数较低的城市有巨大的经济发展潜力，从2010~2022年的增长率来看，清远和河源的增长较为明显，增长率分别为238.73%和215.46%。

2. 人民物质生活富裕指数

表5-9反映了2010~2022年广东省21个地级以上市的人民物质生活富裕情况，指数越高，表明人民物质生活越富裕。从表5-9可以看出，2010~2022年广东省21个地级以上市的人民物质生活富裕程度总体呈稳步上升趋势，表明广东省在提高人均可支配收入和消费支出、降低恩格尔系数方面取得了一些成效。从2022年的人民物质生活富裕指数来看，深圳、广州、珠海、佛山、东莞、中山的指数均在20以上，而潮州、揭阳、云浮的指数较低，不到8。从2010~2022年的人民物质生活富裕指数增长率来看，河源的人民物质生活富裕程度得到了巨大提升，指数增长率高达1010.58%，增长超过10倍，湛江、清远、茂名的人民物质生活富裕程度同样得到了显著的提升，而指数较低的潮州、揭阳、云浮的增速却并不算突出。

3. 人民精神生活富裕指数

表5-10反映了2010~2022年广东省21个地级以上市的人民精神生活富裕情况，指数越高，表明人民精神生活越富裕。从表5-10可以看出，除惠州、中山、清远外，其余18个地级以上市的人民精神生活在2010~2022年得到了一定改善，具体体现在文化设施的普及上，即每万人拥有的"三馆"

表5-8 2010~2022年广东省21个地级市的经济高质量发展指数

城市	2010年	2011年	2012年	2013年	2014年	2015年	2016年	2017年	2018年	2019年	2020年	2021年	2022年	增长率（%）
广州	15.91	16.53	17.19	18.28	19.36	19.35	21.37	22.32	23.02	23.20	24.98	25.72	28.57	79.54
深圳	20.22	21.76	23.35	24.10	25.11	25.48	28.09	29.76	30.90	30.71	32.59	33.33	36.18	78.96
珠海	14.64	15.96	18.52	19.02	20.30	20.74	23.06	25.50	28.88	28.16	28.11	27.93	30.13	105.76
汕头	4.54	5.20	5.63	5.95	6.25	6.66	7.35	8.35	8.99	9.70	9.99	10.46	11.30	148.84
佛山	14.73	15.25	17.05	17.45	18.23	17.90	19.63	20.75	22.09	21.06	21.57	22.44	24.56	66.71
韶关	5.59	6.19	6.03	6.11	6.60	6.85	7.03	7.51	8.05	9.24	9.92	9.90	10.28	83.80
河源	2.54	2.59	3.06	3.72	4.14	4.54	4.57	5.32	5.43	6.04	6.63	7.55	8.00	215.46
梅州	2.19	2.53	2.59	3.03	3.25	3.65	3.64	3.80	4.29	4.76	5.18	5.97	6.28	186.53
惠州	7.85	8.82	10.39	11.26	12.05	11.96	12.89	13.92	15.03	15.73	16.88	18.06	19.82	152.69
汕尾	3.16	3.56	4.28	4.90	5.18	5.45	6.25	6.34	6.88	6.57	7.26	7.84	9.06	186.60
东莞	9.46	10.55	11.12	12.01	12.95	13.43	14.49	15.45	17.24	17.99	20.10	21.52	23.53	148.67
中山	12.16	12.92	13.96	14.53	14.81	14.51	15.58	15.83	14.66	14.68	15.32	15.36	17.70	45.53
江门	7.22	7.97	8.90	9.46	10.27	10.59	11.37	12.43	13.63	14.48	15.21	15.84	16.42	127.42
阳江	4.40	4.50	5.31	6.39	7.19	7.93	7.68	7.87	7.13	7.95	8.86	9.25	10.73	143.78
湛江	3.94	3.87	4.44	4.85	5.26	5.43	5.60	5.97	6.67	7.14	7.56	7.98	9.55	142.70
茂名	4.13	4.32	5.28	5.59	6.30	6.95	7.50	8.14	8.27	8.74	9.45	9.66	10.90	164.00
肇庆	5.01	5.27	6.18	6.78	7.12	7.89	8.55	9.08	9.37	10.38	10.90	11.03	12.92	157.95
清远	2.99	4.15	4.79	4.71	4.81	5.15	5.41	5.86	6.80	7.54	8.31	9.27	10.14	238.73
潮州	4.00	4.19	4.59	5.02	5.62	5.92	6.27	6.37	6.85	7.63	8.18	8.22	9.10	127.30
揭阳	3.30	3.39	4.08	4.54	4.88	5.74	5.53	6.02	6.65	8.05	8.29	8.35	8.95	171.58
云浮	3.39	3.13	3.68	4.03	4.38	4.64	4.86	5.16	5.12	6.20	7.01	8.25	8.75	158.03

数据来源：根据《广东统计年鉴》、广东各地级市统计年鉴相关年份数据计算得出。

表 5-9 2010~2022 年广东省 21 个地级市的人民物质生活富裕指数

城市	2010年	2011年	2012年	2013年	2014年	2015年	2016年	2017年	2018年	2019年	2020年	2021年	2022年	增长率（%）
广州	11.02	11.42	12.65	13.71	14.53	15.90	17.35	18.90	20.22	21.52	22.60	23.25	24.98	126.61
深圳	11.94	11.91	13.44	14.50	14.80	16.62	18.69	20.05	21.74	23.24	23.33	25.12	25.69	115.23
珠海	8.45	7.96	9.69	10.29	11.60	12.98	15.15	16.30	18.40	20.34	20.80	22.62	23.04	172.77
汕头	3.59	5.14	6.28	6.39	5.14	5.98	6.61	7.17	7.95	8.84	9.34	9.46	10.17	183.54
佛山	10.84	11.05	12.37	13.28	12.54	13.88	15.24	16.62	18.06	19.75	21.22	21.41	23.03	112.44
韶关	2.39	2.64	3.35	3.99	4.92	5.63	6.40	7.07	7.97	8.58	8.94	9.68	10.78	351.13
河源	0.75	0.55	0.96	2.38	2.84	3.42	4.12	4.86	5.70	6.47	6.85	7.53	8.28	1010.58
梅州	1.64	1.80	2.36	2.81	3.88	4.73	5.42	6.28	7.24	7.73	7.71	8.37	8.91	443.48
惠州	6.49	6.35	7.24	8.12	7.54	8.31	9.50	10.79	12.00	13.37	13.87	14.09	15.06	131.90
汕尾	1.30	1.50	2.31	2.74	2.91	3.58	4.07	4.34	4.98	5.70	6.33	6.68	8.10	523.97
东莞	12.86	13.16	14.76	15.26	13.15	13.96	15.08	16.13	17.53	18.86	19.66	20.70	22.46	74.71
中山	8.01	7.96	9.38	10.40	11.23	11.93	13.97	15.29	16.71	18.33	18.36	19.41	21.20	164.60
江门	4.93	5.32	6.22	6.43	6.07	6.66	7.65	8.50	9.20	10.73	11.12	11.71	12.54	154.25
阳江	2.70	2.88	3.62	3.78	4.66	5.54	6.36	7.29	8.05	8.36	8.60	9.40	10.23	278.08
湛江	0.79	0.69	1.71	2.22	3.15	3.68	4.30	4.92	5.62	6.57	6.56	7.55	8.24	938.96
茂名	0.99	1.49	2.27	2.68	3.80	4.57	5.21	5.73	6.60	7.38	7.90	8.32	9.30	837.48
肇庆	1.48	1.65	2.34	3.02	3.94	4.96	5.95	6.75	7.25	8.01	8.01	8.97	10.11	583.35
清远	1.00	1.39	2.05	2.36	3.48	4.23	5.04	6.31	7.11	7.68	8.26	9.08	9.97	900.53
潮州	2.27	2.51	3.36	3.81	3.57	4.01	4.50	5.10	5.71	6.31	6.64	6.70	7.61	234.78
揭阳	1.99	1.91	2.51	2.85	2.86	3.50	3.95	4.65	4.99	5.59	5.28	6.00	7.10	256.86
云浮	3.14	3.18	3.72	4.15	3.89	4.47	4.96	5.65	6.06	6.54	6.08	7.07	7.60	142.21

数据来源：根据《广东统计年鉴》、广东各地级市统计年鉴、各地级市统计公报相关年份数据计算得出。

表 5-10 2010~2022 年广东省 21 个地级市的人民精神生活富裕指数

城市	2010年	2011年	2012年	2013年	2014年	2015年	2016年	2017年	2018年	2019年	2020年	2021年	2022年	增长率（%）
广州	1.66	1.66	1.68	1.70	1.68	1.55	1.15	1.09	1.05	1.00	1.78	1.85	1.74	4.34
深圳	1.12	0.99	1.11	1.62	1.59	1.49	0.99	0.80	0.72	1.66	1.89	2.49	2.67	137.57
珠海	2.62	2.32	2.29	2.57	2.53	2.49	2.02	1.90	1.76	1.65	1.74	2.85	3.21	22.38
汕头	1.46	1.46	1.45	1.43	1.59	1.58	1.61	1.69	1.69	1.68	1.93	2.00	1.92	30.98
佛山	0.95	1.01	1.00	1.50	1.49	1.47	1.25	1.20	1.16	1.33	1.46	1.54	1.65	73.81
韶关	4.24	4.37	4.33	4.30	4.27	4.23	4.55	4.54	4.53	5.01	5.17	5.48	5.31	25.49
河源	2.63	2.61	2.58	2.71	2.68	2.67	2.86	3.20	3.38	4.37	3.41	3.57	3.57	35.51
梅州	2.82	2.91	2.89	2.78	2.76	2.75	2.98	3.01	3.05	2.38	4.56	5.03	5.29	87.63
惠州	1.37	1.36	1.34	1.34	1.33	1.32	1.06	1.12	1.09	1.21	1.27	1.26	1.34	-1.97
汕尾	1.75	1.70	1.69	1.98	1.97	1.96	2.19	2.21	2.23	2.24	2.09	2.59	2.42	37.92
东莞①	0.00	0.00	0.11	0.16	0.16	0.17	0.07	0.06	0.06	0.46	0.55	0.63	0.64	50948.00
中山	0.55	0.55	0.54	0.83	0.82	0.82	0.57	0.55	0.53	0.82	0.81	0.80	0.50	-9.71
江门	2.36	2.15	2.14	2.23	2.22	2.22	2.17	2.25	2.32	2.48	2.65	2.34	2.63	11.48
阳江	1.57	1.55	1.91	2.09	2.07	2.24	2.21	2.19	2.18	2.34	2.50	2.66	3.01	91.94
湛江	1.18	1.17	1.29	1.28	1.27	1.26	1.45	1.58	1.52	1.58	1.58	1.96	1.90	60.57

① 由于东莞市 2010 年和 2011 年的人民精神生活富裕指数较低，因此保留两位小数后为 0.00，具体分别为 0.00125 和 0.00000548。

续表

城市	2010 年	2011 年	2012 年	2013 年	2014 年	2015 年	2016 年	2017 年	2018 年	2019 年	2020 年	2021 年	2022 年	增长率（%）
茂名	0.93	1.00	1.06	1.05	1.04	1.03	0.99	1.05	1.04	1.10	1.08	1.08	1.07	14.84
肇庆	2.49	2.59	2.56	2.54	2.53	2.62	2.65	2.64	2.73	2.60	2.81	3.58	3.47	39.25
清远	3.03	3.00	3.10	3.20	3.17	3.28	3.35	3.33	3.31	3.52	2.92	2.91	2.91	-4.03
潮州	1.57	1.39	1.55	1.71	1.70	1.76	1.80	2.16	2.16	2.35	2.36	3.07	3.25	107.63
揭阳	0.92	0.99	0.98	1.05	1.04	1.04	1.11	1.12	1.13	1.14	1.15	1.23	1.22	32.75
云浮	2.79	2.77	2.72	2.71	2.69	2.86	2.96	2.96	2.96	2.96	2.96	3.14	3.33	19.14

数据来源：根据《广东统计年鉴》相关年份数据计算得出。

数量增加。从 2022 年的人民精神生活富裕指数来看，韶关、梅州的指数均在 5 以上，而中山、东莞的指数均低于 1。从 2010~2022 年的人民精神生活富裕指数增长率来看，东莞的指数虽然较低，但增长率极高，表明东莞在提升人民精神生活方面做出了积极努力；惠州、中山、清远的人民精神生活富裕指数有所降低，这是因为这些城市的常住人口数量增加，但是"三馆"数量并没有得到提升或者反而下降了；其余各地级市的改善情况则并不明显。

4. 生活环境良好指数

表 5-11 反映了 2010~2022 年广东省 21 个地级以上市的生活环境良好情况，指数越高，表明生活环境越良好。从表 5-11 可以看出，2010~2022 年，除深圳、肇庆外，其余 19 个地级以上市的生活环境得到了一定改善，具体体现在人均公园绿地面积的增加上。从 2022 年的生活环境良好指数来看，广州的指数最高，为 4.49；珠海的表现次之，为 4.08；深圳的生活环境良好指数较低，为 1.23；汕尾的生活环境良好指数最低，仅为 0.96。从 2010~2022 年的生活环境良好指数增长率来看，佛山、茂名、阳江的生活环境改善程度位居前列，而深圳、肇庆的生活环境却变差了，这与人民精神生活富裕指数降低的原因相似，城市发展导致常住人口增加，但公园绿地面积没有显著增加。

5. 收入差距指数

表 5-12 反映了 2010~2022 年广东省 21 个地级以上市的收入差距情况，指数越高，表明收入差距越小。从表 5-12 可以看出，2010~2022 年，除汕头外，其余 20 个地级以上市的收入不平等现象都得到了一定缓解，表明城乡居民可支配收入差距与行业间工资差距进一步缩小。从 2022 年的收入差距指数来看，各地级以上市的收入差距水平相近，绝大多数地级以上市的收入差距指数在 1 左右。其中，深圳的收入差距最小，广州的收入差距最大，但两者的指数也仅相差 0.56。从 2010~2022 年的收入差距指数增长率来看，珠海和深圳的收入差距得到了较大幅度的缩小，而汕头的收入差距有所扩大，其余地级市的收入差距缩小情况则并不明显。

表 5-11 2010~2022 年广东省 21 个地级市的生活环境良好指数

城市	2010年	2011年	2012年	2013年	2014年	2015年	2016年	2017年	2018年	2019年	2020年	2021年	2022年	增长率（%）
广州	1.03	1.96	3.31	3.33	3.47	3.95	4.03	4.20	4.28	4.51	4.40	4.74	4.49	335.04
深圳	2.36	2.39	2.42	2.45	2.49	2.51	2.37	2.22	2.05	1.93	1.95	1.19	1.23	-47.69
珠海	1.56	1.60	3.13	2.98	3.05	3.27	3.33	3.36	3.39	3.78	4.02	4.06	4.08	161.02
汕头	1.12	1.30	1.39	1.62	1.77	1.95	2.00	1.99	1.99	1.75	1.99	1.05	2.02	80.05
佛山	0.53	0.60	0.73	1.10	1.34	1.85	1.62	2.40	2.61	2.76	3.18	3.20	3.29	518.22
韶关	1.00	0.99	1.00	1.10	1.17	1.21	1.22	1.60	1.61	2.40	2.45	2.12	2.46	145.16
河源	1.09	1.09	1.09	1.17	1.21	1.22	1.24	1.29	1.47	1.48	1.37	1.83	1.62	47.98
梅州	1.00	1.02	1.02	1.31	2.18	2.45	2.53	2.56	2.54	3.35	3.24	2.46	2.52	151.02
惠州	0.80	1.11	1.92	2.47	2.61	2.75	2.78	2.79	2.47	2.35	2.47	2.28	2.28	185.98
汕尾	0.68	1.09	1.32	1.42	1.26	1.50	1.67	1.77	1.97	0.94	1.96	0.71	0.96	41.56
东莞	2.03	2.44	2.40	2.45	2.62	3.23	4.30	4.66	4.61	3.27	3.37	3.89	3.29	61.65
中山	1.03	1.48	1.75	2.65	2.77	2.94	2.95	2.39	2.36	2.40	1.72	1.00	1.96	89.74
江门	0.77	1.21	2.51	2.64	2.71	2.75	2.76	2.93	2.79	3.30	3.46	3.47	3.53	359.77
阳江	0.65	0.72	0.80	0.92	0.79	0.82	1.23	1.35	2.29	4.52	4.72	3.98	3.71	470.13
湛江	1.27	1.30	1.33	1.34	1.35	1.63	1.65	1.72	2.53	2.70	0.56	1.57	2.59	104.18
茂名	0.47	0.80	1.10	1.23	1.22	1.57	2.37	2.48	2.68	2.79	2.86	2.73	2.74	478.88
肇庆	4.21	4.17	4.20	3.91	3.76	3.63	3.53	3.45	3.41	3.16	3.40	2.70	3.19	-24.18
清远	0.86	0.89	0.92	2.22	2.29	1.37	0.47	1.27	1.69	1.67	1.81	1.96	1.89	120.62
潮州	0.56	1.12	1.30	1.38	0.64	0.64	0.39	1.19	1.28	1.50	1.94	1.57	1.63	189.52
揭阳	1.33	1.40	2.21	0.00	0.00	0.08	1.09	1.66	1.24	1.63	1.96	1.60	1.99	49.89
云浮	1.09	1.24	1.30	1.51	1.41	1.27	3.19	2.56	2.35	2.55	2.65	2.68	3.28	200.81

数据来源：根据《广东统计年鉴》相关年份数据计算得出。

表 5-12 2010~2022 年广东省 21 个地级市的收入差距指数

城市	2010年	2011年	2012年	2013年	2014年	2015年	2016年	2017年	2018年	2019年	2020年	2021年	2022年	增长率(%)
广州	0.50	0.92	0.92	0.91	0.78	0.65	0.70	0.77	0.83	0.81	0.76	0.73	0.77	52.90
深圳	0.61	0.66	0.67	0.69	1.36	1.35	1.35	1.35	1.38	1.34	1.33	1.33	1.33	118.84
珠海	0.41	0.40	0.49	0.50	1.08	1.04	1.10	1.04	1.06	1.07	1.07	1.09	1.05	158.13
汕头	1.32	1.31	1.31	1.31	1.09	1.10	1.11	1.11	1.12	1.13	1.14	1.14	1.16	-12.19
佛山	0.99	0.99	1.00	1.02	1.12	1.12	1.13	1.13	1.13	1.12	1.11	1.10	1.09	10.66
韶关	0.76	0.81	0.82	0.83	1.04	1.05	1.05	1.05	1.07	1.08	1.09	1.10	1.11	45.59
河源	0.94	0.99	1.02	1.02	1.11	1.11	1.12	1.13	1.15	1.17	1.19	1.20	1.21	28.49
梅州	0.95	1.01	1.04	1.04	1.11	1.11	1.12	1.12	1.12	1.13	1.14	1.15	1.17	23.10
惠州	0.85	0.91	0.91	0.93	1.09	1.08	1.09	1.09	1.09	1.10	1.11	1.12	1.13	33.45
汕尾	0.99	1.01	1.01	1.01	1.12	1.12	1.13	1.13	1.14	1.16	1.17	1.17	1.18	19.43
东莞	1.02	1.14	1.14	1.14	1.15	1.02	1.01	1.10	1.13	1.15	1.17	1.17	1.17	15.10
中山	1.13	1.19	1.19	1.20	1.20	1.21	1.22	1.21	1.21	1.22	1.24	1.24	1.24	10.18
江门	0.90	0.89	0.92	0.94	1.07	1.07	1.08	1.07	1.07	1.08	1.10	1.10	1.11	22.93
阳江	0.99	1.01	1.03	1.03	1.11	1.11	1.12	1.12	1.14	1.14	1.17	1.15	1.13	13.76
湛江	0.98	1.01	1.02	1.03	1.10	1.10	1.10	1.10	1.12	1.12	1.14	1.14	1.16	17.56
茂名	1.02	1.07	1.09	1.10	1.18	1.19	1.19	1.19	1.20	1.20	1.21	1.21	1.22	19.50
肇庆	0.97	1.02	1.02	1.04	1.15	1.16	1.16	1.15	1.15	1.15	1.17	1.17	1.18	21.16
清远	0.89	0.92	0.96	0.98	1.05	1.05	1.05	1.05	1.07	1.08	1.10	1.11	1.13	26.44
潮州	1.01	1.05	1.06	1.07	1.13	1.13	1.15	1.17	1.19	1.20	1.21	1.23	1.23	22.16
揭阳	0.91	0.92	0.94	0.95	1.08	1.10	1.10	1.12	1.14	1.16	1.17	1.18	1.19	31.08
云浮	1.00	1.07	1.06	1.06	1.16	1.16	1.15	1.16	1.17	1.18	1.19	1.20	1.20	20.47

数据来源：根据《广东统计年鉴》、国泰安数据库广东上市公司职工薪酬相关年份数据计算得出。

6. 分配公平指数

表 5-13 反映了 2010~2022 年广东省 21 个地级以上市的分配公平情况，指数越高，表明分配越公平。从表 5-13 可以看出，2010~2022 年，广东省 21 个地级以上市的分配公平程度总体呈上升趋势，表明广东省的劳动报酬占比、公共预算占比、人均执业医师数、社会保障覆盖率得到提升。从 2022 年的分配公平指数来看，大部分地级以上市的分配公平程度较高。其中，梅州虽然在经济发展质量方面的表现相对较差，但是分配公平指数最高，为 17.84；东莞的分配公平指数最低，为 9.35，分配公平指数同样低于 10 的还有佛山，这与东莞和佛山靠前的经济发展质量形成对比。从 2010~2022 年的分配公平指数增长率来看，茂名和揭阳的分配不公平现象均得到了巨大的改善，而深圳、珠海、中山等珠三角城市的改善情况则并不明显。

（二）一级指标

1. 富裕指数

表 5-14 反映了 2010~2022 年广东省 21 个地级以上市的富裕情况。富裕指数由经济高质量发展、人民物质生活富裕、人民精神生活富裕、生活环境良好 4 个二级指标指数加总得到，指数越高，表明各地级市越富裕。从表 5-14 可看出，2010~2022 年，广东省 21 个地级以上市的富裕水平总体稳步上升。从 2022 年的富裕指数来看，深圳和珠海的富裕指数较高，均在 60 以上，广州和佛山的富裕指数在 50 以上，深圳的富裕指数高于其他市，而揭阳、汕尾、河源、潮州的富裕指数较低，均在 20 左右。从 2010~2022 年的富裕指数增长率来看，茂名、清远、湛江、河源、梅州的富裕指数增长率达到 200% 以上，这 5 个城市的富裕指数虽然不高，但未来有很大的提升空间。

2. 共享指数

表 5-15 反映了 2010~2022 年广东省 21 个地级以上市的共享情况。共享指数由收入差距指数和分配公平指数加总得到，指数越高，表明各地级市的共享程度越高。从表 5-15 可看出，2010~2022 年，广东省 21 个地级以上市的共享程度总体呈上升趋势，收入差距进一步缩小，分配公平被更加重视。从 2022 年的共享指数来看，梅州的共享指数表现最突出，而佛山和

広東区域協調発展促進共同富裕研究

表5-13 2010～2022年广东省21个地级市的分配公平指数

城市	2010年	2011年	2012年	2013年	2014年	2015年	2016年	2017年	2018年	2019年	2020年	2021年	2022年	增长率(%)
广州	7.33	9.22	9.89	9.96	12.10	13.63	12.14	12.73	11.40	12.00	12.57	12.87	12.59	71.77
深圳	10.18	11.24	11.24	12.45	13.44	15.42	13.18	13.37	12.90	13.67	13.69	14.41	13.68	34.36
珠海	12.39	12.89	13.51	14.33	14.28	16.02	14.19	14.22	14.71	15.10	15.91	16.72	15.74	27.03
汕头	2.61	3.61	4.99	5.28	5.66	9.58	10.01	10.37	10.04	9.80	10.59	10.23	10.59	306.00
佛山	3.99	4.79	5.21	6.85	7.57	9.53	8.30	8.84	8.04	7.72	8.33	8.56	9.65	142.14
韶关	6.75	7.30	8.08	8.51	9.12	14.33	14.63	15.24	15.91	15.91	15.93	15.16	14.79	119.24
河源	6.36	5.85	6.84	7.81	9.40	15.27	16.61	15.36	15.98	16.51	16.86	15.62	15.22	139.18
梅州	6.62	7.30	8.02	9.31	10.94	16.83	17.49	17.70	18.69	18.00	19.03	18.06	17.84	169.28
惠州	5.43	6.61	7.92	8.21	8.69	11.70	10.80	11.27	10.84	10.77	11.41	11.42	11.26	107.21
汕尾	2.60	3.24	4.29	5.43	5.91	12.59	13.24	13.36	12.92	11.13	10.77	10.49	11.59	346.00
东莞	4.79	5.73	6.06	8.61	9.71	11.03	9.01	9.10	8.92	9.69	9.78	9.97	9.35	95.21
中山	7.11	7.68	8.15	9.92	10.36	11.75	9.90	10.68	10.76	10.28	10.45	10.82	10.70	50.47
江门	3.15	5.09	5.94	6.54	6.88	10.90	10.83	11.59	10.81	10.83	11.44	11.36	11.49	264.89
阳江	2.55	2.83	3.82	4.59	4.77	9.97	10.99	11.41	11.97	11.47	11.74	11.11	12.54	391.85
湛江	2.35	2.67	3.18	3.94	4.09	8.70	8.78	9.19	9.88	9.55	10.33	9.73	10.51	347.15
茂名	1.67	2.32	3.08	3.47	3.99	8.38	9.41	9.93	9.97	9.56	10.12	9.71	10.43	525.14
肇庆	3.31	3.19	4.05	4.87	5.33	8.99	9.24	9.47	10.18	10.03	11.34	10.79	11.44	245.61
清远	3.91	4.21	5.98	6.60	7.58	12.47	12.50	12.65	12.38	13.03	13.46	12.99	13.65	248.93
潮州	2.37	2.97	3.43	4.14	4.59	8.69	9.22	9.51	10.49	10.15	10.94	10.18	11.04	366.77
揭阳	1.77	2.09	2.74	3.50	3.70	8.39	8.66	9.40	8.86	8.75	9.62	9.09	10.44	491.34
云浮	3.96	4.57	5.19	5.85	7.04	11.93	12.50	12.72	13.13	13.49	13.76	13.06	13.72	246.21

数据来源：根据《广东统计年鉴》相关年份数据计算得出。

表5-14 2010~2022年广东省21个地级市的富裕指数

城市	2010年	2011年	2012年	2013年	2014年	2015年	2016年	2017年	2018年	2019年	2020年	2021年	2022年	增长率（%）
广州	29.63	31.57	34.83	37.02	39.04	40.75	43.89	46.52	48.58	50.23	53.76	55.57	59.78	101.74
深圳	35.63	37.04	40.31	42.67	43.98	46.10	50.14	52.83	55.41	57.55	59.76	62.13	65.77	84.58
珠海	27.27	27.83	33.63	34.86	37.48	39.48	43.56	47.06	52.43	53.93	54.67	57.46	60.46	121.67
汕头	10.71	13.09	14.74	15.40	14.75	16.16	17.57	19.20	20.61	21.98	23.25	22.97	25.40	137.16
佛山	27.05	27.90	31.15	33.32	33.59	35.10	37.74	40.97	43.92	44.90	47.44	48.59	52.53	94.17
韶关	13.22	14.19	14.71	15.49	16.95	17.92	19.20	20.72	22.17	25.23	26.48	27.18	28.84	118.11
河源	7.01	6.84	7.70	9.98	10.87	11.85	12.80	14.68	15.99	18.36	18.27	20.49	21.47	206.42
梅州	7.66	8.26	8.86	9.92	12.07	13.57	14.58	15.66	17.12	18.22	20.69	21.83	23.00	200.46
惠州	16.51	17.64	20.90	23.19	23.52	24.34	26.24	28.61	30.59	32.66	34.49	35.70	38.51	133.27
汕尾	6.89	7.86	9.61	11.04	11.31	12.49	14.18	14.66	16.06	15.45	17.64	17.81	20.53	197.96
东莞	24.35	26.15	28.39	29.88	28.88	30.79	33.94	36.30	39.44	40.58	43.67	46.74	49.91	104.96
中山	21.76	22.91	25.64	28.41	29.63	30.19	33.07	34.06	34.25	36.24	36.20	36.57	41.36	90.08
江门	15.28	16.65	19.77	20.76	21.28	22.23	23.94	26.11	27.94	30.98	32.44	33.35	35.12	129.83
阳江	9.33	9.65	11.64	13.18	14.71	16.53	17.48	18.71	19.65	23.16	24.68	25.29	27.67	196.78
湛江	7.18	7.03	8.77	9.68	11.02	12.00	13.00	14.19	16.33	17.99	16.26	19.06	22.28	210.35
茂名	6.53	7.61	9.71	10.55	12.36	14.13	16.08	17.40	18.58	20.00	21.30	21.79	24.01	267.94
肇庆	13.19	13.68	15.29	16.24	17.35	19.10	20.68	21.92	22.76	24.15	25.12	26.29	29.70	125.12
清远	7.88	9.43	10.86	12.49	13.75	14.02	14.28	16.76	18.90	20.41	21.29	23.22	24.91	216.19
潮州	8.40	9.21	10.80	11.92	11.52	12.33	12.95	14.83	16.01	17.80	19.12	19.56	21.58	156.86
揭阳	7.53	7.69	9.78	8.44	8.78	10.35	11.68	13.46	14.02	16.41	16.68	17.18	19.26	155.69
云浮	10.41	10.31	11.43	12.41	12.37	13.23	15.97	16.32	16.49	18.25	18.70	21.13	22.96	120.50

表 5-15 2010~2022 年广东省 21 个地级市的共享指数

城市	2010年	2011年	2012年	2013年	2014年	2015年	2016年	2017年	2018年	2019年	2020年	2021年	2022年	增长率（%）
广州	7.83	10.14	10.81	10.87	12.88	14.28	12.84	13.49	12.23	12.81	13.33	13.60	13.36	70.56
深圳	10.79	11.90	11.92	13.14	14.81	16.77	14.53	14.72	14.28	15.01	15.02	15.74	15.01	39.11
珠海	12.80	13.30	14.00	14.83	15.36	17.05	15.29	15.26	15.77	16.17	16.98	17.80	16.79	31.20
汕头	3.93	4.92	6.29	6.59	6.74	10.69	11.12	11.48	11.16	10.93	11.73	11.37	11.75	199.09
佛山	4.98	5.77	6.21	7.87	8.69	10.65	9.43	9.97	9.17	8.84	9.44	9.66	10.75	116.02
韶关	7.51	8.11	8.90	9.34	10.17	15.38	15.68	16.29	16.98	16.99	17.02	16.26	15.90	111.74
河源	7.30	6.84	7.86	8.84	10.51	16.38	17.73	16.49	17.13	17.68	18.05	16.82	16.43	124.96
梅州	7.57	8.31	9.06	10.35	12.05	17.94	18.60	18.82	19.82	19.13	20.18	19.21	19.01	150.96
惠州	6.28	7.52	8.83	9.14	9.77	12.78	11.89	12.35	11.93	11.87	12.52	12.54	12.39	97.23
汕尾	3.59	4.25	5.30	6.44	7.03	13.70	14.37	14.50	14.06	12.29	11.94	11.67	12.78	255.85
东莞	5.81	6.87	7.21	9.75	10.87	12.05	10.02	10.20	10.05	10.84	10.95	11.14	10.52	81.16
中山	8.24	8.87	9.33	11.12	11.56	12.95	11.11	11.89	11.97	11.50	11.69	12.06	11.94	44.94
江门	4.05	5.98	6.86	7.48	7.95	11.97	11.91	12.66	11.87	11.91	12.54	12.46	12.60	211.10
阳江	3.54	3.84	4.86	5.62	5.88	11.09	12.12	12.53	13.11	12.61	12.91	12.25	13.67	286.10
湛江	3.33	3.68	4.20	4.97	5.20	9.81	9.89	10.29	10.99	10.68	11.47	10.88	11.66	249.96
茂名	2.69	3.39	4.17	4.58	5.17	9.57	10.61	11.12	11.17	10.76	11.33	10.92	11.65	333.03
肇庆	4.29	4.21	5.08	5.91	6.49	10.15	10.39	10.62	11.32	11.18	12.50	11.97	12.62	194.58
清远	4.80	5.13	6.93	7.58	8.63	13.52	13.55	13.71	13.45	14.11	14.56	14.11	14.77	207.68
潮州	3.37	4.02	4.49	5.21	5.72	9.82	10.37	10.68	11.67	11.34	12.15	11.41	12.27	263.69
揭阳	2.68	3.01	3.68	4.44	4.78	9.49	9.76	10.52	9.99	9.90	10.79	10.27	11.64	334.61
云浮	4.96	5.63	6.25	6.91	8.20	13.09	13.65	13.88	14.30	14.67	14.95	14.26	14.92	200.74

东莞的共享指数较低。从 2010~2022 年的共享指数增长率来看，茂名和揭阳的共享指数增速较快，增长率分别为 333.03% 和 334.61%，而珠海和深圳的共享指数较高，增长幅度相对较小，增长率分别为 31.20% 和 39.11%。此外，中山的共享指数较低，为 11.94，共享指数增长也较为平缓，增长率为 44.94%，表明中山在共享程度的提升方面需做出更多的努力。

（三）广东 21 个地级以上市的共同富裕指数

表 5-16 反映了 2010~2022 年广东省 21 个地级以上市的共同富裕情况。共同富裕指数由富裕指数和共享指数加总得到，指数越高，表明各地级市的共同富裕程度越高。从表 5-16 可看出，2010~2022 年，广东省 21 个地级以上市的共同富裕水平总体呈上升趋势，表明广东省在追求经济富裕的同时，也高度重视社会资源的共享与公平分配。从 2022 年的共同富裕指数来看，深圳、珠海、广州的共同富裕指数表现突出，均在 70 以上，而揭阳、湛江、潮州、汕尾的共同富裕指数较低，均在 35 以下。共同富裕指数较高的城市往往富裕水平也较高，这在一定程度上表明实现共同富裕的基础是实现富裕。从 2010~2022 年的共同富裕指数增长率来看，茂名的共同富裕指数增速较快，增长率达到 286.94%，这是因为茂名自"十二五"以来富裕程度和共享程度均得到了显著提升。

二 广东省四大区域共同富裕指数

从上文各地级以上市的分析结果可以发现，广东省共同富裕指数同样存在地理区域上的差异。本部分继续根据第一节划分的四大区域，对广东省共同富裕指数的区域差异性做进一步分析。本部分将各地级市的指数加总平均，得到四大区域 2010~2022 年的指数（如图 5-8 至图 5-16 所示）。

（一）二级指标

1. 四大区域的经济高质量发展指数

图 5-8 反映了 2010~2022 年广东省四大区域的经济高质量发展情况。从图 5-8 可看出，2010~2022 年，四大区域的经济高质量发展指数总体呈上升趋势。其中，珠三角地区的经济发展质量明显高于粤东、粤西和粤北地

表 5-16　2010~2022 年广东省 21 个地级市的共同富裕指数

城市	2010 年	2011 年	2012 年	2013 年	2014 年	2015 年	2016 年	2017 年	2018 年	2019 年	2020 年	2021 年	2022 年	增长率（%）
广州	37.46	41.70	45.64	47.89	51.92	55.03	56.74	60.02	60.81	63.04	67.09	69.17	73.13	95.22
深圳	46.42	48.93	52.23	55.81	58.79	62.87	64.68	67.55	69.68	72.56	74.78	77.87	80.78	74.01
珠海	40.07	41.13	47.63	49.69	52.83	56.54	58.85	62.32	68.19	70.10	71.65	75.26	77.25	92.78
汕头	14.64	18.01	21.03	21.99	21.50	26.85	28.69	30.69	31.77	32.91	34.98	34.35	37.15	153.78
佛山	32.03	33.67	37.36	41.19	42.28	45.75	47.17	50.95	53.09	53.74	56.88	58.25	63.27	97.57
韶关	20.73	22.30	23.60	24.83	27.12	33.30	34.88	37.01	39.15	42.22	43.50	43.45	44.74	115.80
河源	14.31	13.68	15.56	18.82	21.38	28.23	30.53	31.17	33.12	36.04	36.33	37.31	37.90	164.85
梅州	15.23	16.57	17.92	20.27	24.12	31.51	33.18	34.48	36.94	37.35	40.87	41.04	42.01	175.85
惠州	22.79	25.15	29.73	32.33	33.30	37.12	38.12	40.97	42.51	44.53	47.01	48.24	50.91	123.34
汕尾	10.48	12.11	14.91	17.48	18.34	26.19	28.55	29.16	30.13	27.74	29.57	29.48	33.31	217.79
东莞	30.16	33.02	35.60	39.64	39.75	42.83	43.96	46.50	49.48	51.42	54.62	57.88	60.44	100.38
中山	30.00	31.77	34.97	39.53	41.19	43.15	44.18	45.95	46.23	47.74	47.90	48.63	53.30	77.68
江门	19.33	22.63	26.63	28.24	29.22	34.20	35.85	38.77	39.82	42.89	44.98	45.82	47.72	146.85
阳江	12.87	13.49	16.50	18.79	20.59	27.62	29.60	31.24	32.77	35.78	37.59	37.54	41.34	221.36
湛江	10.51	10.71	12.97	14.65	16.22	21.81	22.89	24.48	27.32	28.67	27.73	29.93	33.94	222.90
茂名	9.22	11.01	13.88	15.12	17.53	23.70	26.68	28.52	29.75	30.76	32.63	32.71	35.66	286.94
肇庆	17.48	17.89	20.37	22.15	23.83	29.26	31.08	32.55	34.08	35.33	37.62	38.25	42.32	142.15
清远	12.68	14.55	15.30	20.07	22.38	27.55	27.83	30.47	32.34	34.53	35.85	37.33	39.68	212.96
潮州	11.78	13.23	15.30	17.13	17.24	22.15	23.33	25.51	27.68	29.14	31.27	30.97	33.86	187.47
揭阳	10.21	10.70	13.46	12.88	13.56	19.84	21.44	23.98	24.01	26.31	27.47	27.45	30.90	202.60
云浮	15.38	15.95	17.68	19.32	20.58	26.32	29.63	30.21	30.79	32.92	33.65	35.39	37.88	146.39

区，这主要是因为珠三角地区作为广东省的经济中心，拥有更高的经济发展水平、更多的创新资源和更环保的政策要求，这些因素为发展提供了动力，共同推动了珠三角地区的经济高质量发展。此外，政府在制定经济政策时，可能会更倾向于支持珠三角地区经济发达的城市，以进一步发挥其经济增长极的作用。粤东、粤西和粤北地区的经济发展质量相对接近，其中，粤西地区的经济发展质量略高于粤东和粤北地区，这主要是因为粤西地区的交通网络较为便利，产业结构也较为多元化，积极发展新兴产业。粤北地区的经济发展质量一直低于其他 3 个地区，这主要是因为粤北地区以农业和林业为主导产业，产业附加值相对较低，对经济增长的贡献相对有限。而且粤北地区相对偏远，交通不便，限制了其与外界的经济交流和合作。相比之下，珠三角地区和粤东、粤西地区拥有更为便利的交通条件。

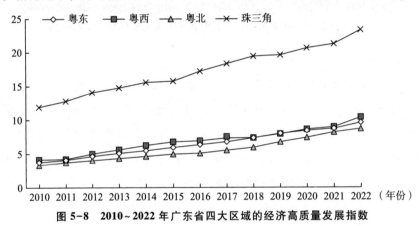

图 5-8　2010~2022 年广东省四大区域的经济高质量发展指数

2. 四大区域的人民物质生活富裕指数

图 5-9 反映了 2010~2022 年广东省四大区域的人民物质生活富裕情况。从图 5-9 可看出，2010~2022 年，四大区域的人民物质生活富裕指数虽有波动，但总体呈上升趋势。与经济发展质量情况类似，2010~2022 年，珠三角地区的人民物质生活富裕程度明显高于粤东、粤西和粤北地区，这与珠三角地区发达的经济密切相关。粤东、粤西和粤北地区的人民物质生活富裕程度相近，2014 年之前，粤东地区的人民物质生活富裕程度高于粤西和粤北地区，但在 2014 年，粤东地区的人民物质生活富裕程度出现下降，此

后虽然稳步上升，但是逐渐被粤西和粤北地区赶超。这是由于粤东地区的汕头市在 2014 年的人均可支配收入和人均消费支出指标得分下降，进而人民物质生活富裕指数出现明显下降。

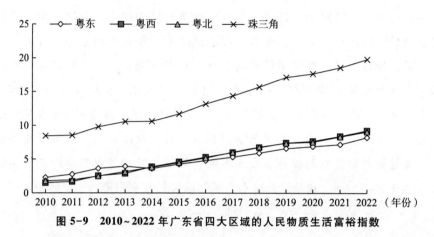

图 5-9   2010~2022 年广东省四大区域的人民物质生活富裕指数

3. 四大区域的人民精神生活富裕指数

图 5-10 反映了 2010~2022 年广东省四大区域的人民精神生活富裕情况。从图 5-10 可看出，2010~2022 年，粤北地区的人民精神生活富裕指数持续上升，且明显高于粤东、粤西和珠三角地区，表明粤北地区在满足民众精神文化需求方面的积极投入和显著成效。与此同时，粤东、粤西和珠三角地区的人民精神生活富裕指数虽然有所波动，但整体呈现上升趋势。其中，珠三角地区的人民精神生活富裕指数在 2016~2018 年持续下降，这是因为珠三角地区虽然"三馆"等文化设施数量众多，但庞大的常住人口基数导致人均可享受的精神文化空间相对有限。而粤东地区凭借其在"三馆"建设方面的持续投入，逐渐赶超珠三角地区，人民精神生活富裕指数升至第 2 位。

4. 四大区域的生活环境良好指数

图 5-11 反映了 2010~2022 年广东省四大区域的生活环境良好情况。从图 5-11 可清楚地看到四大区域的生活环境良好指数较低，说明各区域的人均公园绿地面积差距并不明显，但各区域的生活环境良好指数波动较大。与粤东和粤西地区相比，珠三角地区和粤北地区的生活环境良好指数波动

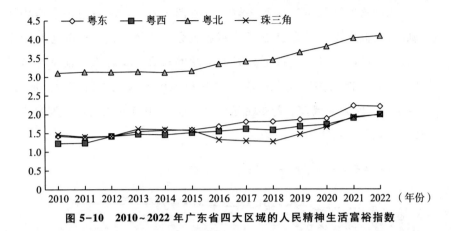

图 5-10　2010~2022 年广东省四大区域的人民精神生活富裕指数

较小，虽然个别年份有所回落，但总体呈上升趋势。粤东地区的波动最为明显，导致粤东地区的生活环境改善情况没有其他地区明显。粤西地区的生活环境良好指数总体提升较为显著，特别是 2017~2019 年，粤西地区的生活环境得到了明显改善，2019 年甚至超过珠三角地区，排名第 1，但在 2020 年，粤西地区的生活环境指数出现了较为明显的下降。

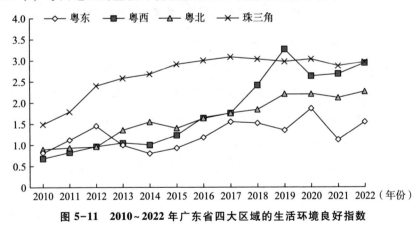

图 5-11　2010~2022 年广东省四大区域的生活环境良好指数

5. 四大区域的收入差距指数

图 5-12 反映了 2010~2022 年广东省四大区域的收入差距情况。从图 5-12 可看出，广东省四大区域的收入差距水平相近，且四大区域之间的指数差距逐渐缩小。其中，珠三角地区的收入差距指数最低，表明收入差

距最大。珠三角地区经济发展水平较高，资源丰富，这一特点不仅吸引了大量高收入人群聚集，以寻求更多的商业机会和投资空间，同时也吸引了众多低收入人群前来寻求获得更高劳务报酬的机会，这种人口流动导致珠三角地区收入层次的多样化，进而使珠三角地区的收入差距较大。此外，从2014年开始四大区域指数差距明显缩小，这与2014年人均可支配收入统计口径的变化有一定联系。

图 5-12　2010~2022 年广东省四大区域的收入差距指数

6. 四大区域的分配公平指数

图 5-13 反映了 2010~2022 年广东省四大区域的分配公平情况。从图 5-13 可看出，广东省四大区域的分配公平指数总体呈上升趋势，表明各区域在资源分配和社会公平方面都在不断努力改进。2015 年以前，珠三角地区以其高度的经济发展和社会治理水平，保持着最高的分配公平程度。然而，2015 年，粤东、粤西和粤北地区的分配公平程度均得到了显著提升，特别是粤北地区，自此一跃超过珠三角地区，成为分配最为公平的区域。另外，珠三角地区在 2016 年的分配公平指数出现明显下降，这主要是由于该区域内多个地级以上市的分配公平指数普遍下滑。这一年，珠三角地区大部分城市在全省范围内的分配公平表现并不突出。2016 年，珠三角地区与粤东、粤西地区的分配公平指数差距开始缩小，三大区域在此后的年份中保持了相近的分配公平程度。

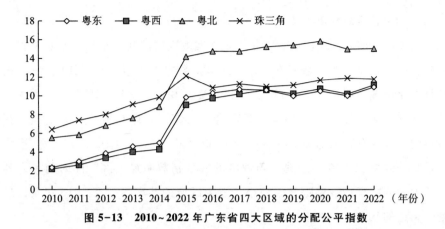

图 5-13　2010~2022 年广东省四大区域的分配公平指数

（二）一级指标

1. 四大区域的富裕指数

图 5-14 反映了 2010~2022 年广东省四大区域的富裕指数。由于人民精神生活富裕指数和生活环境良好指数较小，在富裕指数中占比较低，因此图 5-14 的总体变化情况与图 5-8 和图 5-9 的经济高质量发展指数和人民物质生活富裕指数变化相近。从图 5-14 可看出，广东省四大区域的富裕指数虽有波动，但总体呈上升趋势。珠三角地区的富裕程度显著高于粤东、粤西和粤北地区，且保持稳定的增长，这得益于珠三角地区强大的经济实力。粤东、粤西和粤北地区的富裕程度相近，从 2014 年开始，粤东地区的富裕程度略低于粤西和粤北地区。

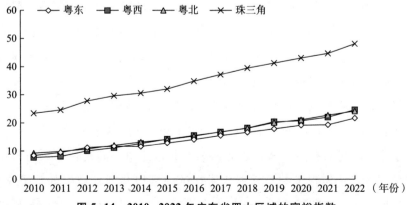

图 5-14　2010~2022 年广东省四大区域的富裕指数

2. 四大区域的共享指数

图 5-15 反映了 2010~2022 年广东省四大区域的共享指数。与富裕指数一样，由于收入差距指数非常小，在共享指数中占比很低，因此图 5-15 的总体变化情况与图 5-13 的分配公平指数变化相近。2010~2022 年，四大区域的共享指数总体呈上升趋势。2015 年，粤东、粤西和粤北地区的共享指数得到较大提升，并且在同一年，粤北地区超过珠三角地区，成为共享程度最高的区域。2016 年，珠三角地区的共享指数明显下降，同时与粤东和粤西地区的共享指数差距开始缩小，三大区域的共享程度在 2016 年及以后处于相近的状态。

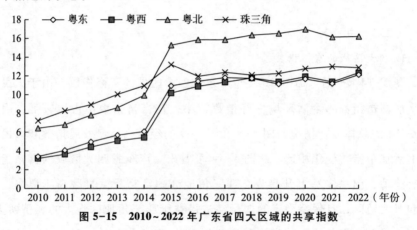

图 5-15　2010~2022 年广东省四大区域的共享指数

（三）广东四大区域的共同富裕指数

图 5-16 反映了 2010~2022 年广东省四大区域的共同富裕指数。受富裕指数和共享指数的共同影响，四大区域的共同富裕指数总体呈稳步上升趋势。在四大区域中，珠三角地区的共同富裕指数最高。粤东、粤西和粤北地区的共同富裕程度较为接近，其中粤北地区一直保持领先地位，粤北地区的经济发展质量虽然不如其他地区，但在人民精神生活富裕和分配公平方面表现出色，因此共同富裕程度高于粤东和粤西地区。2014~2015 年，由于共享指数的显著提升，粤东、粤西和粤北地区的共同富裕指数均出现了明显的提升。这体现了共享发展成果在推动区域共同富裕中的重要作用，粤北地区的排名也印证了这一点。而粤西地区自 2014 年起，逐渐赶超粤东

地区，升至共同富裕指数排名的第 3 位，这是因为粤东地区的富裕指数从 2014 年起成为四个区域中最低的富裕指数。

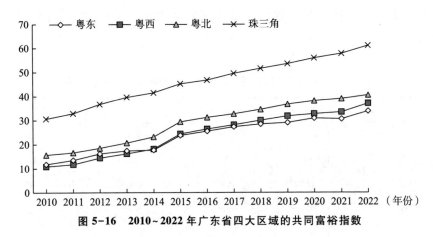

图 5-16   2010～2022 年广东省四大区域的共同富裕指数

第三节   广东区域协调发展与共同富裕关联性分析

本节根据第一节、第二节计算得到的广东省 21 个地级以上市区域协调发展与共同富裕的指标得分，对广东区域协调发展与共同富裕关联性进行初步分析。

一　区域协调发展与共同富裕的相关性

（一）区域协调发展二级指标与共同富裕二级指标相关性

表 5-17 是区域协调发展二级指标（X1 区域发展差距、X2 区域发展协同、X3 城乡发展差距、X4 城乡发展融合）与共同富裕二级指标（Y1 经济高质量发展、Y2 人民物质生活富裕、Y3 人民精神生活富裕、Y4 生活环境良好、Y5 收入差距、Y6 分配公平）之间的相关性分析结果。相关系数的绝对值越大，表明指标间的相关性越强。若相关系数数值为正，表明两者之间呈现正相关；反之，表明两者之间呈现负相关。从相关性强度来看，X1 与 Y1、Y2 的相关性均超过 0.9，相关程度较高。X2 与 Y1、Y2 的相关性均在 0.85 以上。X4 与 Y1、Y2 的相关性均在 0.8 以上。相比之下，其他指标

的相关性相对较弱，均在 0.65 以下。进一步分析可以发现，区域协调发展主要作用于 Y1 与 Y2 这两个二级指标。这在一定程度上表明，区域协调发展通过促进经济高质量发展，丰富人民物质生活，从而推动共同富裕的实现。

表 5-17　广东区域协调发展二级指标与共同富裕二级指标相关性

	X1	X2	X3	X4
Y1	0.948	0.868	−0.451	0.818
Y2	0.931	0.872	−0.528	0.837
Y3	−0.131	−0.423	−0.009	−0.497
Y4	0.542	0.491	−0.454	0.346
Y5	0.063	−0.134	0.331	−0.139
Y6	0.623	0.209	−0.273	0.156

（二）区域协调发展一级指标与共同富裕一级指标相关性

表 5-18 则是区域协调发展一级指标（X5 区域发展差距与协同、X6 城乡发展差距与融合）与共同富裕一级指标（Y7 富裕、Y8 共享）之间的相关性分析结果。相关性系数的绝对值越大，表明指标间的相关性越强。从相关性强度来看，X5 与 Y7 的相关性最高，超过了 0.97。X6 与 Y7 的相关性接近 0.8。然而，Y8 与 X5 和 X6 的相关性均较弱，低于 0.45。这在一定程度上表明，区域协调发展对共同富裕的主要作用机制在于 Y7，即通过把"蛋糕"做大来起作用的，而在 Y8 方面，区域协调发展的直接作用相对有限。

表 5-18　广东区域协调发展一级指标与共同富裕一级指标相关性

	X5	X6
Y7	0.971	0.796
Y8	0.439	0.134

二 区域协调发展对共同富裕的影响

2023 年 4 月，习近平总书记在广东考察时强调："全体人民共同富裕是中国式现代化的本质特征，区域协调发展是实现共同富裕的必然要求。"一方面，共同富裕的前提是实现生产力的极大发展。如果经济水平没有整体提高，共同富裕也就成了无源之水、无本之木。党和国家确立的区域协调发展目标，是以优化生产力布局、实现物质的极大丰富为基础的。各地区按照各自功能定位，相互协作，促进资源在不同地区间的合理流动和优化配置，推动产业结构的优化和升级，最终取得较高经济效益，为实现共同富裕夯实物质基础。另一方面，共同富裕不仅包括实现经济的发展，也包括保障和发展民生，促进基本公共服务均等化。区域协调发展也是一个涵盖生产、生态、生活多方位的概念，注重解决区域、城乡等不平衡问题。通过缩小各地区人均收入水平的差距，加强医疗、社会保障、交通和教育等基础设施建设，区域协调发展能够以经济社会的均衡发展促进共同富裕。

（一）区域协调发展的各级指标对共同富裕的影响

本部分采用实证回归的方法，分别分析区域协调发展总指数（X7）、一级指标得分（X5、X6）以及二级指标得分（X1 ~ X4）对共同富裕总指数（Y9）、一级指标得分（Y7、Y8）以及二级指标得分（Y1 ~ Y6）的影响。回归结果如下。

表 5-19 汇报的是 X7 对 Y9 的回归结果。X7 对 Y9 的回归系数为正，且在 1%水平上显著。这表明，区域协调发展对共同富裕具有显著的正向促进作用。

表 5-19 区域协调发展总指数对共同富裕总指数的影响

	Y9
X7	0.638 *** （0.088）
常数项	0.081 *** （0.019）

续表

	Y9
观测值	273
R^2	0.977

注：*** $p<0.01$，** $p<0.05$，* $p<0.1$，下同。

表 5-20 汇报的是区域协调发展一级指标 X5、X6 对共同富裕一级指标 Y7 和 Y8 的回归结果。X5 对 Y7 的回归系数为正，且在 1%水平上显著。这表明，区域发展差距越小，融合程度越高，有助于推动经济高质量发展。但 X6 对 Y7 的回归系数为负，且在 1%水平上显著，这一结果可能反映了城乡融合进程中资源再分配和政策调整带来的短期适应性挑战。X6 对 Y8 的回归系数为正，且在 5%水平上显著。这表明，城乡之间发展差距越小，协同程度越高，越有利于促进社会分配的公平，推动共享发展。而 X5 对 Y8 的回归系数尽管为负，但结果并不显著，不具有统计学意义。

表 5-20　区域协调发展一级指标对共同富裕一级指标的影响

	Y7	Y8
X5	0.808*** (0.122)	-0.184 (0.111)
X6	-2.179*** (0.707)	1.727** (0.721)
常数项	0.124*** (0.043)	0.008 (0.047)
观测值	273	273
R^2	0.956	0.873

表 5-21 汇报的是区域协调发展二级指标（X1~X4）与共同富裕二级指标（Y1~Y6）的回归结果。X1 在 1%水平上对 Y1、Y5 的系数为正，在 10%水平上对 Y6 的系数为正，表明区域间发展差距的缩小不仅有助于经济高质量发展，也有助于缩小收入差距、提升社会公平性。

表 5-21　区域协调发展二级指标对共同富裕二级指标的影响

	Y1	Y2	Y3	Y4	Y5	Y6
X1	0.512 *** (0.150)	0.141 (0.237)	0.028 (0.036)	−0.007 (0.088)	0.035 *** (0.009)	0.437 * (0.211)
X2	0.477 *** (0.099)	0.492 *** (0.117)	−0.064 ** (0.027)	0.011 (0.079)	0.005 (0.010)	−0.762 *** (0.153)
X3	−0.454 (0.624)	−2.336 ** (0.983)	0.428 (0.294)	−0.835 * (0.431)	0.208 *** (0.071)	0.547 (0.775)
X4	−0.712 (0.428)	−1.106 (0.751)	−0.201 (0.229)	0.231 (0.465)	−0.083 ** (0.031)	1.111 * (0.573)
常数项	0.026 (0.017)	0.067 (0.041)	0.022 ** (0.008)	0.012 (0.016)	0.006 *** (0.002)	0.007 (0.026)
观测值	273	273	273	273	273	273
R^2	0.916	0.928	0.429	0.370	0.554	0.915

X2 在 1% 水平上对 Y1、Y2 的系数为正，表明区域协调发展能够推动整体经济增长和居民物质生活富裕水平的提升。然而，X2 在 1% 水平上对 Y6 的系数为负，说明尽管区域协调发展促进了经济增长，但可能因资源、资本和高端就业机会向发达地区集中，导致对分配公平有负面影响。与此同时，X2 在 5% 水平上对 Y3 的系数为负，可能是因为区域协调发展在促进经济高质量发展时，还没有关注到人民精神文明的需求，对这部分的支出还不到位。

X3 在 1% 水平上对 Y5 的系数显著为正，表明城乡差距的缩小有助于缩小收入差距。然而，X3 对 Y2 和 Y4 的回归系数分别在 5% 和 10% 水平上显著为负，说明城乡差距缩小并不必然促进人民物质生活富裕水平和生活环境质量的提升，这可能与资源分配调整、产业布局变化等因素有关。

X4 在 5% 水平上对 Y5 的系数显著为负，这反映了城乡融合与发展过程中可能存在资源错配或政策落实偏差等情况，导致收入差距的进一步扩大。但是，X4 在 10% 水平上对 Y6 显著为正，表明城乡发展融合程度的提高有助于促进分配公平。

（二）区域协调发展对共同富裕的影响机制

上文结果表明，区域协调发展对共同富裕有显著的积极作用。在这一过程中，有五大关键战略的支撑作用不容忽视，即区域协调发展可以从科技创新、实体经济、人力资本、公共服务、体制机制的角度促进共同富裕。其中，可以使用研发支出占 GDP 比重衡量科技创新、人均 GDP 衡量实体经济水平、全员劳动生产率衡量人力资本、人均一般公共预算支出衡量公共服务，而体制机制由于量化难度较大，因此该角度的讨论主要以定性分析的形式展开。基于此，本部分主要探讨研发支出占 GDP 比重（Z1）、人均 GDP（Z2）、全员劳动生产率（Z3）、人均一般公共预算支出（Z4）对共同富裕各二级指标的影响，回归结果如表 5-22 所示。由于系数较小，本部分进行回归时对 Y1~Y6 做乘 1000 处理。

表 5-22　区域协调发展对共同富裕二级指标的影响机制

	Y1	Y2	Y3	Y4	Y5	Y6
Z1	22.290 ***	2.912	-1.345	-1.816	0.149	-10.002 **
	(0.680)	(4.720)	(1.361)	(3.021)	(0.262)	(4.218)
Z2	0.001 ***	0.001 ***	-0.000006	-0.00005	0.00001	-0.0008 **
	(0.00003)	(0.0002)	(0.0001)	(0.0002)	(0.00003)	(0.0004)
Z3	3.704 ***	-2.650 ***	-0.411	0.962	0.051	-0.833
	(0.146)	(0.826)	(0.328)	(0.824)	(0.090)	(0.928)
Z4	1.076	10.994 *	-0.262	-1.525	2.663 ***	2.728
	(1.233)	(5.824)	(2.321)	(3.353)	(0.412)	(10.458)
常数项	1.778	6.300	22.265 ***	10.451	7.103 ***	92.684 ***
	(1.380)	(10.474)	(3.365)	(6.536)	(0.703)	(11.009)
观测值	273	273	273	273	273	273
R^2	0.995	0.929	0.424	0.379	0.668	0.891

从科技创新对共同富裕作用的实证结果来看，Z1 在 1% 水平上对 Y1 系数显著为正，但在 5% 水平上对 Y6 系数显著为负，表明科技创新在推动经济增长的同时，可能加剧地区间技术"鸿沟"和分配不公平。科技是生产力发展的核心竞争力。科技创新驱动产业升级与结构优化，促进资源的高效配置与利用，助力经济高质量发展。但是，广东省各城市之间受各种因素影响，科技创新能力的差距仍然较大。而科技创新往往先对已经具备一定技术和资源基础的城市发挥作用，而欠发达地区可能被边缘化，进一步

导致城市间技术"鸿沟"的扩大，从而加剧社会分配不公平。

从实体经济对共同富裕作用的实证结果来看，Z2 在 1% 水平上对 Y1、Y2 系数显著为正，但在 5% 水平上对 Y6 系数显著为负，表明发展实体经济可以提高经济发展质量和人民物质生活富裕水平，但对分配公平有负面作用。实体经济是立国之本、强国之基、财富之源。党的二十大报告指出，建设现代化产业体系，坚持把发展经济的着力点放在实体经济上。区域协调发展通过政策引导和规划等，促进资源在不同地区间均衡配置，鼓励产业合理布局，推动发达地区的部分产业向欠发达地区转移，形成更加强韧有力的产业链，推动实体经济高质量发展，从而促进共同富裕。实体经济的发展还会创造大量的就业岗位，提升居民的收入水平，丰富人民物质生活。而实体经济对分配公平的负向作用，主要是由于劳动报酬、资本报酬失调引发的分配不公。

从人力资本对共同富裕作用的实证结果来看，Z3 在 1% 水平上对 Y1 系数显著为正，对 Y2 系数显著为负，人力资本水平的提高，有利于推动经济高质量发展，但对提高人民物质生活富裕水平有一定负面作用。区域协调发展可以通过优化教育资源配置，提升各地教育质量，从而提高整体人力资本水平。此外，区域协调发展还可以促进劳动力市场的流动性，打破区域间的人才流动壁垒，实现人力资本的合理配置。提升人力资本能够有效引导物质资本的运作，高技术的物质资本与高层次的劳动力相匹配，能够更好地发挥作用。人力资本的提升可以极大地作用于技术研发及应用，从而促进生产力的发展和劳动生产率的提高，推动经济高质量发展。[①] 然而人力资本水平的提高也带来一定的挑战。一方面，高技术工人的劳动力成本增加，进而增加生产成本和提高商品价格，影响人民物质生活富裕水平。另一方面，低技术工人的工资水平相对降低，物质生活富裕水平进一步受到影响。

从公共服务对共同富裕作用的实证结果来看，Z4 在 1% 水平上对 Y5 系

---

① 游士兵、李一枫：《提升人力资本水平 助推经济高质量发展》，《光明日报》2020 年 5 月 5 日，第 7 版。

数显著为正,在 10%水平上对 Y2 系数显著为正,表明公共服务水平的提高有利于提升人民物质生活富裕水平,并缩小收入差距。区域协调发展促进各地区间资源共享,不断缩小不同区域和城乡之间的公共服务差距,提升公共服务均等化水平。杨胜利等发现公共服务均等化水平的提升能够有效缩小城乡居民收入差距。① 通过均衡配置教育、医疗、社会保障和基础设施等公共服务,提升人民整体素质和健康水平,增强就业和创业能力,促进人民收入水平的提高。

区域协调发展的体制机制是实现共同富裕的重要保障。共同富裕是一项系统性工程,它需要多个领域工作的协同发力和集体变革作为支撑,区域协调发展的目标也与共同富裕具有高度的相关性与关联性。实现共同富裕,要求破除城乡二元结构,这就要求进一步加强要素市场化配置体制机制建设,促进要素在城乡间顺畅流动。区域协调发展通过建立跨区域合作的协调机制,促进各地区间要素自由有序流动,逐步形成区域间互利共赢的局面,为实现共同富裕提供了制度保障。②

---

① 杨胜利、王媛、冯丹宁:《共同富裕背景下公共服务均等化对城乡居民收入差距的作用机制与实践检验》,《石家庄铁道大学学报》(社会科学版)2024 年第 2 期。
② 肖金成、洪晗、申秀敏:《区域协调发展与共同富裕》,《华东经济管理》2024 年第 3 期。

第六章
广东区域协调发展促进共同富裕的时代使命

2023 年 4 月，习近平总书记在广东考察时强调："全体人民共同富裕是中国式现代化的本质特征，区域协调发展是实现共同富裕的必然要求。广东要下功夫解决区域发展不平衡问题……要积极推进以县城为重要载体的新型城镇化建设，加快构建现代乡村产业体系，发展新型农村集体经济，深入实施乡村建设行动，促进共同富裕。"① 这一系列明确要求，充分体现了党中央推进中国式现代化建设的坚定决心和坚强意志，为广东改革发展再上新台阶指明了前进方向，为广东以区域协调发展促进共同富裕提供了根本遵循。现实逻辑充分表明，区域协调发展是缩小区域发展差距的战略选择，而缩小区域差距又是实现共同富裕的必然前提，以区域协调发展促进共同富裕目标实现，这是广东扎实推进高质量发展这一首要任务的必然要求，也是广东"在推进中国式现代化建设中走在前列"必须肩负的时代使命。

第一节 广东区域协调发展促进共同富裕的时代价值

区域协调发展是指基于不同地理单元的要素禀赋优势，遵循地区发展

---

① 《习近平在广东考察时强调：坚定不移全面深化改革扩大高水平对外开放 在推进中国式现代化建设中走在前列》，中华人民共和国中央人民政府网站，2023 年 4 月 13 日，https://www.gov.cn/yaowen/2023-04/13/content_5751308.htm。

客观规律，从区域发展的整体出发，通过区域发展战略调整，实现区域发展相对均衡。区域协调发展主要是通过实施不同区域发展政策来体现的。纵观区域发展战略的历次演变，其本质是国家根据发展所处阶段要求，在适度公平和追求效率之间选择"政策天平"。我国区域发展战略大致经历了区域均衡发展、区域非均衡发展、区域非均衡协调发展和区域协调发展四个阶段。党的二十大报告提出："深入实施区域协调发展战略、区域重大战略、主体功能区战略、新型城镇化战略，优化重大生产力布局，构建优势互补、高质量发展的区域经济布局和国土空间体系。"① 可见，区域协调发展战略是当前我国地区间发展的根本战略。"在后小康时代，区域间发展不平衡逐渐成为我国实现共同富裕的重大挑战，而区域协调发展战略正是破解我国发展不平衡、不充分问题的重大战略。"② 区域协调发展战略与其他重大战略协同联动，共同促进共同富裕。

一 在推进中国式现代化建设中走在前列的必然要求

在全面建设社会主义现代化国家开局起步的关键时刻，习近平总书记亲临广东视察并发表重要讲话、做出系列重要指示，寄望广东在推进中国式现代化建设中走在前列，为广东奋进新征程、推进广东现代化建设指明了前进方向，注入了强大动力。广东要继续走在前列，担当时代使命，必须下功夫解决区域发展不平衡问题。以区域协调发展促进共同富裕，这是广东在推进中国式现代化建设中走在前列的必答题。

（一）区域协调发展是广东继续走在前列的内在要求

区域发展不平衡是广东高质量发展的最大短板，实现区域协调发展是实现共同富裕的必然要求。广东要在推进中国式现代化建设中走在前列，必须切实解决区域发展失衡问题。2023 年，珠三角地区人均 GDP 达到 14.04 万元，而东翼、西翼和山区的人均 GDP 均约为珠三角的 1/3（见图 6-1）。可见，珠

---

① 习近平：《高举中国特色社会主义伟大旗帜 为全面建设社会主义现代化国家而团结奋斗——在中国共产党第二十次全国代表大会上的报告》，人民出版社，2022，第 31~32 页。
② 曾鹏、魏旭：《区域协调发展战略推动共同富裕的内在逻辑及理论议题》，《云南师范大学学报》（哲学社会科学版）2023 年第 5 期。

三角地区和粤东粤西粤北地区的发展差异仍较大，解决区域发展不平衡问题依然任务重、难度大。

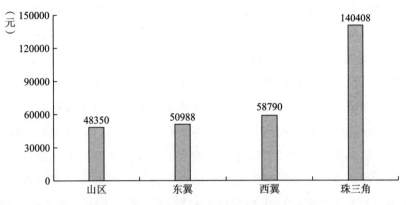

图 6-1　2023 年广东四大区域人均 GDP 比较

数据来源：《广东统计年鉴 2024》。

广东要在推进中国式现代化建设中走在前列，必须加快解决区域内部发展失衡问题。当前，区域发展不平衡问题不仅仅是欠发达地区的自身发展问题，也是广东高质量发展的整体问题。从一定意义上看，广东区域发展不平衡是全国发展不平衡的一个缩影，当前，区域发展不平衡也是全面建设社会主义现代化国家进程中需要逐步解决的一个问题。因此，广东在促进区域协调发展方面的探索，将为全国破解同类难题提供经验借鉴，具有重要示范价值。

（二）区域协调发展是广东迈向共同富裕的客观要求

在全面建成小康社会后，共同富裕有了扎实根基。当前，我国现代化建设将面临两项核心任务：一是巩固全面建成小康社会的发展成果，提高小康社会的质量，让人民生活更加美好；二是加快从相对富裕向全面富裕的转变，推动社会主义现代化的基本实现。[①] 区域协调发展战略是实现共同富裕目标的重大战略，从区域均衡发展战略演变至区域协调发展战略，都是国家基于不同发展阶段的时代背景，结合目标要求进行科学选择的重大

---

① 冯育林、郭台辉：《共同富裕战略与中国现代化国家的再构建》，《云南师范大学学报》（哲学社会科学版）2022 年第 2 期。

战略，都具有时代合理性。相较于区域均衡发展战略，区域协调发展战略是区域均衡发展战略的延伸发展，在目标指向上有着根本区别。实施区域协调发展战略，不是绝对均衡的发展，而是尊重地区发展差异的客观规律，发挥各地区的比较优势，构建并完善区域协调发展新机制，加强区域协同联动，形成优势互补、高质量发展的区域发展新格局。

实现区域协调发展，是广东迈向共同富裕的客观要求。党的十八大以来，广东区域发展平衡性和协调性有了较明显提高，民生福祉有了大幅提升，但地区差距、城乡差距和收入差距依然较大。如何更好地推进区域协调发展，着力提高发展的平衡性、协调性，在高质量发展中实现高品质生活，扎实推进共同富裕，是广东发展的重中之重。当前，广东全省上下深入推进"百县千镇万村高质量发展工程"这一系统工程，推进优势塑造、结构调整、动力增强、价值实现，推动全省县镇村高质量发展，在新起点上更好解决城乡区域发展不平衡不充分问题，促进城乡区域协调发展，充分展现了广东以区域协调发展促进共同富裕的智慧勇气和责任担当。

二　扎实推进高质量发展这一首要任务的客观需要

高质量发展是全面建设社会主义现代化国家的首要任务，是新时代的硬道理。扎实推进高质量发展这一首要任务，核心是要加快发展新质生产力，推动经济实现质的有效提升和量的合理增长。因此，区域不平衡的发展显然不是高质量发展，高质量发展既是实现区域协调发展的客观需要，又是破解区域发展不平衡难题的妙药良方。

（一）高质量发展蕴含区域协调发展要素

区域协调发展是推动高质量发展的关键支撑，是实现共同富裕的内在要求，是推进中国式现代化的重要内容。在高质量发展要素中，协调发展是其重要组成部分。高质量发展是体现新发展理念的发展，在五大新发展理念中，协调发展是其核心内容之一。因此，区域协调发展本身就是区域高质量发展的重要内容和内在特征。因此，"有必要将高质量发展要求融入区域协调发展战略中，在区域协调发展与区域高质量发展之间建立联动和衔接机制，推动形成区域高质量发展和协调发展同步推进的新格局"①。

广东扎实推进高质量发展这一首要任务，始终坚持把区域协调发展作为重中之重。解决区域发展不平衡问题是广东推动高质量发展，推进中国式现代化的广东实践的必然要求。从实践上看，广东为了从根本上激发区域平衡发展的更强动能，省委做出"1310"② 具体部署，发力点之一就是深入实施"百县千镇万村高质量发展工程"，把县镇村发展的短板转化为广东高质量发展的潜力板，努力在城乡区域协调发展上取得新突破。实践证明，"百县千镇万村高质量发展工程"把高质量发展与区域协调发展战略深度融合在一起，既有力地促进了乡村全面振兴和区域协调发展，也全面激活了高质量发展内生动力。"2023 年，广东县域地区生产总值增长 5.2%，112个镇入选全国千强镇，城乡居民收入比缩小到 2.36∶1。"③ "2024 年，城乡居民收入比缩小至 2.31∶1，17 个区、2 个县（市）、124 个镇获评全国百强区、百强县、千强镇"。④ 可见，把高质量发展要求融入区域协调发展战略之中，广东探索的路径可行，成效明显。

（二）区域协调发展需要坚持高质量发展

"理念是行动的先导，一定的发展实践都是由一定的发展理念来引领的。发展理念是否对头，从根本上决定着发展成效乃至成败。实践告诉我们，发展是一个不断变化的过程，发展环境不会一成不变，发展条件不会一成不变，发展理念自然也不会一成不变。"⑤ 高质量发展是在实践层面对新发展理念的贯彻落实，是体现新发展理念的发展，是全面建设社会主义现代化国家的首要任务。因此，高质量发展是对所有地区的普遍要求，无论是发达地区还是欠发达地区，都必须贯彻落实好新发展理念，走高质量

---

① 魏后凯：《统筹区域高质量发展和协调发展》，《经济日报》2024 年 4 月 30 日。
② 广东"1310"部署于 2023 年 6 月 20 日在中国共产党广东省第十三届委员会第三次全体会议提出，"1"指锚定"走在前列"总目标，"3"指激活改革、开放、创新"三大动力"，"10"指奋力实现"十大新突破"。
③ 李刚：《在推进中国式现代化建设中走在前列（推动高质量发展·权威发布）》，《人民日报》2024 年 3 月 30 日。
④ 王伟中：《2025 年广东省政府工作报告（全文）》，《南方日报》2025 年 1 月 20 日。
⑤ 习近平：《习近平谈治国理政》（第二卷），外文出版社，2017，第 197 页。

发展的路子，高质量发展要求为各个层面的区域协调发展规定了方向。也就是说，区域协调发展也要坚持高质量发展，这既是实现以区域协调发展促进共同富裕的根本要求，也是保障欠发达地区可持续健康发展的现实需要。

广东坚持把高质量发展理念贯穿于区域协调发展全过程，从空间尺度上对区域发展地理单元进行深化细化，从互促共进的角度对先发地区与后发地区的发展进行通盘考虑，对县镇村各自的功能定位科学把握，统筹县的优势、镇的特点和村的资源，探索区域城乡协调发展新路径。在县镇村高质量发展过程中，坚持从实际出发，尊重区域城乡发展规律，稳扎稳打，始终把高质量发展要求落实于具体实践中，体现在考核评价上；始终把增强县域经济综合实力，提升城镇建设能级，推进乡村全面振兴作为区域城乡协调发展的关键，在不同层级贯彻落实好新发展理念，走好高质量发展的路子。

三　统筹解决发展不平衡不充分问题的基本路径

发展不平衡不充分问题是当今世界普遍存在的问题，也是政府国家治理的一个重要目标。当前，我国社会的主要矛盾是人民日益增长的美好生活需要和不平衡不充分的发展之间的矛盾。在不同发展阶段，解决发展不平衡不充分问题的方法路径存在一些差异。从理论上看，不平衡问题主要是结构问题，不充分问题主要是质量问题。在中国式现代化的五大特征中，全体人民共同富裕是中国特色社会主义的本质要求。"中国式现代化是全体人民共同富裕的现代化，这是中国特色社会主义的本质要求，也是一个长期的历史过程。我们坚持把实现人民对美好生活的向往作为现代化建设的出发点和落脚点，着力维护和促进社会公平正义，着力促进全体人民共同富裕，坚决防止两极分化。"[①] 因此，以区域协调发展促进共同富裕，这是统筹解决发展不平衡不充分问题的基本路径，也是实现全体人民共同富裕

---

① 习近平：《高举中国特色社会主义伟大旗帜 为全面建设社会主义现代化国家而团结奋斗——在中国共产党第二十次全国代表大会上的报告》，人民出版社，2022，第22页。

的中国式现代化目标的必然要求。

（一）区域协调发展是破解发展不平衡难题的内在要求

发展不平衡是指各种发展要素在地理空间上存在差异，而且这种差异对整体发展产生消极影响。从空间上看，发展不平衡包括区域发展不平衡、城乡发展不平衡；从要素来看，发展不平衡包括产业发展不平衡、人口发展不平衡、公共服务供给不平衡和收入分配不平衡等。显然，不平衡要解决的是经济社会体系结构问题，主要是"比例关系不合理、包容性不足、可持续性不够，而制约生产率的全面提升"[①]，当前突出地表现为实体经济和虚拟经济不平衡、区域发展不平衡、城乡发展不平衡、收入分配不平衡、经济与社会发展不平衡、经济与生态发展不平衡。因此，区域协调发展是从区域尺度优化各种要素空间配置的重要战略，是破解发展不平衡难题的内在要求。

广东发展不平衡问题十分突出，城乡区域发展不平衡问题一直是广东发展的难题。当前，"广东实现高质量发展的突出短板在县、薄弱环节在镇、最艰巨最繁重的任务在农村，特别是县域经济总量较小、增长较慢、总体发展水平较低，县镇村内生动力不足，一体化发展政策体系不健全，资源要素从乡村向城市净流出的局面尚未扭转"[②]。以区域协调发展战略为牵引，以城乡融合发展为主要途径，以构建城乡区域协调发展新格局为目标，壮大县域综合实力，全面推进乡村振兴，持续用力、久久为功，把县镇村发展的短板转化为广东高质量发展的潜力板，是广东"百县千镇万村高质量发展工程"的目标追求，也是广东通过区域协调发展来破解发展不平衡难题的生动实践。

（二）区域协调发展是实现更加充分发展的重要前提

发展不充分是指各种发展要素在发展程度上没有得到展现，包括发展

[①] 《李伟谈经济"不平衡不充分" 今年需应对三大不确定性、三大风险》，百度百家号，2018年1月17日，https://baijiahao.baidu.com/s? id=15896700997279802l2&wfr=spider&for=pc。

[②] 《中共广东省委关于实施"百县千镇万村高质量发展工程"促进城乡区域协调发展的决定》，广东省人民政府网，2023年2月27日，http://www.gd.gov.cn/zzzq/gdyw/content/post_4101012.html。

数量规模不足、发展潜力释放不够、发展水平不高，最后集中表现为发展质量相对不足。显然，发展不充分是要解决发展规模、发展水平、发展程度和发展质量问题，高质量发展是解决发展不充分问题的根本路径。当前，区域发展不充分问题主要表现为市场竞争不充分、效率发挥不充分、潜力释放不充分、有效供给不充分、动力转换不充分和制度创新不充分等。① 实际上，不同区域间的发展不充分问题，既是区域发展不平衡问题的原因，也是区域发展不平衡问题的结果。因此，实现区域协调发展，是促进区域充分发展的重要前提。区域发展不协调，将会影响区域间资源要素的优化配置，不利于资源要素的充分发展。

广东发展不充分问题也十分突出，发展不充分是造成广东区域发展不协调的重要原因。无论是从发展数量上，还是从发展质量上，珠三角地区和粤东粤西粤北地区的发展程度与发展水平仍存在较大差距。广东实施"百县千镇万村高质量发展工程"，就是要把县镇村发展的短板转化为广东高质量发展的潜力板，把欠发达地区发展潜力充分释放出来，以充分发展促进城乡区域协调发展。从理论上看，实现既平衡又充分的发展，本质就是要将发展规模、速度、质量、结构、效益和安全统一起来，多维求解、综合求解。② 以"百县千镇万村高质量发展工程"促进城乡区域协调发展，抓住改革、开放、创新三大举措统筹推进"两类发展问题"协同解决，在解决发展不平衡问题中解决发展不充分问题，在解决发展不充分问题中解决发展不平衡问题，这是统筹推进"两类发展问题"协同解决、促进城乡区域协调发展的广东方案。

第二节　广东区域协调发展促进共同富裕的困难挑战

广东区域发展不协调是多种原因的综合结果。在不同的发展阶段，不

---

① 《李伟谈经济"不平衡不充分" 今年需应对三大不确定性、三大风险》，百度百家号，2018年1月17日，https://baijiahao.baidu.com/s? id=1589670099727980212&wfr=spider&for=pc。

② 李海舰、杜爽：《发展不平衡问题和发展不充分问题研究》，《中共中央党校（国家行政学院）学报》2022年第5期。

同原因对区域协调发展的影响权重也有差异。综合来看，只要制约区域协调发展的因素仍然存在，区域发展的差异就会存在。当前，广东"推动城乡融合发展还需持续发力，粤东粤西粤北产业基础依然薄弱。就业、教育、医疗、养老、托育等民生领域存在短板"①。因此，深入分析影响广东区域协调发展的困难挑战并探究其背后深层次原因，是解决广东区域发展不平衡问题的基本前提，也是实现广东以区域协调发展促进共同富裕的必然要求。

一　区域发展差异依然较为明显

区域发展差异是区域发展不平衡的结果，这种差异既是历史发展所积累，也受自然禀赋所制约，差异的存在具有长期性、客观性。衡量区域发展差异，涉及区域发展自然条件、区域经济发展水平和区域公共服务发展水平等多个维度。广东区域发展差异主要表现为珠三角地区和粤东粤西粤北地区的差异。显然，广东区域发展的这种差异是较长历史发展过程中所形成的，改变这种差异也需要持续用力，久久为功。

（一）区域发展自然条件有差别

自然地理环境是影响地区发展的基础条件。在较大尺度地理空间内，区域发展的自然地理因素往往是影响地区发展的关键性因素，这就要求各地区善于利用区域内的自然条件优势，找到本地区发展的差异化路径。广东区域发展自然条件有较大差别，珠三角地区地势低平、河网密集、交通便利，具备较优的区位优势，粤东粤西粤北地区虽然各自具有发展的自然条件优势，但整体区位发展条件仍有短板。

以区域人口密度为例，珠三角地区和粤东粤西粤北地区的人口密度存在较大差异。人口密度是反映区域可承载人口能力的综合指标。人口密度虽然可以直观地反映所在地的经济社会水平程度，但更深层的影响因素仍是自然地理环境。

2023 年，珠三角地区人口密度为 1437 人/千米^2，粤东粤西粤北地区为

---

① 王伟中：《2025 年广东省政府工作报告（全文）》，《南方日报》2025 年 1 月 20 日。

387 人/千米², 其中, 粤东地区为 1063 人/千米², 粤西地区为 488 人/千米², 粤北地区为 208 人/千米²。珠三角地区人口密度是粤东粤西粤北地区的 3.71 倍 (见图 6-2)。

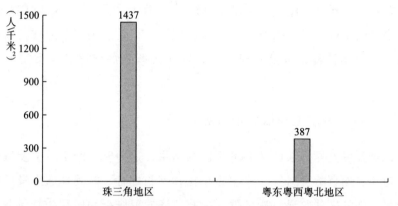

图 6-2　2023 年珠三角地区和粤东粤西粤北地区人口密度比较

数据来源:《广东统计年鉴 2024》。

（二）区域经济发展水平差异大

区域经济发展水平差异是区域发展不平衡的最直观表现。衡量区域经济发展水平差异的指标有很多,既有反映经济总量的综合指标,也有反映产业结构、发展潜力和发展效率的分项指标。"我国区域经济发展带来的差距主要表现为区域经济发展水平差距、城乡差距、收入差距等方面,这些问题是解决区域经济发展不平衡性问题的重中之重。"① 广东区域经济发展水平差异,同样表现为珠三角地区和粤东粤西粤北地区之间的差异。

以 GDP 为例,2023 年珠三角地区 GDP 为 11.02 万亿元,粤东粤西粤北地区为 2.55 万亿元,其中,粤东地区为 8390.78 亿元,粤西地区为 9362.60 亿元,粤北地区为 7705.08 亿元。珠三角地区 GDP 是粤东粤西粤北地区的 4.32 倍 (见图 6-3)。

———————

① 夏万军、余功菊:《我国区域经济发展不平衡性研究》,《安徽师范大学学报》(人文社会科学版) 2018 年第 4 期。

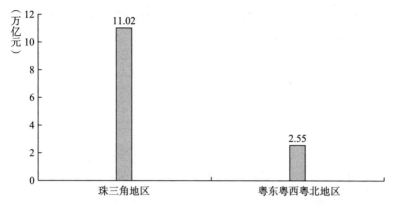

图 6-3　2023 年珠三角地区和粤东粤西粤北地区 GDP 比较

数据来源：《广东统计年鉴 2024》。

（三）区域公共服务水平差异大

区域公共服务发展水平及公共服务供给能力是支撑区域持续发展的重要因素。衡量区域发展平衡程度，除了直观的经济发展水平指标外，区域公共服务发展水平也是很重要的方面。随着经济发展阶段转换，地区社会发展水平状况已成为影响优质资源要素流动的重要原因。以人才资源为例，除了有竞争力的收入待遇外，所在地的发展平台、公共教育、公共卫生和公共文化等公共服务供给能力强和发展水平高，已成为吸引并留住人才的重要因素。同样地，衡量区域公共服务发展水平，既表现在公共服务供给能力方面，也体现在地方政府的服务质量与治理效率等方面。有研究表明，我国区域间高质量公共服务供给水平差距较大，且差距呈现扩大趋势，同时区域内部差距亦呈现扩大趋势。①

地方一般公共预算支出涵盖了教育、社会保障和就业、医疗卫生、节能环保、城乡社区事务、农林水事务、交通运输、住房保障等多个方面，是反映地区公共服务供给能力的综合指标。以人均地方一般公共预算支出为例，2023 年珠三角地区人均地方一般公共预算支出为 16023 元，粤东粤西粤北地区为 9023 元，其中，粤东地区为 7449 元，粤西地区为 8291 元，

---

① 高春亮、郑聪：《中国高质量公共服务测算与区域差异分析》，《哈尔滨师范大学社会科学学报》2024 年第 1 期。

粤北地区为 11384 元。珠三角地区人均地方一般公共预算支出是粤东粤西粤北地区的 1.78 倍（见图 6-4）。

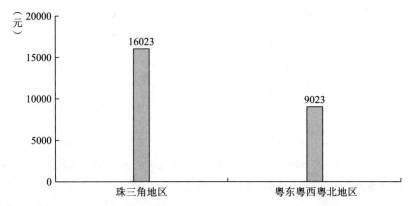

图 6-4　2023 年珠三角地区和粤东粤西粤北地区人均地方一般公共预算支出比较

数据来源：《广东统计年鉴 2024》。

二　要素趋利流动仍然难以避免

在市场经济条件下，要素趋利流动是最基本的规律之一。要素的组成可以分为生产要素、资本要素和市场要素等，它们之间相互作用，形成了多种要素组成的影响机制。① 在实践中，要素流动具备一定的趋利性，即流向具有较高收益的产业或地区，进而形成价值，产生利润。一旦出现经济运行风险，要素便流出，引发逆向流动。在经济发展过程中，任何经济形态和发展模式都会伴随着要素单向或者双向流动的现象。从要素流动角度看，区域发展不平衡本质就是优质要素配置的不平衡，是优质要素从欠发达地区向发达地区流失的过程。因此，只要区域间要素流动的"动力差"仍然存在，欠发达地区就存在优质要素流失的风险，区域发展间的差异就会越来越大。以生产要素中的人才、资金及区域营商环境为例，珠三角地区和粤东粤西粤北地区之间仍存在明显差异，在这种差异格局下，促进区域协调发展必然面临着重重挑战。

---

① 王阳：《要素流动对发达国家农业经济发展的影响研究》，《世界农业》2014 年第 4 期。

（一）区域人才资源分布悬殊

从人才分布规律来看，人才分布非均衡性是常态。人才资源作为一种优质要素，流动性是其重要特征。从全球范围来看，在开放条件下，人才资源向特定地区集中是普遍现象，从而出现全球人才中心和人才高地。人才是发展的第一资源，人才资源分布严重失衡，对欠发达地区发展的不利影响具有决定性作用。促进城乡区域协调发展，关键是要实现乡村人才振兴、让更多的人才到欠发达地区干事创业。第七次全国人口普查结果显示，广东省 21 个地级以上市的高等教育人口比例差异较大，最高的深圳为28.70%，最低的揭阳仅为 4.42%[①]（见图 6-5）。

显然，人才不足已成为广东省县镇村高质量发展的明显短板。由于人才流失，在欠发达地区的县镇村普遍存在人才整体数量不足、高质量人才稀缺、人才大龄化等共性问题。要促进城乡区域协调发展，必须加快补齐县镇村人才短板，促进乡村人才振兴。

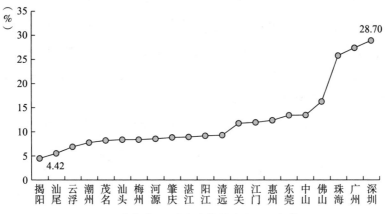

图 6-5　广东省 21 地市高等教育人口比例情况

数据来源：《广东统计年鉴 2022》。

（二）金融流向乡村动力不强

从全省来看，农村和欠发达地区的金融短板普遍存在。金融是国民经

[①]　高等教育人口数据来源于全国人口普查资料，2020 年第七次全国人口普查为最近的一次普查，此处的高等教育人口比例是指 2020 年的高等教育人口占常住人口的比例。

济的血脉，农业农村现代化建设离不开金融的有效支持。在区域协调发展背景下，通过工商资本下乡与农村金融耦合联动，推动形成城乡区域协调发展新格局，可以破解当前农业农村现代化建设的困境，进一步凸显金融对解决"三农"问题的核心效能。目前，广东正在大力实施"百县千镇万村高质量发展工程"，引导金融资源下沉县域，努力延伸服务触角，让金融"活水"流向最需要的地方。调研表明，当前金融流向乡村普遍存在"信息不对称、信用不对称、信心不对称等问题，农村地区信贷有效需求与供给保障呈现双重不足"①。

近年来，农村地区虽取得长足进步，但广大农村地区依旧缺乏金融机构和服务全覆盖，金融服务的"最后一公里"未能打通，尚未建立农村金融全覆盖网络。伴随互联网金融的快速发展与广泛渗透，总体上金融科技得到快速发展，但由于农村金融需求与传统金融体系的缺位，虽然以互联网金融为代表的金融科技为进入庞大的农村市场提供了巨大机会，但由于人才、技术和网络条件的限制，互联网金融在欠发达地区仍存较多风险隐患，农村金融服务都供不应求。事实上，由于农村金融发展相对滞后，农村金融的产品有效供给、配套服务创新、风险管控机制等症结尚未解决，农村金融需求与农村金融体系尚未契合，农村金融供给难以满足农村经济发展的需要，农业农村发展受制于金融供给。②

广东是金融大省，各项主要金融指标长期领跑全国，金融业成为广东最重要的支柱产业之一。近年来，广东通过金融赋能区域协调发展，调整优化结构，城乡区域间的金融业发展不平衡得到初步改善。例如，通过设置金融顾问、金融助理、乡村振兴金融特派员、金融帮镇扶村干部，广东金融专业队伍走进田间地头，将更多金融资源配置到乡村。数据显示，截至 2023 年末，广东涉农贷款余额 2.6 万亿元，同比增长 21.4%。汕尾、湛江、潮州、梅州、阳江等地市信贷增速明显高于全省平均水平，粤东粤西

① 《引导金融资源下沉县镇村——广东省破解"百千万工程"资金难问题调查》，中国经济网站，2024 年 5 月 9 日，http://paper.ce.cn/pc/layout/202405/09/node_09.html。
② 李宏、陆杰英：《共同富裕下资本下乡与农村金融互动新发展——基于广东省实践的思考》，《经济论坛》2022 年第 4 期。

粤北地区与珠三角地区金融差距拉大的势头逐步扭转。广东省 57 个县
（市）县域贷款余额 1.52 万亿元，平均县域存贷比提高到 74.10%，同比提
升 2.76 个百分点，县域合理融资需求得到进一步满足。①

（三）欠发达地区营商环境仍待改善

良好的营商环境是一个地区发展的生命线，也是发展的核心竞争力。
优质要素流动与良好营商环境高度正相关，越是营商环境好的地方，越是
容易吸引优质要素流入。与发达地区相比，欠发达地区的营商环境短板较
为突出，集中表现为以下三个方面。一是缺少前瞻设计，过多关注当下利
益。部分地区营商环境顶层设计的前瞻性不足，或者跟不上国家营商环境
改革进程，造成落实过程中的推进难度较大，或者过于关注当下利益，急
功近利，不可持续。二是制度配套相对滞后。针对当前快节奏、大力度的
改革要求，部分地区的具体制度配套建设相对滞后，在机制保障等方面相
对薄弱，容易造成工作被动局面。三是政策执行有难度。欠发达地区在改
革政策执行落地力度、效果方面往往不理想，工作人员对政策标准要求的
理解认识不到位，落实政策的主动性、积极性不强。

广东省 21 个地级以上市的营商环境差异仍然较大，2023 年，广东省发
展改革委牵头组织对全省 21 个地级以上市营商环境建设做出评价，该评价
借鉴世界银行营商环境评价 "B-Ready" 体系，共设置 12 个一级指标，37
个二级指标。12 个一级指标中，10 个与世界银行评价相同，分别是市场准
入、获取经营场所、市政公用基础设施报装、劳动力市场监管、获得金融
服务、国际贸易、纳税、解决商业纠纷、促进市场竞争、企业破产，增设
广东特色指标 "政务服务" 和 "经营主体满意度"。根据《2023 年广东省
营商环境评价报告》结果，广东省 21 个地级以上市营商环境共分为三档，
进入前二档的粤东粤西粤北地区的城市仅有 3 个，即汕头、湛江和汕尾，三
档的 9 个城市均属粤东粤西粤北地区（见表 6-1）。

①《引导金融资源下沉县镇村——广东省破解 "百千万工程" 资金难问题调查》，中国经济网
站，2024 年 5 月 9 日，http://paper.ce.cn/pc/layout/202405/09/node_09.html。

表 6-1　2023 年广东省 21 地市营商环境评价结果

档次	城市
第一档	深圳、广州
第二档	佛山、东莞、珠海、惠州、中山、肇庆、江门、汕头、湛江、汕尾
第三档	云浮、茂名、韶关、清远、潮州、梅州、河源、阳江、揭阳

数据来源：《2023 年广东省营商环境评价报告》，广东省人民政府网，2024 年 6 月 5 日，http://drc. gd. gov. cn/gkmlpt/content/4/4391/post_ 4391131. html#3376。

评价发现，部分城市和部门在推进优化营商环境工作中还存在一些不足和问题，粤东粤西粤北地区营商环境改革仍需加大力度、县域营商环境改革推进缓慢、数据共享仍然存在堵点等。[1]

三　帮扶协作机制仍需完善

外部帮扶是促进区域协调发展的重要方式。从全球来看，几乎所有国家都存在相对落后、贫困问题突出或经济萧条的地区，基于效率与公平的考虑，各国政府都倾向于通过区域政策缩小地区差距，而大国在平衡区域发展方面往往面临着更大的挑战，实现区域平衡发展和宏观经济增长是大国始终面临的双重目标。[2] 1949 年以来，我国经历了从平衡发展到非均衡发展再到协调发展的区域发展战略演变过程，其中，外部力量帮扶是促进区域协调发展的重要方式，也形成了具有中国特色的帮扶经验。

有研究表明，对口支援是中国特色国家治理的重要方式和机制。在实践中，这一机制在区域均衡发展、基础设施建设、灾后重建等方面取得了诸多佳绩，尤其是党的十八大以来，这一机制在脱贫攻坚和疫情防控中更是发挥了重要作用，彰显了中国特色社会主义制度优势和治理效能。[3] 有学者从理论逻辑上阐释对口帮扶与共同富裕的关系，认为对口帮扶是利用资

---

[1]　《2023 年广东省营商环境评价报告》，广东省人民政府网，2024 年 6 月 5 日，http://drc. gd. gov. cn/gkmlpt/content/4/4391/post_ 4391131. html#3376。

[2]　陆铭、向宽虎：《破解效率与平衡的冲突——论中国的区域发展战略》，《经济社会体制比较》2014 年第 4 期。

[3]　陈元勋：《对口帮扶促进共同富裕的理论逻辑与实践路径》，《对外经贸》2024 年第 4 期。

源在发达地区和欠发达地区边际效应的差异，通过扩大受援地区的产品供给或货币供给，以发达地区较少的福利削减（有时甚至没有削减），提升了欠发达地区的产品供给水平乃至消费水平，进而推动了受援地区总体福利（生产者剩余和消费者剩余）的增加，实质是引导资源向欠发达地区流动，以促进区域协调发展和共同富裕的治理方式。①

城乡区域发展不平衡是广东的基本省情，也是广东高质量发展的最大短板。历届广东省委、省政府都高度重视缩小城乡区域发展差距，从推动"双转移"到促进粤东西北振兴发展，再到构建"一核一带一区"区域发展格局，都是积极推进区域协调发展的重要举措。党的二十大后，广东省委、省政府在过去打下的基础上，进一步学习借鉴浙江"千万工程"经验，学习借鉴全国脱贫攻坚奔小康经验，总结提炼广东过去统筹推进城乡区域协调发展的经验，提出实施"百县千镇万村高质量发展工程"，全面推进强县促镇带村。实施"百县千镇万村高质量发展工程"，外部帮扶也是重要力量。目前已实现对粤东粤西粤北地区 45 个县（市）帮扶协作全覆盖，实现对惠州、江门、肇庆 12 个县（市）的帮扶工作，实现市域内帮扶协作，推动区、县（市）联动发展，推动社会力量参与，基本建立起纵向支持、横向帮扶、内部协作相结合的新型帮扶协作机制。

从帮扶实践来看，统筹用好外部帮扶力量是实施"百县千镇万村高质量发展工程"促进城乡区域协调发展的关键抓手。随着帮扶阶段转换和帮扶重点转变，"百县千镇万村高质量发展工程"把县域作为城乡融合发展的重要切入点，着力把县的优势、镇的特点、村的资源统筹起来。因此，响应实践要求，探索驻县新型帮扶协作机制，做好驻县帮扶协作，是实施"百县千镇万村高质量发展工程"的重要内容。

从县的层面统筹用好帮扶力量，既有利于整合各类帮扶资源，也有利于从整体层面促进把外部帮扶力量转化为内生发展动力。依据有三：一是有利于更好地服务地方高质量发展。"百县千镇万村高质量发展工程"是一项系统工程，涉及县域经济、城镇提能、乡村振兴、城乡融合等各个方面，

---

① 王禹澔：《中国特色对口支援机制：成就、经验与价值》，《管理世界》2022 年第 6 期。

既需要单个领域的精准帮扶，更需要从县域全局进行综合帮扶。建立驻县帮扶协作机制，可以更好地紧扣县域发展中心工作，从全域视角谋划项目布局，服务县域高质量发展。二是有利于更好地整合帮扶资源力量。纵向帮扶、横向帮扶、百校联百县助力"百县千镇万村高质量发展工程"行动和乡村振兴驻镇帮镇扶村工作等组团帮扶工作队虽然各有优势，但也存在着帮扶力量参差不齐、帮扶优势与帮扶对象不匹配、帮扶资源跨镇跨村配置不畅等不足，建立驻县帮扶协作机制，可以实现从组团帮扶到帮扶协作的新跨越，在县域层面整合起帮扶资源力量，汇聚成强大的帮扶合力。三是有利于满足帮扶实际需求。实地调研表明，在帮扶过程中，部分帮扶力量仍然存在着上下沟通不畅、相互交流学习不多、帮扶项目特色不强等问题，建立驻县帮扶协作机制，可以更好地汇集各帮扶力量的实际需求，建立沟通交流机制、增进互学互促，进一步提升帮扶力量的归属感、获得感。

第三节　广东区域协调发展促进共同富裕的实现路径

兼顾宏观经济增长与区域平衡发展两大目标，是中国以区域协调发展推进中国式现代化的本质要求。广东以区域协调发展促进共同富裕目标实现，是广东扎实推进高质量发展这一首要任务的必然要求，也是广东"在推进中国式现代化建设中走在前列"必须肩负的时代使命。广东如何实现以区域协调发展促进共同富裕，包含着两个必须回答的问题：一是广东如何实现区域协调发展；二是广东如何实现共同富裕。实现区域协调发展是实现共同富裕的基本路径，而实现共同富裕是实现区域协调发展的目标要求。

从区域政策维度分析，促进区域协调发展大体可以分为"基于地"（place-based）和"基于人"（people-based）两类。"基于地"政策是以"地区"为施策对象，主要依靠政府力量，侧重于通过改善欠发达地区发展条件（如实施税收优惠、提高交通等基础设施水平），实现缩小区域差距的目的。"基于人"政策以"人"为施策对象，主要依靠市场力量，侧重于通过消除人口流动壁垒、降低人口流动成本，促进人口从欠发达地区向发达地区转移，从而实现劳动者收入或福利水平的均等。基于 2010～2020 年的实证分析结果，中国无论是"基于地"还是"基于人"政策实施力度尚未达到最优水平，且两类政策具有互促效应，但"基于人"政策无法解决空间维度的市场失灵。基于此，未来一段时期，中国区域协调发展战略的施策重点应继续以"基于地"政策为主，同时注重"基于人"政策效用的发挥。① 从广东来看，中国"基于人"政策让广东获益颇多，且继续在发挥效用。实施粤东西北振兴战略以来，广东城乡区域协调发展施策重点开始转向"基于地"，并注重发挥两类政策互促效应。"基于地"政策是广东以区域协调发展实现共同富裕的施策方向。

一　推进以县城为重要载体的新型城镇化

郡县治则天下安，县域兴则国家强。2022 年 5 月，中共中央办公厅、国务院办公厅印发《关于推进以县城为重要载体的城镇化建设的意见》，对推进以县城为重要载体的新型城镇化做了战略部署。党的二十大报告指出，要"以城市群、都市圈为依托构建大中小城市协调发展格局，推进以县城为重要载体的城镇化建设"②。县城是中国城镇体系的重要组成部分，是城乡融合发展的关键支撑。推进以县城为重要载体的城镇化建设，既是我国国民经济结构战略性调整的重要抓手，也是乡村振兴和新型城镇化的必然选择，对于社会主义现代化国家建设全局具有重大现实意义和深远历史影响。2024 年 5 月 9 日，广东省委农村工作会议暨深入实施"百县千镇万村高质量发展工程"推进会提出，"要推进以县城为重要载体的新型城镇化，让县域这个战略支点全面强起来，聚焦控增量、优存量强化县城规划、建设、管理，把功能布局和空间优化摆在第一位，风貌服从功能、好看服从好用，让生产空间集约高效、生活空间宜居适度、生态空间山清

---

① 年猛、张海鹏、王垚：《中国区域协调发展战略的增长贡献——兼论区域政策路径之争》，《中国社会科学》2024 年第 4 期。

② 习近平：《高举中国特色社会主义伟大旗帜 为全面建设社会主义现代化国家而团结奋斗——在中国共产党第二十次全国代表大会上的报告》，人民出版社，2022，第 32 页。

水秀"①。会上宣读了广东省首批以县城为重要载体的新型城镇化试点名单，共15个，分别是：韶关南雄市、河源市东源县、梅州市蕉岭县、惠州市龙门县、汕尾市海丰县、江门台山市、阳江市阳西县、湛江廉江市、茂名信宜市、茂名高州市、肇庆四会市、清远连州市、潮州市饶平县、揭阳市惠来县、云浮市新兴县。

推进以县城为重要载体的新型城镇化，是广东促进区域协调发展的关键举措，也是深入实施"百县千镇万村高质量发展工程"的重中之重。中共广东省委办公厅、广东省人民政府办公厅印发的《关于推进以县城为重要载体的城镇化建设的若干措施》提出："坚持以人为核心推进新型城镇化，尊重县城发展规律，统筹县城生产、生活、生态、安全需要，深入实施'百县千镇万村高质量发展工程'，因地制宜补齐县城短板弱项，促进县城产业配套设施提质增效、市政公用设施提档升级、公共服务设施提标扩面、环境基础设施提级扩能，增强县城综合承载能力，更好满足农民到县城就业安家需求和县城居民生产生活需要，为我省实施扩大内需战略、协同推进新型城镇化和乡村振兴提供有力支撑。"②

（一）增强县城产业发展能力

产业兴则县域兴，产业是县域发展的根基，新型城镇化建设离不开产业支撑。产业是新型城镇化建设的重要根基，是培植县域市场的经济内生动力，是提升县域经济活力的重要内核。以县城为重要载体推进新型城镇化，需要加强统筹谋划与科学规划，明确产业发展方向，推进产业结构升级，增强县域经济实力，不断提升县城产业支撑能力，增强县城的中心功能。

一是科学谋划县城产业发展定位。要根据不同地区县城发展的客观条件，科学谋划县城产业发展规划，结合内部产业培育与外部产业转移，联动对口帮扶资源，科学谋划产业发展定位。按照主体功能定位，依托资源

---

① 《省委农村工作会议暨深入实施"百县千镇万村高质量发展工程"推进会召开》，广东省人民政府网，2024年5月9日，http://www.gd.gov.cn/xxts/content/post_4419605.html。

② 《关于推进以县城为重要载体的城镇化建设的若干措施》，广东省人民政府网，2024年6月6日，http://www.gd.gov.cn/gdywdt/gdyw/content/post_4252942.html。

禀赋和产业基础，优化县域产业布局，推动产业向县城有序转移，各县因地制宜重点发展 1~2 个特色产业集群。积极承接珠三角地区的重大产业、战略性新兴产业转移，推动县域产业绿色化发展。要充分发挥市场在产业培育方面的作用，推动"人、地、钱"等生产要素向县城合理流动，形成多元化产业发展路径。

二是发展壮大县城特色优势产业。根据县城的区位和定位，结合产业发展比较优势，按照做大做强优势产业、带动农业农村发展和提高就业吸纳能力的要求，积极培育县城特色优势产业。要从自然禀赋、历史人文、产业基础等实际出发，按照比较优势原则确定产业细分方向，将扶持本地产业和承接外部产业转移结合起来，突出发展容纳就业人数多、与其他行业关联性强的产业。以县域优势产业为依托，推进县域内各类开发区、产业集聚区、产业园及返乡创业园等平台整合升级，鼓励资源环境承载力弱的县区联合共建产业园区。支持国家级高新区、经济技术开发区托管联办县域产业园区。推动园区数字化改造，鼓励引进孵化器、众创空间等创新平台。

三是加快推进城乡产业融合发展。要发挥县城产业对乡村产业发展的辐射带动作用，通过积极的政策引导和市场建设，使多方主体形成可持续的联农带农机制。以县城为主要节点，加快发展生产性服务业，提质扩容生活性服务业，发展新型消费集聚区，不断增强县城功能品质。挖掘特色农产品发展潜力，大力发展农产品产地初加工和精深加工，加强农产品仓储、加工、品牌培育等环节发展的要素保障和扶持政策，以全产业链发展促进业态持续迭代和能级显著提升。

（二）完善县城市政设施体系

完善的县城市政设施体系，是承载优质产业、吸纳人口迁入的基础条件。要通过增强综合承载能力，优化内部空间结构和功能布局，推动县城更新、老旧小区改造，提升交通、网络等基础设施水平，提升县城生产生活生态空间供给能力。

一是完善交通基础设施。推动设置连续的非机动车道，健全配套机动车道、非机动车道等交通安全设施。建设布局在老旧城区、医院、学校、物流货运集散点等重点区域的停车设施。按照零距离换乘要求，统筹铁路站点、公路客运站和公交站点布局，鼓励交通场站枢纽和公路立交等区域土地综合开发利用，创新公共交通导向型发展（TOD）地区土地与空间复合利用管理机制。支持有需要的县城开通与周边城市的城际公交，开展短途客运班线公交化改造。加快建设国家干线线路，推动更多县城通铁路。支持布局县城异地候机楼和高铁无轨站，推动具备条件的县城发展短途运输等通用航空。

二是加快管网和老旧小区改造。全面推进老化燃气管道更新改造。推进水质不能稳定达标水厂和老旧破损供水管网更新改造。逐步推进县城具备条件的电力、通信架空线入地迁改，推动县城和特大镇电网智能化升级。完善老旧小区及周边水电路气信等配套设施及无障碍设施。结合老旧小区改造，统筹推动老旧厂区、老旧街区、城中村改造。

三是推进数字化改造。加快信息基础设施建设，实现县城和特大镇5G网络全覆盖，引导有条件的县城适度超前储备网络能力，合理部署云网基础设施。推行县城运行"一网统管"，构建物联感知数据共享管理系统，加快建设智能电表、智能水表、智慧灯杆等感知终端，加快普及建筑物二维码门（楼）牌。推行公共服务"一网通享"，促进学校、医院、图书馆等公共服务机构资源数字化。推行政务服务"跨域通办"。

（三）强化县城公共服务供给

做优做强县城公共服务供给，特别是扩大教育供给、养老保障，提高公共卫生水平，把县城作为农业转移人口进城的首选地。推进公共资源配置与人口规模、服务半径等相匹配，适度促进人口和公共服务资源集中，提升公共服务资源配置效率。推进县城与乡村公共服务功能衔接互补，有效提升县城辐射带动能力。

一是扩大教育资源供给。推进义务教育学校扩容增位，以学位紧缺地区为重点，新增一批中小学和幼儿园公办优质学位。推进县域普通高中学校标准化建设，稳定优质生源和优秀教师，全面消除普通高中大班额。实施职业院校办学条件达标工程，推动各县办好至少1所融中等职业教育、社区教育、老年教育为一体的职业教育中心学校。建立完善异地务工人员随迁子女入学和转学政策，提高随迁子女入读公办学校比例。

二是完善医疗卫生体系。推进县级医院（含中医院）提标改造，加强急救、传染病检测和诊治、可转换传染病区和重症加强护理病房等建设，重点提升急危重症患者抢救能力和突发公共卫生事件应急处置能力。推动县域人口达到一定规模的县级医院达到三级医院水平。支持欠发达地区县级医院按规定设置岗位引入优秀专科人才。全面推进紧密型县域医共体建设，推动分级诊疗和加强县乡村医疗服务协同联动，创新管理体制机制，实现功能整合，创新绩效评价机制，实现资源优化配置，创新利益协同机制，实现共建共享。①

三是推进县镇村公共服务功能衔接互补。充分发挥县城在城乡融合中的龙头作用，以其为核心打造县镇村公共服务协同发展模式，形成功能衔接互补、梯次带动的发展格局。推进县城基础设施向乡村延伸，建立健全城乡基础设施一体化投建运管机制，推进乡村路网与交通网主骨架高效衔接。积极发挥县城溢出效应，加强县域商贸物流设施建设，完善县、乡、村三级商贸物流配送体系，建设重点乡镇商贸流通节点和建制村物流服务点，发展连接城乡的冷链物流、配送投递、电商平台和农贸市场网络。推进县城公共资源向乡村覆盖，推动城乡基本公共服务标准统一、制度并轨，努力实现城乡公共服务无差别、生活品质无落差。

二 统筹新型城镇化和乡村全面振兴

2024年中央经济工作会议提出，要把推进新型城镇化和乡村全面振兴有机结合起来，促进各类要素双向流动，推动以县城为重要载体的新型城镇化建设，形成城乡融合发展新格局。2024年中央农村工作会议提出，要统筹新型城镇化和乡村全面振兴，提升县城综合承载能力和治理能力，促进县域城乡融合发展。统筹新型城镇化和乡村全面振兴，是党中央全面深刻认识新发展阶段城乡关系特征、遵循城乡区域协调发展基本规律做出的

---

① 周仲高：《创新机制 推进紧密型县域医共体建设》，《健康报》2024年5月10日。

重大决策部署,对推进城乡区域协调发展、促进共同富裕具有重要意义。广东学习运用"千万工程"蕴含的发展理念、工作方法和推进机制,部署实施"百县千镇万村高质量发展工程",在统筹新型城镇化和乡村全面振兴方面各项工作取得积极成效。接下来,要把"百县千镇万村高质量发展工程"作为推动县域发展的总抓手,坚持高标准规划、高水平建设,以等不起、慢不得的紧迫感向纵深推进,奋力打造县镇村现代化建设样板。

(一)以县域发展为抓手,壮大县域综合实力

县域是城乡融合发展的重要切入点,是新型城镇化的重要抓手。县域振兴是统筹新型城镇化和乡村全面振兴,推动城乡区域协调发展的必然要求。县域是广东区域协调发展的"主战场",也是推动高质量发展的"潜力板"。

一是坚持差异化发展。不同县域的资源禀赋、比较优势各不相同,要坚持从实际出发,因地制宜,立足各地发展基础和资源禀赋,明确发展定位,针对不同地区、不同类型县域制定实施差别化政策,引导走特色发展、错位发展之路,宜水则水、宜山则山、宜粮则粮、宜农则农,宜工则工、宜商则商,以差异化发展助推高质量发展,在不同赛道上争先进位。

二是发展壮大县域经济。经济实力是县域振兴的重要基础。针对县域经济总量较小、增长较慢、总体发展水平较低的现实困境,要主动谋划优势产业,统筹培育本地产业和承接外部产业转移,壮大工业经济,推进工业入园,建立帮扶协作新机制。目前广东已经实现对粤东粤西粤北地区市县两级横向帮扶全覆盖,全面启动百校联百县"双百行动",县域经济发展进入快速轨道。

三是推进县城城镇化建设。县城是推进以人为本新型城镇化的重要载体,推进县城建设有利于引导农业转移人口就近城镇化,完善大中小城市和小城镇协调发展的城镇化空间布局。要加快推进以县城为重要载体的城镇化建设,推动县城公共服务设施提标扩面、市政公用设施提档升级、环境基础设施提级扩能、产业配套设施提质增效、产城融合发展。

(二)以城镇提能为载体,强化节点纽带功能

城镇是推进新型城镇化的重要支撑,具有连接城市和农村的节点和纽

带作用。建强建好小城镇，有利于促进更多农业转移人口市民化，更好地补齐乡村公共服务短板，推动城乡融合发展。

一是增强综合服务功能。增强城镇公共服务功能，把更多优质资源投入城镇，可以更好地兼顾公共服务资源投入的公平性与效率性，提升公共服务资源的配置效率。在基本公共服务得到有效保障的前提下，实现乡村公共服务优质化，关键是提升资源投入效益。要以城镇为重要载体，按实际服务人口优化资源配置，打造完善的服务圈，优化教育、医疗、文化等公共资源配置。

二是建设美丽圩镇。为更好地改善城镇宜居宜业环境，发挥示范带动作用，广东实施美丽圩镇"七个一"①建设实施方案，开展人居环境品质提升行动，推动圩镇从干净整洁向美丽宜居蝶变，引导各地突出岭南特色、历史文化、民族风情等特点，提升美丽圩镇建设的特色化品质化水平。

三是建强多类型典型镇。根据不同镇的区位优势和发展条件，建强中心镇专业镇特色镇，是广东探索城镇建设路径的重要创新。突出发展一批区位优势较好、经济实力较强、未来潜力较大的中心镇，加快专业镇转型升级，培育更多全国经济强镇，分类发展特色产业、科技创新、休闲旅游、历史文化、绿色低碳等特色镇，通过发挥典型镇的标杆示范作用，更好地带动全省乡镇（街道）在不同赛道展现风采。

（三）以城乡融合为方向，推进乡村全面振兴

乡村振兴是乡村产业、人才、文化、生态、组织的全面振兴，是坚持农业农村优先发展、巩固拓展脱贫攻坚成果的必然要求，也是实现农业高质高效、乡村宜居宜业、农民富裕富足的根本保障。推进乡村全面振兴，要坚持以城乡融合为方向，加大城乡区域统筹力度，联动城镇与乡村协同发展，努力破解城乡二元结构。

一是发展现代乡村产业。在工业化进程中，乡村滞后于城市发展的根源是缺少现代产业支撑，产业现代化水平决定着区域发展水平。要在全面

---

① 指一个人口通道、一个美丽街道、一片房屋外立面提升、一处美丽圩镇客厅、一个干净整洁的农贸市场、一条美丽河道和一个绿美小公园。

落实耕地保护和粮食安全前提下，通过城乡区域产业协作帮扶，帮助乡村完善现代农业产业体系，推进现代农业产业园、农业现代化示范区建设，做大做强"粤字号"农业知名品牌，发展预制菜等农产品精深加工，培育壮大乡村旅游、数字农业等新业态，促进农村一二三产业融合发展。

二是实施乡村建设行动。推进乡村建设，关键是加快乡村基础设施的建设和改善，改变乡村相对落后面貌。要以乡村振兴示范带为主抓手，推进农村道路、供水保障、清洁能源、农产品仓储保鲜和冷链物流、防汛抗旱等设施建设，打造一门式办理、一站式服务、线上线下相结合的村级综合服务平台。

三是提升乡村治理能力。乡村治理关键是从制度层面形成现代化的治理体系，从精神层面逐渐改变农民相对滞后的观念，促进思想观念革新、科学素养提升和精神面貌改变，推进从传统乡村社会向现代社会转型。要进一步健全党组织领导的自治、法治、德治相结合的乡村治理体系，构建共建共治共享的乡村治理共同体，充分发挥村规民约的作用，推动农村移风易俗，培育向上向善、刚健朴实的文化气质，不断提升乡村治理现代化水平。

三 培育壮大中等收入群体

中等收入群体的发展壮大是中国实现中等收入阶段跨越的重要保障，是构建以国内大循环为主体、国内国际双循环相互促进的新发展格局的重要基础，也是实现全体人民共同富裕取得更为明显的实质性进展的重要抓手。习近平总书记在党的二十大报告中指出，要"坚持多劳多得，鼓励勤劳致富，促进机会公平，增加低收入者收入，扩大中等收入群体"[1]。当前，中国中等收入群体内部的层级构成形态极不合理，中等收入群体内部等级形态是典型的倒"丁"字型结构，接近90%的中等收入者处于倒"丁"字型的底部，接近10%的中等收入者处于中间和上层，[2] 且内部还存在较强的

---

[1] 习近平：《高举中国特色社会主义伟大旗帜 为全面建设社会主义现代化国家而团结奋斗——在中国共产党第二十次全国代表大会上的报告》，人民出版社，2022，第47页。

[2] 李春玲：《中等收入群体的构成特征与新时代"精准扩中"策略》，《统一战线学研究》2018年第1期。

脆弱性，内部的流动也较为频繁，有 62.1% 维持了中等收入的地位不变，有 8.7% 向上流动，有 29.2% 向下流动。[①] 显然，中国中等收入群体规模近年来虽有增加，但中等收入群体的质量依然不高，扩大中等收入群体不仅要扩大中低收入水平的人群，更要进一步稳定和提升中间收入群体和中高收入群体。广东城乡区域发展不平衡，中等收入群体规模比例不高，高水平的中等收入人群比例更低，因此，只有形成足够规模且稳定的中等收入群体，形成"两头小，中间大"的"橄榄"型社会结构，才能成功跨越中等收入陷阱，实现经济可持续增长和社会繁荣富裕。

（一）持续扩大中等收入群体规模

国家统计局数据显示，目前中国中等收入群体已超 4 亿人，约占全国总人口的 28%。从国际经验来看，中等收入群体在总人口中的比重超过 50% 才能形成较为合理的社会结构。此外，中等收入群体的分布存在着明显的城乡差异。农村地区和欠发达地区的中等收入群体规模较小，与城市的差异较大，北京、上海和广州的中等收入者比重高达 79.8%。[②] 因此，扩大农村地区和欠发达地区的中等收入群体规模，是促进区域协调发展、实现共同富裕的重要途径。

一是扩大中等收入群体增量。扩大中等收入群体规模，要抓住重点、精准施策。要重点针对高校毕业生、技术工人、中小企业主和个体工商户、进城农民工、城乡居民、公务员特别是基层一线公务员及国有企事业单位基层职工等群体，分类设计扶持政策，持续培育新成长中的中等收入群体。要深化户籍制度改革，破除制约人口自由流动的体制机制障碍，畅通低收入群体向上流动通道。要完善分配制度，构建初次分配、再分配、第三次分配协调配套的制度体系，着重提高劳动报酬在初次分配中的比重，健全工资合理增长和支付保障机制，努力推动居民收入增长与经济增长同步。

二是稳住中等收入群体存量。要通过稳定中等收入群体规模的综合措

---

① 刘志国、刘慧哲：《收入流动与扩大中等收入群体的路径：基于 CFPS 数据的分析》，《经济学家》2021 年第 11 期。

② 李春玲：《中等收入群体的构成特征与新时代"精准扩中"策略》，《统一战线学研究》2018 年第 1 期。

施,防范刚刚越过中等收入门槛的中等收入群体或脆弱中等收入群体滑落为低收入群体。一方面,政府要加大住房、教育、医疗和养老等民生领域改善力度,健全社会保障体系,提高社会保险的保障水平和覆盖率,持续强化兜底保障,编密织牢"社会安全网"。另一方面,要增加就业收入,加强经济政策和就业政策协调,推动财政、金融、投资、消费及产业等政策聚力支持就业,增加中高收入就业岗位。

（二）不断提高中等收入群体质量

中等收入群体的倒"丁"字型结构和脆弱性,不利于社会结构稳定,存在从中等收入群体下降为低收入群体的风险。因此,应通过能力提升为重点,不断提高中等收入群体质量,为形成"两头小,中间大"的"橄榄"型社会结构提供坚实力量。

一是提升人力资本。提升人力资本是扩大中等收入群体规模、提高中等收入群体质量的根本举措。从社会投资回报来看,人力资本投资是效益最大的投资。要深化教育体制改革,优化教育结构,加大基础教育投入,以培养创造力和创新精神为导向提升高等教育办学质量,增加中等收入群体的创新型人力资本。要深化职普融通、产教融合、校企合作,健全终身职业技能培训制度,加快构建面向普通劳动者特别是新生代农业转移人口的现代职业教育体系,增加中等收入群体的技能型人力资本。要深化医药卫生体制改革,促进医保、医疗、医药协同发展和治理,加快优质医疗资源扩容和均衡布局,增加中等收入群体的健康人力资本。

二是提升技能素质。提升劳动者技能素质,是提高劳动者收入、扩大中等收入群体的重要基础。要适应经济发展方式转变的新要求,不断提高劳动者受教育程度,在保持高等教育较高入学率的同时,着力把教育质量搞上去。要健全就业公共服务体系、终身职业技能培训制度,实施知识更新工程、技能提升行动,培养更多高水平工程师和高技能人才,使越来越多的高技能人才成为大国工匠。加强对农民工的技能培训,使他们能够长期专注于提升某一方面技能,实现由单纯的体力型劳动者向技能型或技艺型劳动者转变。要促进基本公共服务均等化,提高基本公共服务的均衡性和可及性，完善人才管理、人力资源配置等相关配套制度和措施，促进就业培训等公共服务城乡均衡发展，推动更多普通劳动者有机会提升技能，通过勤奋劳动迈入中等收入群体行列。

（三）营造环境完善社会保障体系

中等收入群体的培育壮大，需要优质的市场环境和完善的社会保障体系。广东要充分利用市场环境成熟、城乡区域基本公共服务相对均衡的优势，进一步营造优质营商环境，保护好市场主体，进一步推进优质均等的公共服务，为中等收入群体培育壮大提供坚实的经济社会支撑。

一是保护好市场主体。保市场主体是稳定和扩大就业、扩大中等收入群体的重要依托。目前，民营企业（其中大部分是中小微企业）和个体工商户的民营经济是吸纳就业的主要市场，也是中等收入群体的重要来源地。要继续深化"放管服"改革，持续优化市场化、法治化、国际化营商环境，优化民营经济发展环境，依法平等保护民营企业产权和企业家权益，破除制约民营企业发展的各种壁垒，完善促进中小微企业和个体工商户发展的法律环境和政策体系。要弘扬企业家精神，引导中小微企业专门从事某一细分领域，努力做到最精最优。通过发展县域经济，推动农村一二三产业融合发展，丰富乡村经济业态，拓展农民增收空间。要大力支持特色小镇、美丽乡村、田园综合体、农民专业合作社、脱贫致富车间等重要载体发展，为农民在本乡本土就业创造条件。

二是完善社会保障体系。完善的社会保障体系是培育壮大中等收入群体的重要条件。广东基本公共服务均等化走在全国前列，目前正探索以基本公共服务标准化为核心的社会治理改革，公共服务领域的多项改革成为全国示范。培育壮大中等收入群体，社会保障的多层次保障功能十分重要。目前，国家层面将相继落实养老保险金的全国统筹、最低缴费年限的调整、渐进式延迟法定退休年龄、发展养老保险第三支柱等政策，这些都将多层次地保障人民群众的生活。此外，在扩大中等收入群体的同时，也要采取措施开发老年人尤其是低龄老年人人力资本，稳定老年人群的收入，特别是要关注老年人的经济状况与健康状况，完善医疗服务与保障体系，避免他们退出中等收入阶层。[①] 对广东来说，不断缩小珠三角地区和粤东粤西粤北地区的社会保障水平差距，特别是提升欠发达地区的社会保障水平，将从整体上为广东中等收入群体规模扩大和质量提升提供坚实支撑。

四 "以县为重"推进农业转移人口市民化

推进农业转移人口市民化是新型城镇化的首要任务，是促进城乡融合发展的重要抓手，对于提升城镇化质量、释放巨大内需潜力具有重要意义。实施新一轮农业转移人口市民化行动，最大潜力地区是县城。要大力推动以县城为重要载体的新型城镇化建设，持续推进农业转移人口市民化。

（一）坚持以人为本，使全体居民共享现代化发展成果

国务院于 2024 年 7 月印发的《深入实施以人为本的新型城镇化战略五年行动计划》，强调把推进农业转移人口市民化作为新型城镇化首要任务。推进农业转移人口市民化之所以是新型城镇化的首要任务，根本在于新型城镇化是以人为本的城镇化，其目标就是要实现按居住地提供公共服务，实现所有常住居民均等地享受基本公共服务。把推进农业转移人口市民化作为新型城镇化的首要任务，是科学遵循城镇化发展规律与体现人城融合发展新理念的有机统一。

一是科学遵循城镇化发展规律的要求。人口城镇化本质是农村人口向城镇转移的过程，因此人口城镇化具有一般规律。参照美国城市学家诺瑟姆提出的"城镇化过程曲线"，城镇化普遍经历初期、中期加速和后期稳定三个阶段。当人口城镇化率接近 70% 时，城镇化发展速度将从中期加速转为后期稳定。我国人口城镇化过程既遵循世界人口城镇化发展的一般规律，也有着自己的特点，这些特点主要表现在人口城镇化速度快、土地城镇化快于人口城镇化等方面。因此，把推进农业转移人口市民化作为新型城镇化的首要任务，顺应我国城市化发展现实，同时也是适应人口城镇化阶段转换的客观要求。

二是体现人城融合发展新理念的要求。人城融合是指在经济社会发展

---

① 王智勇：《发展壮大中等收入群体：潜在人群与培育对策》，《国家治理》2022 年第 2 期（上）。

达到一定程度后，人的发展与城市发展深度融合、共生共荣。在人口城镇化过程中，一般都会相继经历人产融合、产城融合、人城融合三个阶段。以人为本的新型城镇化，本质就是要实现人城融合发展。这一奋斗目标，明确城市发展是为了人的全面发展，强调人是城市发展的主体，要求充分尊重人的意愿、调动和发挥好人的积极性主动性创造性，展现了城市发展的新高度。因此，推进农业转移人口市民化，是体现人城融合发展新理念的必然要求，也是使全体居民共享现代化发展成果的根本保障。

（二）坚持以县城为载体，促进城乡人口双向流动

县城作为连接农村与城市的重要枢纽，在促进城乡融合和区域协调发展中扮演着核心角色。推进以县城为重要载体的新型城镇化建设，指明了新型城镇化建设的路径方向，也为推进农业转移人口市民化明确了发展重点。当前，我国实现城镇化高质量发展的突出短板在县域，县域人口城镇化水平低于同期全国人口城镇化水平，因此推进农业转移人口市民化的最大潜力地区也是县域。值得注意的是，《深入实施以人为本的新型城镇化战略五年行动计划》明确把冀中南、皖北、鲁西南、豫东南、湘西南、粤西、川东等区域划为城镇化潜力较大的集中片区。推进以县城为重要载体的城镇化建设，促进农业转移人口就近城镇化，应以这些地区为重点。

一是提升县城人口承载容量。县城是构建新型城乡关系，统筹推进新型城镇化和乡村全面振兴的关键一环。当前，我国县城常住人口规模和比例较低，人口城镇化主要依靠大中城市推动而形成，城镇人口规模分布呈现出大城市"人口集聚"与小城市"人口收缩"并存的非均衡现象，不利于大中小城市协调发展。因此，要进一步深化户籍制度改革，以县城为重要载体，促进在城镇稳定就业和生活的农业转移人口举家进城落户，提高县城人口的集聚度。

二是促进人口城乡双向流动。扭转人口等资源要素从乡村向城镇单向流动局面，是统筹推进新型城镇化和乡村全面振兴的根本要求。以体制机制改革为动力，形成有利于优质生产要素在城乡、区域之间平等交换、双向流动的制度环境，是新型城镇化的重点所在。从实践来看，无论是空间

转移的距离，还是生产形态以及生活习俗，县城都较适宜于农业转移人口市民化。进城不离乡、返乡不离城，县城是城乡融合发展的重要切入点，也是推进农业转移人口市民化、促进人口城乡双向流动的重要载体。

（三）坚持公共服务优质均等，促进城乡人口融合发展

加快农业转移人口市民化，最突出的障碍之一是常住地提供基本公共服务所面临的财政缺口。从目前来看，人口净流入地区在推进基本公共服务常住人口全覆盖过程中，普遍面临着教育、育幼、医疗、养老等公共服务领域的财政支出压力。从县域层面统筹配置公共服务资源，用好中央财政农业转移人口市民化奖励资金制度、结合实际探索人口净流入省份建立健全省对下农业转移人口市民化奖励机制等，都是破解此难题的重要思路。

一是进一步强化县域统筹配置公共服务资源。在推进基本公共服务均等化过程中，公共服务设施小型化、资源分布碎片化、资源利用率低等问题普遍存在。以县城为重要载体，以群众需求为出发点，以常住人口规模和服务半径为重要标准，全域统筹、一体推进公共服务，可以把有限的公共服务资源按较优效率进行配置，降低公共服务投入成本，提高公共服务产出效率。

二是鼓励支持探索农业转移人口市民化奖励机制。鼓励支持流动人口规模较大、基本公共服务常住人口全覆盖较为成熟的省份率先探索如何进一步推动转移支付、要素配置等与农业转移人口市民化挂钩，试点探索省内农业转移人口市民化激励办法等。通过引导更多农业转移人口在县城市民化，为推动区域协调发展和城乡融合发展提供重要人口支撑。

第七章
奋力谱写广东区域协调发展促进
共同富裕新篇章

　　因历史条件、资源禀赋、区位差异带来区域发展时空差异和不平衡，既为一个国家、一个地区提供了梯度开发空间和腹地，又会因发展差距过大带来的不稳定而使现代化进程可能迟滞甚至中断，削弱实现共同富裕的政治经济基础。实现全体人民共同富裕，既是广大人民群众的共同价值诉求，也是中国共产党矢志不渝的奋斗目标，更是区别于西方发展模式的中国式现代化道路的本质特征。推进区域协调发展既是实现共同富裕的内在要求，也是促进共同富裕的重要途径，实现共同富裕也为区域协调发展提供内生动力、可持续保障和重要指引。党的十九大庄严宣告中国特色社会主义进入全国各族人民团结奋斗、不断创造美好生活、逐步实现全体人民共同富裕的新时代，并明确了新时代推进共同富裕的两个阶段目标。党的十九届五中全会对扎实推动共同富裕做出重大战略部署，党的二十大提出要深入实施区域协调发展战略，增强均衡性和可及性，扎实推进共同富裕。

　　新征程上，要深刻认识区域协调发展与共同富裕的历史逻辑、理论逻辑、实践逻辑，全面、完整、准确把握中国式现代化背景下区域协调发展与共同富裕使命要求，深入贯彻落实习近平总书记关于区域协调发展和共同富裕的重要论述精神和视察广东重要讲话、重要指示精神，牢牢把握推进中国式现代化这个中心任务、推动高质量发展这个首要任务、构建新发展格局这个战略任务,从促进共同富裕的战略高度来认识城乡区域协调发展,以全面深化改革为动力,以人民为中心的价值取向,以优化区域发展布局为前提,强化区域优势互补、协同联动、融合发展并举,走好走实差异化特色化发展之路。强化系统观念,一体推进经济增长、社会治理、生态保护、文化建设,奋力开创广东区域协调发展促进共同富裕新局面。

第一节　深入实施"一区一群五圈"战略,
优化区域发展空间布局

区域空间是人类生产生活的载体。根据区域比较优势、资源禀赋、环境承载力,调整优化区域经济空间布局,是实现国土空间的高质量开发利用、促进区域协调发展的重要基础。党的十九届五中全会通过的《中共中央关于制定国民经济和社会发展第十四个五年规划和二〇三五年远景目标的建议》强调"优化国土空间布局,推进区域协调发展和新型城镇化"。党的二十大进一步强调"促进区域协调发展。深入实施区域协调发展战略、区域重大战略、主体功能区战略、新型城镇化战略,优化重大生产力布局,构建优势互补、高质量发展的区域经济布局和国土空间体系"[①]。为补齐区域发展不协调这一制约广东现代化进程的最大短板,从 20 世纪 90 年代中后期开始,历届广东省委、省政府都将推进区域协调发展作为中心工作任务,结合发展阶段特征,制定实施区域协调发展政策举措,促进区域发展的平衡性与协调性逐渐提升,形成了城市群为新型城镇化主形态,珠三角支撑全省经济增长,促进区域协调发展主引擎的国土空间开发格局,但也存在着经济布局与资源空间不匹配,市场机制自发作用下的珠三角极化效应在一定程度上抵消了广东区域协调发展战略实施的正向效应,粤东粤西粤北地区与珠三角地区之间的产业梯度落差、发展差距仍在扩大,城乡区域收入差距缩小成效未尽如人意。新征程上,广东要对标高质量发展和构建新

[①] 《习近平:高举中国特色社会主义伟大旗帜 为全面建设社会主义现代化国家而团结奋斗——在中国共产党第二十次全国代表大会上的报告》,《人民日报》2022 年 10 月 26 日。

发展格局要求，以优化国土空间为推动区域协调发展的着力点，紧扣"一点两地"，深入推进粤港澳大湾区建设，深入实施"一群五圈"战略，促进大中小城市协调发展，抓好"百县千镇万村高质量发展工程"（以下简称"百千万工程"），全面推动强县促镇带村，优化要素、产业布局与国土空间开发秩序，努力形成与高质量发展、新发展格局构建相匹配的主体功能约束有效、资源环境可承载、优势互补、特色鲜明的区域经济布局和国土空间体系，提升区域协调发展整体效能。

一 紧扣"一点两地"，做强粤港澳大湾区高质量发展重要动力源

高质量发展、协调发展和共同富裕，是广东奋力走在中国式现代化前列面临的重要主题。三者相互促进并紧密联系，高质量发展起着牵引作用，协调发展、共同富裕是高质量发展的重要内容和内在特征。粤港澳大湾区是我国经济活力最强、开放度最高、创新力最强的区域之一，在广东推进区域协调、促进共同富裕中有具有重要战略地位。建设粤港澳大湾区，是习近平总书记亲自谋划、亲自部署、亲自推动的重大国家战略。发挥辐射引领作用，统筹珠三角九市与粤东西北地区生产力布局，带动周边地区加快发展①是《粤港澳大湾区发展规划纲要》（以下简称《规划纲要》）对粤港澳大湾区建设提出的任务要求。2023 年 4 月，习近平总书记视察广东时赋予粤港澳大湾区"一点两地"（新发展格局的战略支点、高质量发展的示范地、中国式现代化的引领地）的新定位，为增强大湾区在广东新时代推进区域协调发展、促进共同富裕中的高质量发展重要动力源提供了指引。

（一）聚焦国际科技创新中心建设，打造创新策源地

高质量发展是创新成为第一动力的发展。"建设全球科技创新高地和新兴产业重要策源地"，建设具有全球影响力的国际科技创新中心，是《规划纲要》对粤港澳大湾区建设提出的战略任务。打造具有全球影响力的产业科技创新中心是习近平总书记对广东高质量发展的战略要求。在推进区域

---

① 《中共中央 国务院印发〈粤港澳大湾区发展规划纲要〉》，中华人民共和国中央人民政府网站，https://www.gov.cn/gongbao/content/2019/content_5370836.htm。

协调发展，促进共同富裕新征程中，广东要携手港澳围绕技术攻关、成果转化、人才培育等方面持续发力，以制度创新破除制约科技创新、成果转化的体制机制障碍，把体制优势转化为科技创新治理效能，最大限度地释放各类创新主体活力，优化区域创新环境，提升区域创新和产业协同发展水平，打造科技创新枢纽，持续增强区域原始创新和新兴产业策源功能，加快打造引领高质量发展的重要动力源。

打造科技创新开放合作先行地。以全球视野、国际标准加快建设大湾区国际科技创新中心，动态调整与优化科技政策，营造高度开放的国际化科研制度环境，支持深圳深化综合改革试点，推进河套深港科技创新合作区建设。深化广深港、广珠澳科技创新走廊建设，支持创新合作机制，打造高水平产业和科技创新中心。推进大湾区高水平人才高地建设，聚焦人才现实关切，着力解决突出问题，确保人才引进来、留得住、用得好。落实面向港澳人才的政策和支持措施，推动人才、数据等创新要素跨区域合理流动。"走出去"和"引进来"相结合，扩大国际科技交流合作，加大离岸创新中心、国际化科技孵化平台等新型跨境平台建设力度。健全科技安全制度和风险防范机制。

建设高水平重大科创平台。全面加快国际科技创新中心、综合性国家科学中心和已布局的重点创新平台建设，同时，以河套、横琴科技创新极点为依托，以广深港、广珠澳科技创新走廊为骨架，围绕新一代信息技术、人工智能、高端装备、新能源、新材料、新型储能、低空经济、生物医药、量子科技等战略性产业基础研究需求，健全光明科学城、松山湖科学城、南沙科学城等联动发展机制，推动重大科技基础设施共建共管共享。发挥鹏城国家实验室、广州国家实验室牵引作用，分类别推动省实验室建设。粤港澳携手组建新一批联合实验室、高校院所等高水平科技创新载体和平台，争取更多重大科技基础设施、重大科学装置、国家实验室、全国重点实验室等科创重器在大湾区布局和建设运营，做强重大科技基础设施集群，完善新型基础设施建设，提升科技创新保障水平。粤港澳三地共同谋划在全球创新高地设立项目管理平台、衔接国家重点专项、联合全球科研前沿项目组织单位组成全球创新网络、组建项目专员团队，常态化广泛挖掘有颠覆性潜力的项目。

打造高端科创人才高地。人才是粤港澳大湾区科技、产业创新和建设国际科技创新中心的关键要素和基础性资源。习近平总书记强调，要推进粤港澳大湾区人才高地建设，形成高端科创人才聚集效应。未来，大湾区要借鉴全球经验，发挥港澳高教资源优势，合力推进高水平研究型大学集群建设，夯实自主培养、聚集载体。探索与国际接轨的有组织的拔尖科创人才自主培养模式，全面提升自主培养质量。坚持产业需求导向，聚焦高精尖缺，面向全球，创新引进方式、拓宽引进渠道，政府有组织引进与市场驱动相结合，引进一批关键核心技术攻关人才、高层次领军人才，建设战略科技力量。

强化关键核心技术协同攻关。聚焦国家战略需求、湾区发展需求，持续推动科技创新规则制度衔接、创新资源协同融合，积极探索芯片设计、人工智能、生物医药等关键性领域关键技术攻关新型举国体制湾区路径，探索共性关键技术和工程化技术有组织科研的创新做法，打造创新链利益共同体。打造全球化创新链，构建跨领域大协作创新网络，加速颠覆性创新，为区域产业发展提供源头技术供给。聚焦大湾区产业"卡脖子"关键核心技术问题，特别是芯片、发动机、材料、数控机床、工业软件等领域关键零部件、关键装备短板，粤港澳联手实施科技专项计划，以战略专项和重大专项为引领，组织开展关键核心技术攻关，加快实现关键技术与装备的自主可控，提升产业竞争力和国际竞争力。发挥高水平研究型大学、大型科创企业创新主体地位，组建以行业龙头企业、大型科技企业、重点项目为牵引的关键核心技术攻坚主体，构建具有全球竞争力的开放型区域协同创新共同体，推动关键技术实现集群式突破。进一步完善科技创新体制机制，探索实施"中长期概算+包干制+负面清单+绩效评价"① 相结合的科研经费管理模式。

---

① 《大咖谈丨王德保：攻坚关键核心技术，打造大湾区科技创新枢纽》，百度百家号，2024 年 2 月 18 日，https://baijiahao.baidu.com/s? id=1791232118377170340&wfr=spider&for=pc。

政产学研协同推动科技成果转化。充分发挥粤港澳大湾区国家技术创新中心科技"特种兵"作用，借鉴国际经验，创新科技成果转化机制，破除制约创新要素流动障碍，推动前沿性、颠覆性、关键共性、现代化工程技术创新成果转化落地。坚持科学驱动、需求牵引，创新产学研协同推动科技成果转化方式，提升"港澳高校—港澳科研成果—珠三角转化"科技产业协同发展模式，在重要产业聚集区布局产业创新中心，加快创新技术应用示范、成果转化与产业化，培育高精尖产业和未来产业，推动科技创新和产业创新共融共舞。

（二）聚焦构建面向未来的现代化产业体系，打造产业高地

产业是衡量区域发展水平的重要指标，现代化产业体系是区域现代化的物质技术基础支撑。构建具有国际竞争力的现代化产业体系，是《规划纲要》对粤港澳大湾区建设所确立的发展方向。新征程上，大湾区要突出重点、突出差异化发展，培育发展新产业、新业态、新模式、新场景，改造升级传统产业，大力发展先进制造业和现代服务业，前瞻谋划部署未来产业，开辟新赛道，把握未来发展主动权，培育世界级产业集群，构建体现湾区特色和优势、面向未来的现代化产业体系。

建设世界级先进制造业集群。深入推进"制造业当家"战略，改造升级传统产业，做强做优做大战略性支柱产业。一是进一步推动传统优势产业改造升级、提质增效，分行业打造质量过硬、品牌优秀、竞争力强的特色优势产业集群。以稳链补链强链延链为重点，做强电子信息、汽车、石化等支柱产业。对已建立起一定技术优势和产业优势的家具、智能家电、纺织服装、日化等传统产业，坚持实施长期主义，以促进品牌化、高端化、时尚化转型为方向，加快产业升级并做强做优。实施数字化转型促进行动，促进实体经济和数字经济深度融合，加快制造业产业链"数改智转"，促进传统产业和先进制造业产业集群数字化转型，打造具有国际竞争力的数字产业集群。二是巩固提升十大战略性支柱产业的领先优势，打造一批世界级先进制造业集群。实施"广东强芯"等工程，提高集成电路、新材料、工业软件、高端装备等产业关键核心技术自主供给能力，集中优势力量加

快补短板，提升产业链供应链韧性和安全水平。

培育壮大战略性新兴产业。大湾区要科学驱动、需求牵引，围绕提升战略性产业创新能力，瞄准重大场景，依托全球化创新链培育全产业链关键核心技术，整合区域支撑场景实现的配套技术，加快形成大湾区主导、全国联动的战略性创新链，并深化创新链产业链融合协同发展，推动战略性新兴产业集群培育，打造成为新质生产力的策源地，引领区域高质量发展。打造6G、集成电路、纳米、生物等产业创新高地，加快推进国家产业创新中心、工程研究中心等产业创新平台布局建设。在超高清视频显示、新能源、生物医药与健康、数字创意等领域，新育若干个万亿元级产业集群；在半导体与集成电路、高端装备制造、前沿新材料、安全应急与环保、精密仪器设备等领域，新育若干个超五千亿元级产业集群。以全产业链布局和应用牵引为发力点，培育壮大集成电路、新型储能、机器人、低空经济、人工智能等战略性新兴产业。以市场需求为牵引，建设商业航天产业体系，鼓励广州、深圳、珠海、阳江等地抢抓机遇、先行先试，整合资源、完善配套，围绕火箭、卫星、地面站、终端设备等航天产业重要领域的关键核心技术，开展协同攻关、成果转化和规模化应用，推动卫星与物联网、云计算、大数据、人工智能等新技术融合创新，打造商业航天产业高地和特色产业集聚区。以打造绿色发展高地为牵引，利用业已形成的绿色低碳产业链和产业集群优势，以先进绿色技术研发和应用为支撑，大力发展智能制造、绿色能源、绿色新材料等新兴绿色产业，打造世界级绿色低碳产业集群，在加快我国经济社会发展全面绿色转型中发挥示范带动作用。

大力发展现代服务业。服务业兴旺发达是现代经济的一个显著特征，是扩大内需的关键领域。根据区位条件、资源禀赋、城市群经济空间形态及产业集群发展格局，突出大湾区城市间协同融合发展，生产生活同步发力，优化服务业区域分工和空间布局，加快形成"龙头引领、梯次推进、协同互促"的现代服务业空间新格局。一是推动生产性服务业高质量发展。实施生产性服务业十年倍增计划，大力发展研发设计、工业设计、现代物流与供应链管理、信息服务、检测认证等，建设国家数字经济创新发展试验区。谋划打造一批生产性服务业集聚示范区、生产性服务业示范平台和生产性服务业示范企业，推动生产性服务业向专业化和价值链高端延伸。实施生产性服务业供给质量改造提升行动，支持利用大数据、物联网等新技术改造提升传统生产性服务业，建设综合型、特色型、专业型工业互联网，发展产业互联网平台。提高生产性服务产品供给质量，依据现代先进制造业生产模式，重点发展产品研发、生产设计、电子商务、软件与信息技术服务、人力资源培训等细分行业，增强生产性服务产品的有效供给，为企业提供从产品立项到产品营销的全方位、全过程支持。二是加快生活性服务业多样化发展，助推消费提振和升级，进一步推动教育、卫生、文化、体育等基本公共服务提质扩面。壮大文化、旅游、家政、社区服务等市场主体，加大"一老一小"普惠性生活优质服务的多元化供给。支持市场主体应用数字技术开拓生活性服务应用场景，探索生活性服务新业态、新模式，提供便捷高效、个性化、智能化、定制化服务体验，满足消费者个性化需求。三是推动大湾区城市间服务业合作发展，有序扩大服务业对外开放。一方面，依托前海深港现代服务业合作区，探索创新机制，提升粤港澳服务业区域联动性和要素配置效率，发挥香港高端服务业辐射功能，推动互联网、大数据、人工智能和实体经济深度融合。另一方面，发挥大湾区开放优势，有序扩大服务业对外开放，加大全球研发设计、商务服务、营销品牌、咨询等价值链高端环节的生产性服务机构引进，带动大湾区高端服务业集群发展。

打造一批未来产业集群。深刻把握全球未来产业发展趋势，对标对表国际国内未来产业布局情况，立足大湾区科技产业优势，聚焦广东 20 个战略性产业集群①建设。在未来电子信息、未来智能装备、未来生命健康、未

---

① 20个战略性产业集群是指十大战略性支柱产业集群（新一代电子信息、绿色石化、智能家电、汽车产业、先进材料、现代轻工纺织、软件与信息服务、超高清视频显示、生物医药与健康、现代农业与食品）和十大战略性新兴产业集群（半导体与集成电路、高端装备制造、智能机器人、区块链与量子信息、前沿新材料、新能源、激光与增材制造、数字创意、安全应急与环保、精密仪器设备）。

来材料、未来绿色低碳等领域①前瞻谋划，抢占前沿性、颠覆性产业领域制高点，形成若干领跑全球的未来产业集群，争创国家未来产业先导区，建设具有全球影响力的未来产业创新策源中心和发展高地。② 突出创新驱动，加强基础研究，强化前沿技术和颠覆性技术探索攻关，深化科技创新与产业创新融合发展。创建未来产业科技园，引育一批高层次战略科学家和企业家。支持创新主体建设未来产业概念验证中心、中试平台和未来产业应用场景，建设一批未来产业孵化器和先导区，大力推进创新大模型、智能终端、低空经济等试点示范应用，加快未来技术创新成果转化和产业化。实施优质企业梯度培育专项计划，重点遴选省级"链主"企业、省级"单项冠军"企业、专精特新"小巨人"企业、省级专精特新中小企业，给予各项政策、资源、要素倾斜，加强风险投资、科技金融、创新人才、新型基础设施等服务保障，广泛培育面向未来产业布局的瞪羚企业、独角兽企业、专精特新企业、科技领军企业、链主企业和世界一流的企业群。

（三）聚焦增强"双循环"节点功能，打造开放枢纽

粤港澳大湾区地处国内国际两个市场、两种资源结合部，国内国际"双循环"交汇处，是我国高水平开放的重要动力源。改革开放以来，港澳一直扮演着内地联通世界的"超级联系人"角色。大湾区制度的多样性，又为其对接全球提供了独特的兼容性优势。横琴、前海、南沙、河套不仅是联结粤港澳三地的中心节点，更是我国国内国际"双循环"新发展格局中的重要节点。在"双循环"新发展格局构建中，广东要全面深化改革，不断在制度型开放中取得重大突破，形成一批引领性开放型经济发展战略高地。深化粤港澳合作，聚焦四大平台的功能定位，扩大高水平开放，增强四大合作平台的"双循环"节点功能，打造全球高端生产要素集聚高地。

---

① 《广东争创国家未来产业先导区 到二零三五年基本形成若干领跑全球的未来产业集群》，广东省人民政府网，2024 年 3 月 1 日，http://www.gd.gov.cn/gdywdt/zwzt/kjzlzq/cy/content/post_4445489.html。

② 《王伟中主持召开省政府常务会议 研究培育发展未来产业、推进商业航天高质量发展、支持东莞深化两岸创新发展合作等工作》，广东省人民政府网，2024 年 8 月 25 日，http://www.gd.gov.cn/zzzq/cwh/content/post_4482711.html。

内外双向开放并举，深化与全省、全国区域重大战略和周边省份的对接合作、联动发展，持续提升外经贸质量水平，以国内循环的强大内生动力、国际循环的高质量高水平将大湾区建设成具有全球聚合力的双向开放枢纽和我国"双循环"新发展格局的重要枢纽。

高水平建设横琴、前海、南沙、河套四大合作平台体系。四大平台聚焦各自功能定位，携手港澳，充分利用政策红利和深化改革契机，深化探索一个国家、两种制度、三个关税区、三种法律制度下的制度融合、标准对接、治理协同、民生合作、资质互认、空间拓展等多层次跨区域合作的新路径，形成优势互补、功能互补，共同支撑粤港澳大湾区高质量发展格局。紧紧扭住"澳门+横琴"新定位，支持横琴发展促进澳门经济适度多元的新产业，加快建成琴澳经济高度协同、规则深度衔接的制度体系。优化分线管理政策措施，加快中医药省实验室、跨境电商产业园、琴澳创新产业园建设，提升琴澳一体化发展水平，为澳门高科技、中医药、文旅、会展、现代金融等产业发展提供新的发展空间，建设珠澳经济极点。支持前海打造全面深化改革创新试验平台，联动香港构建更具国际竞争力的现代服务业体系，提升金融、法律等领域对外开放水平，加快建设高水平对外开放的门户枢纽。支持南沙建设"精明增长、精致城区、岭南特色、田园风格、中国气派"的现代化都市，布局建设一批协同港澳的产业项目，服务港澳的公共服务设施，打造大湾区国际航运、金融和科技创新功能承载区。支持河套发挥科技创新、深港跨境接壤、"一区两园"优势，科技创新和制度创新双轮驱动，高质量、高标准、高水平建设河套深港科技创新合作区深圳园区，并加强与香港园区协同发展、优势互补，充分发挥香港的"超级联系人"作用，打造协同创新高地，支撑大湾区国际科技创新中心建设。

深化实施"湾区通"工程，建设"双循环"新发展格局的重要枢纽。打破各种跨境关税、非关税壁垒及市场准入限制，持续推进大湾区通关便利化，建立大湾区统一大市场，是大湾区畅通"双循环"、在构建新发展格局中发挥开放枢纽作用的必然要求。尽管 CEPA 及其补充协议的签订实施有助于打破世贸组织多边规则约束，促进粤港澳经贸发展，但尚未解决三地间交易成本高、自由投资效率低等问题。为此，一方面，大湾区要加快建设"轨道上的大湾区"，深化基础设施互联互通。建设智慧口岸，加快口岸数字化转型和智能化升级，统筹提升广州南沙港区、深圳盐田港区、珠海高栏港区、香港港区等港口协同开放动能，提升广州、深圳国际航空枢纽功能，推进粤港澳大湾区机场错位发展和良性互动。充分发挥港珠澳大桥、深中通道、黄茅海跨海通道等重大基础设施的枢纽作用，加快珠江口东西两岸一体化发展。创新推动数据跨境流动，加快建设"数字湾区"，促进生产要素高效便捷流动。另一方面，持续探索深化规则衔接、机制对接、标准制定、治理协同、民生合作、资质互认、空间拓展等多层次跨区域合作新路径，加强反垄断和反不正当竞争、市场监管数字化规范化标准化建设等方面的合作，开展优化企业跨区域迁移登记、建设质量创新先导区、实施"数字+执法"试点等创新改革，完善、创新市场制度，强化优质产品和服务供给，推动区域市场高水平互联互通，畅通生产、分配、流通、消费各环节，逐步构建起统一开放、竞争有序、高效规范的统一大市场公平竞争先行区，为全国统一大市场建设探索宝贵经验。

积极对接国家区域协调发展战略，强化联动发展。大湾区要自觉承担起时代使命，积极融入、服从服务国家区域协调发展战略，在拓展经济纵深的同时，更好地发挥辐射带动作用。对内而言，要加强以下两个空间层次的区域合作。一是加强大湾区与粤东粤西粤北地区的协同发展。建设提升大湾区连通东西两翼沿海地区和北部生态发展区的大通道、大平台、大枢纽，推动创新资源、创新市场对接。支持大湾区企业参与粤东粤西粤北地区重大产业项目建设和生态环境保护等方面的对接合作、联动发展，带动粤东西北地区经济发展。二是全面提升"珠江—西江"经济带开放腹地功能。通过要素流动和产业转移，形成优势互补、特色鲜明、分工合理的产业协作体系，推动环珠三角地区与大湾区一体化融合发展。对外而言，要加强跨省区合作平台建设，深化拓展与西部地区省份的交流合作，一是加强与琼州海峡经济带、粤桂黔高铁经济带等沿江、沿海、沿重要交通干线的经济带和粤桂合作特别试验区^①等合作发展，与海峡西岸城市群和北部湾城市群联动发展，与京津冀协同发展、长江三角洲区域一体化发展、长江经济带发展、海南自由贸易试验区和自由贸易港建设等区域重大战略的对接合作、联动发展。二是强化与西部大开发等战略协同联动，积极参与西部陆海新通道建设，加强特色产品产销对接、开放平台互享共用等经贸平台、渠道建设，提升产业科技、能源资源等合作水平。三是发挥好面向东南亚、印度洋的地缘优势，打造连接共建"一带一路"国家（地区）的枢纽。

打好"五外联动"组合拳，构建大湾区国际贸易新格局。广东是全国外经贸大省，外贸进出口规模连续39年居全国首位。2024年，广东外贸规模达9.11万亿元，占全国的20.8%；实际使用外资1012亿元，占全国总量的12.25%。珠三角9市在广东外经贸高质量发展中扮演"挑大梁"功能，2019~2023年，珠三角9市进出口达37.34万亿元，进出口占同期广东外贸的比重均超95%。未来，要携手港澳持续提升外经贸质量水平，构建大湾区国际贸易新格局。一是注重制度规则开放创新。依托港澳、服务内地、面向世界，发挥前海、南沙、横琴等自贸试验区片区高水平开放平台作用，在货物贸易创新发展、服务贸易自由便利、便利商务人员临时入境、数字贸易健康发展、加大营商环境改革力度、健全完善风险防控制度等方面，对标《区域全面经济伙伴关系协定》《全面与进步跨太平洋伙伴关系协定》《数字经济伙伴关系协定》等国际高标准经贸规则，加大制度规则开放创新力度，构建与国际高标准经贸规则相衔接的制度体系和监管模式。合理缩减外资准入负面清单，落实制造业领域外资准入限制措施"清零"政策，进一步取消或放宽外资准入限制，完善服务保障体系，依法保护外商投资权益。加大跨境贸易投融资便利化政策供给，发挥横琴粤澳深度合作区多功能自由贸易账户优势，探索高水平的贸易投融资自由化便利化。实施更加开放便利的出入境、停居留政策，优化对高层次人才的金融、税收、教

---

① 《【南方时评】强化大湾区辐射带动作用——三论举全省之力推进粤港澳大湾区建设》，《南方日报》2019年7月10日。

育、医疗资源等方面的供给。二是壮大外贸发展新动能。继续巩固拓展美国、东南亚、南亚等市场，打造电子信息、现代轻工纺织等一批万亿级、千亿级出口产业集群。高标准建设好南沙、黄埔和前海国家进口贸易促进创新示范区，打造全牌照大宗商品进出口公司，布局建设一批重要产品进口基地，加快推进大宗商品、电子元器件、飞机、汽车、中高端消费品、农副产品等六大进口基地建设，打造全球重要商品进口集散地。进一步推动跨境电商高质量发展，高标准建设好跨境电商综试区，探索创新"跨境电商+多式联运""跨境电商+国际班列"等模式，优化海外仓布局，加快推动"跨境电商+产业带"发展，① 全力推进跨境电商示范省建设。大力发展保税物流、离岸贸易等外贸新业态新模式，拓展中间品贸易、绿色贸易，不断增强外贸发展新优势。三是推动服务贸易高质量发展。实施跨境服务贸易负面清单，深入推进跨境服务贸易和投资高水平开放，放宽数字产品等市场准入。促进服务贸易与货物贸易融合发展、传统加工贸易向服务贸易和技术贸易转变。提升旅游、运输、文化、中医药等传统服务贸易，发展金融保险、管理咨询、认证认可、技术贸易、知识产权、保税维修等知识密集型专业服务贸易，推进教育、医疗、电信、互联网、文化等服务领域有序扩大开放，培育服务贸易新增长点。争取新一轮服务业扩大开放综合试点示范，做强数字贸易，打造全球贸易数字化领航区。进一步促进服务外包提质增效，充分发挥前海和横琴现代服务业高水平开放优势，利用云计算、移动互联网、物联网、大数据等技术，大力发展云服务外包、人工智能服务外包以及区块链大数据等领域的高端服务外包，建设具有全球影响力的服务外包集聚区域。利用大湾区区位优势，建设区域性服务外包孵化平台、服务贸易发展公共服务平台，吸引培育一批服务外包全球百强企业、中国领军企业、龙头企业和专业化外包复合型人才队伍，加快建设珠三角国家级服务外包城市群。四是推进内外贸一体化。加强内外贸规则

---

① 《省商务厅党组书记、厅长，省自贸办主任张劲松：完善高水平对外开放体制机制 打好"五外联动"组合拳》，粤港澳大湾区门户网，2024 年 8 月 26 日，https://www.cnbayarea.org.cn/homepage/news/content/post_1258284.html。

衔接机制对接,大力推进"粤贸全国"计划,搭建内外贸融合发展平台,培育一流内外贸经营企业。以产业为基,进一步扩大大湾区"组合港""一港通"等改革覆盖范围,畅通提升珠三角内河支线港与广州、深圳两大城市枢纽港的联动水平。进一步深化通关改革,扩大"一单两报""跨境一锁"深化应用,扫除大湾区"9+2"城市群内部衔接与通关障碍。五是优化外经布局。积极探索"本土研发+海外生产""国内总部+全球布局""两国双园"等模式,高质量建设境外经贸合作园区,进一步推动广东优势产业有序"走出去",开展国际产能合作。大力培育本土跨国公司,支持有条件的企业在海外布局建设研发中心、生产基地、营销网络和仓储物流基地。全面落实"粤贸全球"计划,高质量办好中国进出口商品交易会、中国国际高新技术成果交易会、中国(深圳)国际文化产业博览交易会、中国国际消费品博览会、粤港澳大湾区服务贸易大会等重大展会,助力企业开拓海外市场。五是擦亮"投资广东"品牌。深入实施招商引资"一把手"工程,全面贯彻落实国家取消制造业领域外资准入限制措施等相关政策精神,打造市场化法治化国际化一流营商环境。办好粤港澳大湾区全球招商大会、珠三角与粤东西北经贸合作招商会、世界粤商大会、世界客商大会等品牌化招商活动,打造具有国际影响力的交流合作、招商引资平台。大力开展产业链招商、总部招商、股权招商。争取国家支持创办中国(广东)国际工程交易会,开拓全球性工程建设领域全链条产业交易市场。六是加大外智引进力度。进一步优化利用外资结构,鼓励和引导外资更多投向科技创新领域,加大对外商投资在粤设立研发中心开展科技研发创新活动的支持力度,吸引全球高端外资研发机构落户。依托重大平台、重点机构、优势企业,面向全球招才引智,精准引进一批"高精尖缺"人才。

二 以"五个统筹"为着力点,加快推动珠三角城市群一体化发展

根据区域经济增长理论,城市群是区域一体化、城乡区域协调发展、统一大市场建成的重要载体、推动力和经济增长极。《中华人民共和国国民经济和社会发展第十一个五年规划纲要》提出"要把城市群作为推进城镇

化的主体形态"，已形成城市群发展格局的区域，既要发挥带动和辐射作用，又要加强城市群内各城市的分工协作和优势互补，增强城市群的整体竞争力；具备城市群发展条件的区域，要以特大城市和大城市为龙头，发挥中心城市作用，形成新城市群。[①] 2014 年印发的《国家新型城镇化规划（2014—2020 年）》提出建立城市群发展协调机制，加快推进城市群一体化进程。[②] 2019 年 2 月，《国家发展改革委关于培育发展现代化都市圈的指导意见》提出，城市群是新型城镇化主体形态。[③] 党的二十大在部署区域协调发展战略安排时指出，要以城市群、都市圈为依托构建大中小城市协调发展格局。改革发展 40 多年来，广东的经济发展空间结构已发生深刻变化，中心城市和城市群已成为承载发展要素的主要空间形式。但在影响城乡区域协调发展、共同富裕诸多因素中，核心城市间的"强强"竞争关系、核心城市集聚效益大于辐射效益、中等城市特别是粤东粤西粤北地区中心城市发育不足是重要制约因素。

一体化发展，是区域协调发展的高级形态，能推动资源要素在更大空间范围内的快速集聚与整合，形成彼此互为溢出的空间正外部性。"珠三角"这个概念首次进入人们视野是在 1994 年。2008 年 12 月发布的《珠江三角洲地区改革发展规划纲要（2008—2020）》（以下简称《珠三角规划纲要》），标志着主要由广州、深圳、珠海、佛山、江门、东莞、中山、惠州、肇庆 9 市组成的珠三角城市群进入国家级城市群系列，推进珠三角区域一体化上升为国家战略。为贯彻落实《珠三角规划纲要》，广东制定了基础设施、产业布局、基本公共服务、城乡规划和环境保护五个专项规划（"五个一体化"）来统筹部署珠三角区域一体化。同时，基于历史文化和经济联系、地理位置等因素，将珠三角划分为珠中江、广佛肇、深莞惠三个城市

---

① 《中华人民共和国国民经济和社会发展第十一个五年规划纲要》，中华人民共和国中央人民政府网站，https：//www. gov. cn/gongbao/content/2006/content_268766. htm。
② 《中共中央 国务院印发〈国家新型城镇化规划（2014—2020 年）〉》，中华人民共和国中央人民政府网站，https：//www. gov. cn/gongbao/content/2014/content_2644805. htm。
③ 《国家发展改革委关于培育发展现代化都市圈的指导意见》，中华人民共和国中央人民政府网站，2019 年 2 月 19 日，https：//www. gov. cn/zhengce/zhengceku/2019-09/29/content_5434981. htm。

圈（经济圈），并分别编制了到 2020 年的发展规划及交通运输、产业协作、环境保护等专项规划，形成国家、省、市三级系统协同推进珠三角区域一体化发展的制度政策体系。

事实上，经过近 50 年的改革开放发展，珠三角已成为牵引广东、全国发展的重要城市群。2024 年，珠三角经济规模 11.54 万亿元，以占全省不足 1/3 的土地，聚集了全省近 70% 的常住人口，创造了全省 81.45% 的生产总值。① 作为珠三角城市群的核心"双引擎"，2024 年，广州、深圳经济规模达 3.10 万亿元和 3.68 万亿元，分别占珠三角和全省经济规模的 26.90% 和 21.91%、31.90% 和 25.98%。② 《珠三角规划纲要》实施 16 年来，珠三角城市群一体化发展加速推进，在基础设施互联互通、要素资源流动更加顺畅、基本公共服务提质扩面、生态环境共治共护、共同富裕政策有效落实等方面取得显著成效，增长极功能不断巩固提升，现代化产业体系加快建立，区域集聚发展、协同创新发展能力显著提升，改革开放迈出新步伐，珠三角区域整体实力和综合竞争力持续位居全国前列，向世界级城市群目标迈进势头强劲，成为彰显中国特色社会主义制度优越性的重要窗口，我国参与国际竞争合作的重要平台。同时也要看到，制约珠三角城市群一体化发展的深层次体制机制问题尚未破解，"五个一体化"规划目标还未实现，产业链供应链分工协作水平有待提升，辐射带动力需进一步加强，超大特大城市治理和发展还有不少短板，改革开放仍需进一步全面深化。新征程上，珠三角要聚焦世界一流城市群、国际科技创新中心、现代产业高地的重要使命，以科技产业创新为引领，以改革开放为动力，以国家重大

---

① 《2024 年广东省国民经济和社会发展统计公报》，广东省统计局网，2025 年 3 月 26 日，http://stats.gd.gov.cn/gkmlpt/content/4/4686/post_4686764.html#37131。

② 《2024 年广州市国民经济和社会发展统计公报》，广州市人民政府网，2025 年 4 月 8 日，https://www.gz.gov.cn/zwgk/sjfb/tjgb/content/mpost_10203564.html；《深圳市 2024 年国民经济和社会发展统计公报》，深圳政府在线，2025 年 5 月 22 日，https://www.sz.gov.cn/cn/xxgk/zfxxgj/tjsj/tjgb/content/post_12190855.html。

战略为牵引，以"五个统筹"①为着力点，进一步提升创新能力、产业竞争力、发展能级，率先形成更高层次改革开放新格局。以区域基础设施一体化、城市间产业分工协作、建设统一市场、公共服务共建共享、生态环境共保共治为抓手，全面深化珠三角城市群一体化发展，在广东破解城乡区域发展不平衡不协调这一制约发展最大短板中更好地发挥核心引擎引领示范、辐射带动作用。

（一）加强科技创新和产业创新区域统筹

2023年12月的中央经济工作会议强调"以科技创新引领现代化产业体系建设。要以科技创新推动产业创新，特别是以颠覆性技术和前沿技术催生新产业、新模式、新动能，发展新质生产力"②。党的二十届三中全会提出，推动科技创新和产业创新融合发展。科技创新是产业创新的关键驱动力，产业创新是科技创新价值实现的载体。珠三角要进一步突出创新驱动，把牢产业科技互促双强这个关键，充分利用业已形成的包括科创人才、重大科技基础设施集群在内的创新要素聚集和科技创新、产业集群优势，大力推进科技创新和产业创新深度融合，进一步加强科技产业创新区域协同。一方面，抓住大湾区国际科技创新中心建设战略机遇，携手港澳，大力推进基础研究、技术攻关和创新平台建设，构建以国家实验室建设为牵引的多层次实验室体系，在关键材料、关键元器件、关键设备、基础软件等领域推动更多从"0"到"1"的关键核心"卡脖子"技术突破，扩大高质量科技供给。推进产业链创新链深度融合，以科技创新引领支撑现代化产业体系建设，增强产业链供应链的韧性和安全性，推动产业在全球产业体系中位次的跃升和竞争力提升。强化企业科技创新主体地位，大力发展新型研发机构，整合政府、企业、高校科研院所科技创新力量和优势资源，形成综合发力、协同创新的良好生态。完善重大引领项目高额补贴、多元化

---

① 《习近平主持召开深入推进长三角一体化发展座谈会强调：推动长三角一体化发展取得新的重大突破 在中国式现代化中更好发挥引领示范作用》，中华人民共和国中央人民政府网站，2023年11月30日，https://www.gov.cn/yaowen/liebiao/202311/content_6917835.htm。
② 《中央经济工作会议在北京举行习近平发表重要讲话》，新华网，2023年12月12日，http://www.xinhuanet.com/2023-12/12/c_1130022917.htm。

平台支撑体系。扩大高水平国际科技合作，加强国际化科研环境建设，营造具有全球竞争力的开放创新生态。另一方面，加强城市间强强联合，探索形式多样的"大湾区研发+粤东西北转化"模式，推动科技创新和产业创新深度融合，催生新产业、新业态、新模式，合力打造全球科技创新高地和新兴产业重要策源地。

（二）加强龙头带动和各扬所长统筹

聚集高端要素资源，提升城市现代化、国际化水平，进一步增强广州、深圳国家级中心城市的核心引擎功能与积极培育珠海省域副中心城市和佛山、东莞省级经济中心城市并举，发挥广州、深圳龙头城市的"头雁"作用，通过科技创新溢出、产业扩散、资本流动等方式，辐射带动周边区域加快发展，推动珠三角各市分工合作、功能互补，提升城市能级，形成推动区域高质量协同发展、打造区域发展共同体合力。一是支持广州围绕"建设中心型世界城市""打造全省高质量发展的主引擎"，进一步提升国际商贸中心、全国先进制造业基地、全国综合性门户、国际科技创新中心等核心功能，强化综合城市功能，建设教育医疗中心、对外文化交流门户和国际性综合交通枢纽，开展国家服务业扩大开放综合试点，提升城市规划、建设、治理水平，实现老城市新活力和"四个出新出彩"。二是支持深圳围绕打造"粤港澳大湾区核心增长极"，加快建设更具全球影响力的经济中心城市和现代化国际大都市、全球领先的重要先进制造业中心。对标现代化国际化城市标准，加快扩容提质，全面提升城市综合承载力，建设好中国特色社会主义先行示范区，创建社会主义现代化强国的城市范例。三是广州、深圳要树立全省"区域一盘棋"思维，从"竞争主导的合作"转向"合作主导的竞争"，唱好"双城记"。围绕各自城市功能定位，从服务粤港澳大湾区建设和"五大都市圈"高质量发展的战略高度谋划发展，不断增强核心城市功能、提升城市能级，牵引广州都市圈、深圳都市圈形成优势互相倚重、共同发展的都市圈发展格局，并辐射带动珠江口西岸都市圈以及周边地区的发展，引领打造环珠江口100公里"黄金内湾"，夯实珠三角城市群支撑骨架。四是珠海要聚焦现代化国际化经济特区和省域副中心城市建设，着力建设"四个中心"（区域科技创新中心、商贸物流中心、特色金融中心、文化艺术中心），全面提升城市能级量级，成为珠江口西岸核心城市。大力发展先进制造业和现代服务业，壮大集成电路设计制造、生物医药等战略性新兴产业，打造航空工业和通航产业集聚区。以横琴粤澳深度合作区为牵引，深化与澳门合作。建设枢纽型网络化综合交通体系，打造珠江口西岸综合交通新枢纽。加强智慧化、绿色化发展，打造生态文明新典范。① 五是佛山要聚焦省级经济中心城市和制造业创新高地建设，培育壮大新能源汽车、生物医药与健康、先进材料、新能源、高端装备、智能机器人、半导体及集成电路等先进制造业集群，推动传统家电、制造业、轻工纺织、食品饮料数字化智能化转型发展和集群式发展，促进安全应急产业集聚发展，大力发展战略性新兴产业，提升产业链现代化水平和供应链的安全水平。搭建重大科技创新载体和平台，推动科技产业创新协同融合发展，推动制造业高质量发展。建设现代立体交通体系，加快广州新机场、佛山西站、广湛高铁佛山站、珠肇高铁高明站和城市轨道交通二期建设，打造大湾区西向门户城市。建设一批"高标仓+智能化"现代物流产业园，成为服务国内国际双循环的重要节点。加快广佛全域同城化，支持广佛携手建设广州都市圈。推动"深圳创新+佛山产业""港澳创新+佛山转化"有机结合，提升与深圳、香港、澳门合作发展水平，强化与周边城市的协同联动和融合发展，发挥辐射带动功能，引领带动珠江口西岸城市建设先进装备制造产业带。② 六是东莞要聚焦省级经济中心城市和科创制造强市打造，用好国家重大科技基础设施等重大创新平台，集聚高层次科技创新人才，增强科技创新能力。加快传统产业集群化、高端化、品牌化、数智化发展，提升制造业发展能级，建设国家先进制造业集群，打造制造业

① 《中共广东省委 广东省人民政府关于支持珠海建设新时代中国特色社会主义现代化国际化经济特区的意见》，广东省人民政府网，2021 年 3 月 29 日，https://www.gd.gov.cn/gdywdt/gdyw/content/post_3250510.html。
② 《中共广东省委 广东省人民政府印发〈关于支持佛山新时代加快高质量发展建设制造业创新高地的意见〉》，广东省人民政府网，2022 年 8 月 26 日，https://www.gd.gov.cn/zwgk/zcjd/snzcsd/content/post_4001522.html。

高质量发展示范区。培育壮大战略性新兴产业集群，大力培育"单项冠军"企业、"专精特新"企业、"小巨人"企业。加强与广州的战略协同、产业互补、交通互联，深度参与深圳都市圈建设和"深莞惠+河源、汕尾"区域合作，打造广深"双城"联结纽带。打造宜居宜业高品质现代化都市，推动城市绿色低碳循环发展，高标准推进都市核心区建设，扩大优质公共服务供给，提升城市治理现代化水平和功能能级。①

（三）加强硬件联通和机制统筹协同

增强一体化意识，树立一盘棋思维，进一步提升传统基础设施和新型基础设施互联互通水平，持续推进珠江口东西两岸、珠三角与粤东西北间各类交通网络基础设施衔接。加大制度和体制机制创新力度，打破制约珠三角区域一体化的地区分割和行政壁垒，强化规划、土地、项目建设的区域协同和有机衔接，推动区域一体化向产业跨区域转移、生产要素合理配置、信息服务共建共享、土地综合利用等更深层次更宽领域拓展，在"五个一体化"领域实现更大突破，使珠三角真正成为区域发展共同体。

（四）加强生态环保和经济发展区域统筹

锚定高质量发展首要任务，坚持生态优先、绿色发展，统筹推进污染治理、生态保护、绿色低碳，协同推进降碳、减污、扩绿、增长，做大做强节能环保产业、环保装备制造业、新能源汽车产业、环境服务业，以及清洁能源、节能降碳、资源循环利用、生态碳汇等绿色低碳产业，打造世界级绿色低碳产业集群，服务支撑经济社会发展全面绿色转型，推动珠三角在高质量发展中实现生态环境根本好转。持续深入打好污染防治攻坚战，强化大气污染综合治理。更加突出珠江治理的系统性、整体性、协同性，加强重要支流治理，不断推进生态环境共建共治、区域协同、试点示范，建设珠三角生态绿色一体化发展示范区，为绿美广东建设提供先行示范，为人与自然和谐共生的中国式现代化提供珠三角样本。

---

① 《中共广东省委 广东省人民政府印发〈关于支持东莞新时代加快高质量发展打造科创制造强市的意见〉》，广东省人民政府网，2022 年 8 月 29 日，https://www.gd.gov.cn/zwgk/zcjd/snzcsd/content/post_4002610.html。

（五）加强区域发展与安全统筹

统筹好区域发展和安全，健全风险防控体系，提升防范化解科技、产业、金融等重点领域和重大基础设施风险能力。深入实施补链、延链、固链、强链行动，提升产业链的完整性、稳定性，增强应对全球经济波动、供应链中断等风险的能力。加大对关键技术的研发投入，努力实现高水平科技自立自强，减少对外部技术的依赖，增强产业发展的安全性。调整优化产业结构，培育壮大战略性新兴产业，提升国际竞争力。加强区域产业合作，打造共同应对市场风险、供应链风险区域经济共同体。健全贸易风险防控机制，引导产业链合理有序跨境布局。建设韧性城市，提高城市治理水平。进一步完善公共安全治理机制，抓实抓好防灾减灾和安全生产工作。

三　发挥中心城市龙头作用，高标准建设好"五大都市圈"

2014 年印发的《国家新型城镇化规划（2014—2020 年）》提出促进各类城市协调发展，推进中心城区功能向 1 小时交通圈地区扩散，培育形成通勤高效、一体发展的都市圈。① 2018 年 9 月，习近平总书记在东北考察时强调，要培育发展现代化都市圈。2019 年 2 月，《国家发展改革委关于培育发展现代化都市圈的指导意见》提出，都市圈是城市群内部以超大特大城市或辐射带动功能强的大城市为中心、以 1 小时通勤圈为基本范围的城镇化空间形态。要以促进中心城市与周边城市（镇）同城化发展为方向，培育发展一批现代化都市圈。② 抓好都市圈建设，目的是通过基于资源禀赋和特色优势城市间的分工合作，实现区域资源配置效率最大化，培育增长极；通过中心城市与周边城市关系的统筹协调和系统配置，平衡中心城市的聚集和扩散，缩小中心城市和周边城市发展差距，实现区域发展水平的整体提升。

"五大都市圈"最早见于 2020 年 5 月广东省委、省政府发布的《广东

---

① 《中共中央 国务院印发〈国家新型城镇化规划（2014—2020 年）〉》，中华人民共和国中央人民政府网站，https://www.gov.cn/gongbao/content/2014/content_2644805.htm。
② 《国家发展改革委关于培育发展现代化都市圈的指导意见》，中华人民共和国中央人民政府网站，https://www.gov.cn/zhengce/zhengceku/2019-09/29/content_5434981.htm。

省建立健全城乡融合发展体制机制和政策体系的若干措施》，分别于 2020 年 12 月、2021 年 12 月发布的《中共广东省委关于制定广东省国民经济和社会发展第十四个五年规划和二○三五年远景目标的建议》和《广东省新型城镇化规划（2021—2035 年）》对"五大都市圈"范围进行了细化、明晰，于 2022 年 8 月发布的《广东省都市圈国土空间规划协调指引》为"五大都市圈"国土空间规划编制提供指导。2023 年 12 月，广东省政府发布广州、深圳、珠江口西岸、汕潮揭、湛茂 5 个都市圈发展规划。"五大都市圈"有三个（广州都市圈、深圳都市圈、珠江口西岸都市圈）位于珠三角地区，其中广州都市圈、深圳都市圈获中央批复，成为我国第 11、12 个国家级都市圈。事实上，目前的广州、深圳两大都市圈无论是经济规模（2024 年，广州、深圳两大都市圈经济总量为 6.78 亿元）还是内部一体化水平在"五大都市圈"中均处于领先地位，在很多领域特别是经济领域的一体化发展早已突破了行政边界，走向功能区发展。规划建设广州、深圳两个都市圈的目的是加快珠三角区域一体化发展，并带动粤东粤西粤北地区节点城市发展。珠江口西岸、汕潮揭、湛茂三个都市圈，就其中心城市和内部一体化发展水平看，都还处于培育阶段。以一体化发展为方向，以创新体制机制为动力，以推动区域创新协同、产业分工协作、基础设施互联互通、公共服务共建共享、营商环境优化提升、生态环境共保共治、城乡融合发展为着力点，增强、发挥广州、深圳两大都市圈辐射带动作用，形成中心城市引领、大中小城市协调和"五大都市圈"联动发展的区域经济布局，广州都市圈助力粤北、汕潮揭都市圈牵引粤东、湛茂都市圈引领粤西高质量发展，是广东进一步推进区域协调发展、促进共同富裕的重要着力点。

（一）围绕打造全省高质量发展主引擎，推进广州都市圈建设

根据《广州都市圈发展规划》，广州都市圈包括广州、佛山（以下简称广佛）全域，肇庆市端州区、鼎湖区、高要区、四会市和清远市清城区、清新区、佛冈县，规划任务举措涉及清远英德市和云浮、韶关部分地区，3000 多万人口。围绕全省高质量发展的主引擎、全国高质量同城化示范区、

全国制造业和服务业融合发展典范区打造,① 以先进装备制造、汽车、新一代信息技术、生物医药与健康等万亿元级产业集群打造为目标,发挥广州辐射带动和广佛全域同城化引领作用,推进广清一体化深化发展,带动肇庆深入融入大湾区建设、清远成为北部生态发展区的发展极,形成"一核(广佛核心区)两极(肇庆、清远)四轴(广佛肇发展轴、广清发展轴、与深圳都市圈联动发展轴和与珠江口西岸都市圈联动发展轴)"极点带动、轴带支撑网络化②都市圈空间发展格局,进而推动珠三角核心区和粤北生态发展区优势互补、协同发展。

一是以打造全国高质量同城化示范区为牵引,全面加快广佛全域同城化,牵引肇庆打造珠三角新增长极。广州、佛山位于珠三角核心区,自古是一家,两城中心城区距离仅约 15 公里,是我国地级以上城市中直线距离较近的两个超大特大城市。2024 年,广州、佛山常住人口分别为 1897.80 万人、969.89 万人,经济规模均超 3 万亿元,而人口的过度集聚、城市功能的过于集中,让广佛面临大城市病加剧问题,如交通拥堵、教育、医疗等公共服务供给缺口等。顺应两地产业链接日趋紧密、通勤需求日益迫切,广佛在全国率先开展同城化实践探索。早在 2013 年就发布了《广佛同城化发展规划(2009 — 2020 年)》;2010 年 11 月全国首条跨地级市共建共营城市轨道线广佛线一期首通段开通运营;2017 年出台了《广佛同城化"十三五"发展规划(2016 — 2020 年)》;2022 年出台了《广佛全域同城化"十四五"发展规划》。随着同城化推进,广佛在交通设施互联、政务跨城互通和水污染共治等方面取得明显成效,两城间各种要素流动更加便利,产业分工协作不断深化,但囿于行政管理分割等影响,仍存在教育、医疗等公共服务衔接共享不够顺畅、产业科技创新协同不够、生态共治共育共担存

---

① 《广东省人民政府关于印发〈广州都市圈发展规划〉〈深圳都市圈发展规划〉〈珠江口西岸都市圈发展规划〉〈汕潮揭都市圈发展规划〉〈湛茂都市圈发展规划〉的通知》,广东省人民政府网,2023 年 12 月 20 日,http://www.gd.gov.cn/zwgk/wjk/qbwj/yf/content/post_4303487.html。

② 《广东省人民政府关于印发〈广州都市圈发展规划〉〈深圳都市圈发展规划〉〈珠江口西岸都市圈发展规划〉〈汕潮揭都市圈发展规划〉〈湛茂都市圈发展规划〉的通知》,广东省人民政府网,2023 年 12 月 20 日,http://www.gd.gov.cn/zwgk/wjk/qbwj/yf/content/post_4303487.html。

在阻力、协调机制有待优化等问题。为此，广佛要抓住广州都市圈建设机遇，以建立健全同城化发展体制机制为动力，前瞻谋划新一轮战略功能区建设，争取高位政策支持，优化提升区域资源配置，推动两市在产业协调、创新协同、设施联通、生态共治、民生共享等领域全面深度融合，推进广佛荟、南站商务区等重点项目建设，共建国际化都会区。探索试验区边界去行政化治理机制，高标准共建广佛高质量发展融合试验区，将之打造成广佛全域同城化引领区。加快广佛城际环线建成运营，进一步完善、提升两地间交通网络，实现毗邻区域公交全覆盖。打造广佛核心区连接肇庆、清远乃至周边地区的高速铁路网络，增强广佛都市圈极核、粤港澳大湾区极点的带动作用。围绕"广佛肇发展轴"打造，推动广佛肇在先进装备制造、新能源汽车、电子信息、节能环保等产业深化分工协作，在人才、技术、产业、高端服务等方面加大对肇庆的帮扶力度，带动肇庆发展成为珠三角新增长极。

二是深入推进广清一体化，助力清远打造大湾区产业有序转移高地。"广清一体化"于2012年提出，2015年2月被写入省政府报告，同年12月被编入2016年获国家批复的《广州市城市总体规划（2011—2020年）》。2021年5月，广东省委批复实施《广清经济特别合作区建设总体方案》，2023年5月，合作区管理机构搭建完成，进入实体化运作。"广清一体化"战略实施以来，广清两市合力在交通基础设施联通、产业协同共建、营商环境优化、生态共保共治等领域取得显著成效，形成"广州孵化+清远产业化""广州研发+清远制造""广州总部+清远基地""广州总装+清远配套"产业合作共建模式，广清经济特别合作区成为两市优势互补、协同发展的重要平台。截至2024年底，广清合作区累计引进项目768个，计划总投资达2152亿元，其中80%的项目来自广州等珠三角城市。① 未来，围绕打造广清发展轴，利用京广高铁、广清城际、北江水道，依托国家城乡融合发展试验区广清接合片区、广清经济特别合作区等平台，支持清远因地制宜发展纺织服装、先进制造、绿色低碳、文化旅游、健康养生等产业，成为

---

① 《广清经济特别合作区举行招商推介大会》，《广州日报》2024年6月28日，第11版。

大湾区产业有序转移高地、城乡区域协调发展示范地。通过优质产业和项目承接，加快清远产业转型升级，提升产业竞争力，带动粤北地区加快发展。清远要抓住机遇，利用区位优势，建成粤北地区交通枢纽，促进粤北地区资源要素的高效流动，助推区域经济协调发展。

（二）围绕打造世界水平的创新型国际化大都市圈，推进深圳都市圈建设

根据《深圳都市圈发展规划》，深圳都市圈由深圳、东莞、惠州和深汕特别合作区组成，覆盖 3415 万常住人口（2022 年）、土地面积约 16273 平方公里，规划任务举措涵盖粤北的河源市、粤东的汕尾市部分区域。2009年，随着《推进珠江口东岸地区紧密合作框架协议》的签署，深莞惠经济圈开始进入人们视野。十几年来，深莞惠三市持续推进基础设施、产业布局、城乡规划、公共服务、环境保护"五个一体化"，受深圳的创新、产业、开放和先行探索优势外溢影响，深圳都市圈较早形成紧密的经济产业合作关系。随着断头路打通、跨市公交开设，三市成为跨市通勤公交化示范区；随着产业转移与合作深化，形成了"深圳总部+东莞研发、惠州制造"的区域经济产业分工协作空间格局；随着公共服务保障衔接、定点医院医保互认、人才等要素的便捷流动，三市经济社会发展格局发生深刻改变。未来，要以深化深莞惠一体化、高水平建设深汕特别合作区为牵引，以"推进基础设施互联互通""携手打造科技创新产业体系""协作发展海洋经济""构建区域开放新格局""共建公共服务优质生活圈""加强生态环境共保共治""推进城乡融合发展"等为着力点，将深圳都市圈打造成粤港澳大湾区核心增长极、高质量发展先锋典范和开放包容的世界窗口。[①]

一是全面深化深莞惠一体化。发挥深圳核心引擎的辐射带动作用，引领东莞、惠州全面提升城市能级，将莞、惠两城打造成都市圈副中心，形成"一主二副"空间发展格局。全面加强深莞惠国土空间规划对接，重点规划、重大项目、重要机制等方面的衔接。加快深中通道南沙支线、惠州干线机场

---

① 《广东省人民政府关于印发〈广州都市圈发展规划〉〈深圳都市圈发展规划〉〈珠江口西岸都市圈发展规划〉〈汕潮揭都市圈发展规划〉〈湛茂都市圈发展规划〉的通知》，广东省人民政府网，2023 年 12 月 20 日，https://www.gd.gov.cn/zwgk/wjk/qbwj/yf/content/post_4303487.html。

等重要交通线路和基础设施建设，推进基础设施互联互通，打造半小时通勤圈。深圳用好创新优势，培育壮大战略性新兴产业和现代服务业，增强对东莞、惠州及周边城市的科技和产业创新溢出效应，深化"深圳研发+惠州转化""深圳总部+惠州基地""深圳服务+惠州制造"等区域产业分工协作模式，做强电子信息、互联网两大世界级产业集群，提升"基础研究+技术攻关+成果产业化+科技金融+人才支撑"全过程创新生态链能级，携手打造科技创新产业体系，培育具有全球影响力和竞争力的先进制造业、数字经济产业、新兴产业、高端化现代服务业集群。高标准推进深惠协同发展区建设，以发展高端制造、绿色低碳产业为重点，协同推进"龙岗—坪山—大亚湾—惠阳"和"坪地—清溪—新圩"两大产业组团建设。

二是立足打造东部板块高质量发展战略引擎，高水平推进深汕特别合作区建设。深汕特别合作区的前身是深圳（汕尾）产业转移园，2011年，经广东省委、省政府批复成立深汕特别合作区，成为广东探索"飞出地"主导区域协调发展的重要举措。10多年来，深汕特别合作区以项目为牵引，积极承接深圳产业转移、创新辐射，快速构建起以新能源汽车产业为牵引，以新型储能、新材料、智能制造装备产业为主体的现代化产业体系，经济社会得到高质量跨越式发展。未来，深汕特别合作区要紧扣打造深圳产业转移承载地、新引进重大产业项目目的地和粤东高质量发展孵化器，进一步完善、创新"特别+合作"区域协调发展机制，用好"特区+老区"政策叠加优势和深圳创新、开放优势，积极探索"田园+都市"城乡融合发展路径，大力发展战略性新兴产业和先进制造业，完善深汕特别合作区城市功能，打造深圳都市圈增长极。

（三）围绕打造协调有序的现代化都市圈，推进珠江口西岸都市圈建设

根据《珠江口西岸都市圈发展规划》，珠江口西岸都市圈（以下简称珠西都市圈）包括珠海、中山、江门、阳江全域，土地面积约2.1万平方公里，常住人口1435.3万人（2022年）。除土地面积外，不论是人口规模还是经济规模，珠西都市圈在"五大都市圈"中都是相对较小的，辐射带动能力也较弱，但有珠中江经济圈合作发展基础，加上先有港珠澳大桥、后

有深中通道、黄茅海跨海通道的开通，珠西都市圈的后发优势明显，担负打破珠江口两岸"东强西弱"困境使命的条件得到改善。2009年，随着《推进珠中江紧密合作框架协议》的签订，珠中江经济圈建设进入实质性推进阶段，三市在规划、交通、港澳合作、服务粤西、产业、环保、科技、应急处理等方面开展紧密合作。2014年，经广东省委、省政府批复，阳江加入珠中江经济圈。十几年来，珠中江阳经济圈在交通互联、产业共建、环境共治、公共服务对接、应急协同、对口帮扶以及融入大湾区、服务粤西等方面取得可喜成效，为珠西都市圈建设奠定了坚实基础。未来，要以一体化、创新、国际化发展为方向，提升珠海、中山、江门城市核心功能、城市品质和国际化水平，以基础设施互联互通、产业协作互补、公共服务共建共享、生态环境共保共治、城乡融合发展等为重点，全面提升珠中江同城化发展水平、珠中江阳协同发展水平，将珠西都市圈建设成为粤港澳大湾区重要增长极、宜居宜业宜游的现代化都市圈。[①]

一是提升珠中江同城化水平。缺乏核心龙头是珠江口两岸"东强西弱"的重要原因，围绕省域副中心城市、珠江口西岸核心城市建设，全面提升珠海城市能级量级，增强辐射带动功能，是珠西都市圈建设首先要解决的关键问题之一。围绕以珠海为中心的"紧密合作圈"打造，聚焦高端装备制造、新一代信息技术、新能源、新材料等产业，加强区域产业联动互补和创新协同、互为产业链上下游和产、供、销精准对接，共育壮大特色产业集群，建设具有全球影响力的先进装备制造基地。加强空间布局对接、基础设施互联、环境共育共保共治，提升珠中江产业、生态、公共服务、文化旅游等一体化发展水平，建设宜居宜业宜游的高质量发展区域。利用接入珠江口东岸大动脉资源，积极对接深圳、香港辐射，聚焦发展"大桥经济"，依托深珠合作示范区、深中经济合作区、深江经济合作区，深度融入深圳都市圈，进一步深化与港澳合作，打造新时代高水平开放合作新高地。

---

① 《广东省人民政府关于印发〈广州都市圈发展规划〉〈深圳都市圈发展规划〉〈珠江口西岸都市圈发展规划〉〈汕潮揭都市圈发展规划〉〈湛茂都市圈发展规划〉的通知》，广东省人民政府网，2023年12月20日，https://www.gd.gov.cn/zwgk/wjk/qbwj/yf/content/post_4303487.html。

二是提升珠中江阳协同发展水平。围绕以珠海为中心的"协同发展圈"打造，支持阳江中心城区扩容提质、产业园区提质增效，增强产业承接、生态屏障等功能，强化与紧密合作圈的交通衔接和产业链深度融合，为紧密合作圈提供产业链上下游配套和产业发展纵深。阳江要大力发展绿色能源、基础材料、产业配套、休闲旅游等，加快沿海临港工业城市、国际风电城、千亿级绿色能源产业基地建设，打造珠江口西岸产业转移主承接区、产业链延伸区、产业集群配套首选地和宜居宜业宜游的现代化滨海城市。

（四）围绕打造粤东经济增长极，推进汕潮揭都市圈建设

根据《汕潮揭都市圈发展规划》，汕潮揭都市圈包括粤东地区的汕头、潮州、揭阳全域，粤北地区的梅州都市区为联动发展区，土地面积约10611.1平方公里，常住人口1375万人（2022年）。由于历史文化原因，在广东各城市群中，汕头、潮州、揭阳三市的融合程度较高，陆海空交通枢纽布局均衡，均设有高铁站，高速公路互联互通。2011年9月，时任广东省委书记在粤东调研提出，汕头市为牵头城市，推动汕潮揭一体化、同城化。2012年的广东省政府工作报告提出"推进汕潮揭都市区一体化发展"，同年汕潮揭同城化第一次党政联席会议召开。2013年3月，时任广东省委书记在粤东地区调研时提出，要加快推进汕潮揭城市群建设，打造粤东经济增长极。2017年，将汕头定位为潮汕地区中心城市和省域副中心城市。2021年3月，广东省委、省政府发布《关于支持汕头建设新时代中国特色社会主义现代化活力经济特区的意见》，明确要"完善汕潮揭同城化发展机制，引领粤东地区协同发展"。2023年12月，广东省政府发布《汕潮揭都市圈发展规划》，提出要加快同城化发展。2025年4月，汕潮揭都市圈第一次联席会议召开，会议审议通过了《推进汕潮揭都市圈高质量发展行动方案（2025—2026年）》，明确建立推进三市合作机制，发布了政务服务等多项三市合作事项的清单和22项具体合作任务。十几年来，汕头、潮州、揭阳三市不断推动资源优势互补、产业错位发展、设施共建共享，为都市圈建设打下了良好基础。未来，汕头要继续发挥好都市圈建设的"牵头"作用，以汕潮揭同城化发展为抓手，健全区域协同发展体制机制，提高交通

一体化水平、城市功能和产业分工协作水平，携手打造粤东经济增长极，牵引带动粤东地区加快发展。

一是加速交通"硬联通"，增强汕头龙头辐射带动作用。围绕建设全国性综合交通枢纽，统筹谋划都市圈内基础设施建设，建设以轨道交通为骨干的内联外通综合交通网络，高标准建设汕头—潮州东—潮汕—潮汕机场—汕头、潮汕机场—揭阳的城际铁路、汕头—普宁城际铁路，推动公共交通快速通达，打造都市圈内部半小时交通圈。提升铁路站场、港口、机场三类枢纽功能，统筹推进汕潮揭组合港口群建设，打造都市圈与大湾区 1.5 小时交通圈，与厦漳泉、赣南、闽西等地区主要城市 2.5 小时交通圈。围绕加快建设省域副中心城市，以科技赋能传统产业"迭代升级"，以科技创新推动新能源、新材料、新一代电子信息等新兴产业加快发展，以机制完善促进区域性教育高地、医疗高地、文化高地和商贸高地建设，提升汕头城市综合服务和发展能级。同时，加强汕头与大湾区特别是深圳协同发展。

二是推动产业协同，强化产业分工协作和产业链配套。围绕打造现代化沿海经济带增长极，统筹区域创新平台建设，突出传统产业升级、数字产业集聚、新材料产业链布局，依托中国（汕头）跨境电子商务综合试验区、华侨试验区、六合产业园、中以（汕头）科技创新合作区等平台，聚集发展区域高端生产性服务业和战略性新兴产业，以及航运物流、石化、新能源、海洋装备、远洋渔业等临港产业。围绕传统产业转型升级、新兴产业培育，以澄海创意产业发展平台、南澳—海山滨海旅游产业平台、汕头临港经济区产业发展平台等产业创新发展平台建设为牵引，加强都市圈内的产业联动配套，推动传统优势产业错位发展。推动三市教育、研发、文博资源共享，文旅领域协作。

（五）围绕打造现代化沿海经济带西翼增长极，推进湛茂都市圈建设

根据《湛茂都市圈发展规划》，湛茂都市圈包括粤西湛江、茂名全域，土地面积 2.47 万平方公里，常住人口 1327 万人（2022 年）。2020 年，湛江、茂名两市在对接工作座谈会上明确要加强对接合作，提升协同发展水平，合力推动湛茂都市圈发展。2021 年 8 月，湛江、茂名、阳江党政主要

领导第二次联席会议在茂名召开，会议明确三市在深化交通、水利、产业、生态等重点领域合作的具体推进项目，湛茂都市圈建设、粤西三市一体化发展进入实质性推进阶段。[①] 2022 年 8 月，广东省自然资源厅发布的《广东省都市圈国土空间规划协调指引》对湛茂都市圈空间格局进行界定，从生态系统与农业空间、交通系统、公共服务设施、产业协作等领域提出协调指引。[②] 湛茂合作协商机制的建立，产业合作项目的推进，生态环境的联动治理等都为湛茂都市圈建设打下了坚实基础。但相对其他都市圈，湛茂都市圈仍处于培育阶段。未来，湛茂都市圈建设要以交通一体化发展为先导，做大做强湛江省域副中心城市发展能力，加强湛江市城区主中心、茂名市城区副中心协同引领，以空港经济区为极点，以湛江、茂名一体化发展为抓手，将湛茂都市圈建设成为国家重大战略联动融合发展示范区、国家西部陆海新通道的门户枢纽、现代化沿海经济带西翼增长极。[③]

一是加快交通一体化发展。相比其他都市圈，交通一直是粤西地区协调发展的最大短板和瓶颈，直到 2018 年深茂铁路的开通才结束了粤西地区不通高铁的历史。湛茂都市圈建设需交通先行，合力构建"轨道+航空+港口+公路"内联外通的立体交通网络体系，加快形成与粤港澳大湾区中心城市、广西北部湾经济区、海南自由贸易港 2 小时高铁交通圈，[④] 将都市圈打造成为具有国际服务功能的国家西部陆海新通道的门户枢纽。加强重大基础设施协同建设，推进区域高速轨道交通网络建设，强化湛江、茂名两市交通双向联系，高速公路与产业园区、港口、铁路货运场站的有效衔接，实现粤西地区内部交通基础设施一体高效。推动空铁联运，将湛茂空港经

① 吴璇、王莹岭、凌景明：《三城党政主官二度碰头开会 广东湛茂都市圈有大动作》，《南方都市报》2021 年 8 月 24 日。

② 《重磅发布！湛茂都市圈来了，茂名扮演什么角色？》，澎湃，2022 年 8 月 13 日，https://m. thepaper. cn/baijiahao_19442098。

③ 《广东省人民政府关于印发〈广州都市圈发展规划〉〈深圳都市圈发展规划〉〈珠江口西岸都市圈发展规划〉〈汕潮揭都市圈发展规划〉〈湛茂都市圈发展规划〉的通知》，广东省人民政府网，2023 年 12 月 20 日，http://www. gd. gov. cn/zwgk/wjk/qbwj/yf/content/post_4303487. html。

④ 《规划明确！湛茂都市圈将迎这些发展机遇》，广东省人民政府网，2023 年 12 月 21 日，https://www. gd. gov. cn/zwgk/zcjd/mtjd/content/post_4304202. html。

济区打造成粤西国际门户和区域物流枢纽。整合港口资源，建设湛茂港口群，并将之打造成为大西南地区出海主通道和中国—东盟自贸区重要门户。

二是全力建设湛江省域副中心城市，提升湛江、茂名两市中心城区辐射影响力。经济总量偏低、城区面积不大是湛茂都市圈建设面临的瓶颈约束。为此，做强中心城区、做大主体产业是湛茂都市圈建设的主要任务。湛江要充分利用粤港澳大湾区、海南自贸港、北部湾城市群等国家重大战略实施机遇，全面加快高铁、机场、高速、港口等基础设施建设，提升城市发展能级。建立健全湛茂对接协同机制，推动两地交通互联互通、产业协同发展、生态环境共保联治，推动湛茂一体化发展。

三是加强产业聚集联动，共建湛茂空港经济区。围绕打造现代化沿海经济带重要发展极，依托湛江临港大型产业集聚区、茂名滨海新区等产业平台，合力共建世界级绿色石化、先进材料、现代轻工纺织、高端装备制造、绿色建筑业等产业集群，培育壮大新能源、生物医药、数字创意等战略性新兴产业。合力共建湛茂空港经济区，完善空港保税物流中心，重点发展综合物流、商贸、航空配套服务、高端制造等，建立空港一体化产业格局。依托滨海旅游公路，打造湛茂黄金旅游线路，共建特色滨海旅游服务带。

第二节 深入实施"百千万工程"，全面提升县域综合实力

"郡县治，天下安。"县是我国经济发展、民生保障、社会稳定的重要基础。县域一头连着城市，一头连着镇村，是广东在推进中国式现代化建设进程中走在前列，全面推进城乡区域协调发展、促进共同富裕的关键环节、主战场。2023 年，占全省总面积的 71.7%、占全省常住总人口的 28% 的广东省 57 个县（市）的 GDP 仅占全省 GDP 的 12.5%，2018～2022 年，县域经济平均增速为 4.76%，① 比全省平均增速（7.56%）低 2.8 个百分点；县域城镇化率为 44.3%，亦低于全省水平 30 个百分点。据中国中小城

---

① 《2023 广东县域经济综合发展力研究报告发布》，百度百家号，2023 年 12 月 18 日，https://baijiahao.baidu.com/s？id=1785668557229652963&wfr=spider&for=pc。

市发展指数研究课题组、国信中小城市指数研究院发布的《2024 年中国中小城市高质量发展指数研究成果》，广东仅肇庆四会（第 86 位）1 县上榜"2024 年度全国综合实力百强县市"，且排名靠后，与江苏（24 个县上榜，其中有 6 个县排名前 10）、浙江（18 个县上榜）、山东（13 个县上榜）差距明显；上榜"2024 年度全国综合实力百强区"的 15 个区，全部集中在珠三角地区，① 县域经济规模小、增长慢、不平衡问题仍未得到根本扭转。县域是新时期广东解决城乡区域发展不平衡不充分问题的主阵地，是推动城乡区域协调发展、促进共同富裕的关键支撑和巨大潜力空间。2022 年底，为增强县域综合发展能力，广东实施"百千万工程"，希望通过推动产业向粤东、粤西、粤北地区转移，增强城乡区域发展的协调性。近年来，经全省上下共同努力，"百千万工程"实现了良好开局。今后一段时期的"百千万工程"深化实施和县域高质量发展须有效衔接区域协调发展战略，综合考虑县域禀赋条件、县域城乡形态和发展阶段差异以及人口流动趋势，把准战略方向和关键重点，突出特色、精准定位，规划牵引、分类引导，区域统筹、产业联动，全面推动强县促镇带村，充分激发探索县域城乡融合发展模式和路径的动力和活力。

一　深化集成式改革，全面激发释放县镇村发展活力潜能

打好改革组合拳，全面"放活"管理权限、"盘活"存量资源、"激活"沉睡要素，激励引导更多发展要素向县镇村聚集，为县镇村全面振兴注入强大动力。

（一）深化土地制度改革

目前，县镇村高质量发展面临突出的土地碎片化、无序化、低效化、生态功能退化和闲置等问题，既增加了县镇村发展成本，又导致宝贵的土地资源闲置浪费。要以助力农民增收致富为目的，以挖掘农业农村的多种功能和多元价值为途径，深化土地制度改革，允许农户合法拥有的住房通

---

① 《2024 年中国中小城市高质量发展指数研究成果发布》，《光明日报》2024 年 9 月 20 日，第 11 版。

过出租、入股、合作等方式盘活利用，稳妥推进农村集体经营性建设用地入市改革，打通集体经营性建设用地与宅基地的利用通道，进一步推动土地制度改革从以权属为主转向利益平衡为主。健全土地增值收益分配机制，推进土地市场化再改革，形成统一的土地市场体系。优化土地管理，健全与县镇村高质量发展、城乡区域协调发展高效匹配的土地管理制度，建立新增城镇建设用地指标配置同常住人口增加协调机制。优化县域土地利用结构，按功能需求系统规划和配置城区用地、工业用地、乡村用地、农业用地规模、空间布局和优先序，优先保障主导产业、重大项目合理用地，使优势地区有更大发展空间。优化城市工商业土地利用，加快发展建设用地二级市场，推动土地混合开发利用、用途合理转换，盘活存量土地和低效用地。制定工商业用地使用权延期和到期后续期政策。以县域为单位推进全域土地综合整治，扩大全域土地综合整治试点范围，开展各类产业园区用地专项治理，适度合并零散村庄、空心村，把零星分散的宅基地、废弃村学校用地等整合盘活，结合乡镇资源禀赋、综合条件，以县域为单元统筹谋划全域土地综合整治项目，以集约连片开发方式，分类开展农用地、建设用地、生态用地整理，为城乡融合发展拓展空间。

（二）深化县镇管理体制改革

纵深推进扩权强县和强县扩权改革。在做好改革试点中期评估、典型经验总结基础上，以减放并举、依法下放、权责一致、提高效能为原则，坚持问题导向，从部分强县扩权转向全面扩大县级政府管理权限。依法据实将与基层群众生活关系密切或者由基层政府就近实施更为方便且法律没有规定必须由市级行使的省级、市级事权批量调整由县（市、区）、高新区、开发区实施，如城市建设、教育、农业生产、医疗保障、生态保护等领域的职权，既可减少审批层级、提高审批效能，又可扩大县级资源整合使用、经济社会管理、民生服务自主权，赋予县域更多实事求是制定和执行政策的主动作为空间。鼓励县级政府积极探索职能转变方式，提升对县域发展统筹协调、自主决策、科学决策和公共服务能力，为县级政府全面履行职能提供制度保障。用好"双随机、一公开"监管机制，强化监督指导，提升权责适配度。

深入推进赋权强镇和强镇赋权改革。镇是联通县和村的关键节点，只有镇域振兴，才能带动乡村全面振兴，为县域高质量发展提供支撑。深入推进赋权强镇和强镇赋权，调整完善乡镇机构设置和管理体制，探索向镇街"点单式"下放市县级事权及管理权，如下放部分增资扩产、招商引资、技改项目备案等事权，扩大镇街经济社会管理权限，支持镇街扩能提质，激发镇街发展活力。落实人员编制优化配置和领导职数管理要求，加强各类编制资源统筹，充实基层政府机构人员编制配置，通过公务员制度、社会保障制度等改革为基层政府机构设置和职能转变提供稳定可持续的制度支持。按照"费随事转、权随责走"原则，建立与乡镇（街道）和村（社区）事权相衔接的保障机制，深化乡镇（街道）统一指挥协调工作平台建设，①破解基层治理权责不对称、检查考核多等"小马拉大车"难题。明确乡镇（街道）和村（社区）权责清单，健全为基层减负长效机制。给经济规模超千亿、人口规模超 50 万的特大镇松绑赋权，扩大其经济社会管理权限，稳妥推进人口小县机构优化。

（三）深化新型农村集体经济改革

发展壮大新型农村集体经济，是提高农民收入水平、促进农村农民共同富裕、推动农业农村中国式现代化的重要基石。"人均一亩三分地，户均不过十亩田"，以土地及其他生产资料分散为前提的农业农村生产方式已不适应新时代集约化、规模化、机械化、智慧化、高效化现代化农业发展趋势。发展新型农村集体经济，变革农业生产方式是大势所趋，它不仅可以有效解决农村土地碎片化、低效化利用问题，而且可以提升农地集体所有权收益，保障农民权益，为农村基层治理夯实经济基础，为对接工业化和城镇化进程提供载体，减缓工业化、城镇化、信息化对农业农村的负面冲击。

---

① 《全省机构改革工作会议召开 扎实推进我省地方机构改革工作 更好助力广东现代化建设》，百度百家号，2024 年 1 月 9 日，https://baijiahao.baidu.com/s? id = 1787608385830140894&wfr = spider&for = pc。

尊重群众意愿、以市场化运作为导向,将强化集体所有制基础、保障和实现农民权利与激活土地资源要素统筹谋划,结合区域发展阶段、要素禀赋、产业基础,促进新型农村集体经济健康有序发展。巩固和完善农村基本经营制度,完善承包地经营权流转价格形成机制,通过盘活闲置资源、整合土地资源、筹建"强镇富村公司"、"政银企村(户)"共建、"股票田"以及开展农村职业经理人试点、引入现代企业制度、与各类经营主体合作发展等方式,积极探索产权明晰、分配合理、农民财产权益充分保障的新型农村集体经济实现方式。深入实施"千企帮千镇、万企兴万村"行动,探索政府引导下社会资本与村集体合作共赢的模式,引导发展要素向县镇村流动,持续激活村集体经济"造血"功能,促进农村集体经济增长、村民增收。加强对新型农村集体经济组织的监管,做好重大经济事项的民主决策,探索乡镇、村集体与职业经理人等主体协同发力机制。以"土特产"为基,以城市需求为导向,对接县域产业,大力发展配套产业。加强镇村联动、企业联手,拓展村集体经济整合资源空间和市场空间。注重数智赋能,一二三产业融合发展,形成乡村文化、旅游、康养、教育、物流等多元化业态。加快乡村振兴示范带建设,提高乡村基础设施完备度、公共服务便利度、人居环境舒适度。实施通村入户便民利民工程,加快补齐乡村道路、村内照明、冷链物流等短板,促进农产品外销和消费品下乡。

二 充分发挥区域比较优势,培育壮大县域特色优势产业

产业是体现、支撑县域综合实力的根基,是县域城乡融合发展的关键载体。要树牢产城融合、以产兴县思维,以特色优势产业体系为立县之本,培育壮大县域特色优势产业。广东县域地理环境、资源禀赋、发展阶段千差万别,需立足区域资源禀赋、产业基础、比较优势,坚持宜工则工、宜商则商、宜农则农、宜游则游,分类引导、精准施策,聚焦优势、集中资源,做大做强做专区域特色优势产业,培育"专精特新"产业项目,打造若干体现岭南特色和优势、具有较大规模和较强带动力的支柱产业,推动县域产业特色化、差异化发展。

（一）支持农业县打造现代农业产业集群

作为农业大省，广东有 57 个县属于农业县，其 80% 的土地面积被划入农产品主产区或生态功能区，在县域高质量发展中具有重要位置。未来，需以农业要素重组和优化配置推进农业产业革命，锚定世界农业强国发展水平，打造高附加值、有市场竞争力的现代农业部门。全面落实耕地保护和粮食安全党政同责，以高标准农田建设和管护，精耕细作为抓手，建强粮食生产功能区。推进耕地集中连片整治、盐碱地综合利用、撂荒耕地复耕复种，遏制耕地"非农化"、防止耕地"非粮化"，确保耕地数量有保障、质量有提升。完善现代农业产业园体系，发展壮大丝苗米、岭南蔬果、南药、茶叶、花卉苗木等岭南特色产业集群，做好"土特产"文章。抓住"粮头食尾""农头工尾"布局特色农产品加工业，培育农产品加工业集群。促进农村一二三产业融合发展，积极发展农业生产性服务业，培育壮大休闲农业、数字农业、预制菜、农业微生物产业等新业态，推动生产农业向科技农业和服务农业"两端延伸"。科技赋能，推动农业从"化学农业"向"生物农业"转型，大力推进水稻生产全程机械化，加大农机化技术推广力度，探索鱼塘种稻和果园种粮等新技术新模式。完善现代农业基础设施，加快灯塔盆地、雷州半岛、南雄盆地等大型灌区建设。完善粮食和重要农产品流通骨干网络，建设大型农产品物流枢纽及仓储中心，健全粮食产地、中转地、销售地三级仓储体系。加强农产品交易中心建设。强化农资生产、储运调控，完善提升供销农资农技服务网，探索开展基本农资集中采购和零差价供应。强化食品农产品和农业投入品质量安全监管。

（二）支持山区县"靠山吃山唱山歌"

广东有 48 个山区县（区）。山区县要紧紧抓住"制造业当家""百千万工程"相关战略工程实施机遇，在稳定好农业基础同时，瞄准全省产业变动格局，主动谋划、积极对接，依托山的自然条件、资源优势、生态优势，加大招商引智力度，引进、培育一批国家级、省级专精特新"小巨人"企业，带动先进制造业发展。大力发展绿色特色产业，培育壮大资源精深加工、先进材料、生物医药、家居建材等产业集群，做优做强特色优势农产品精深加工业集群。积极发展节能降碳、环境保护、生态保护修复和利用等绿色产业。鼓励山区县积极探索"供销社+村集体+运营公司+农户"新模式，依托文化生态特色资源，促进农业、生态、文化、旅游等产业深度融合，培育壮大文化体验、休闲度假、养生养老等产业。

（三）支持沿海县做足做好海洋经济文章

广东大陆海岸线达 4084.48 公里，居全国首位，有 45 个沿海县（市、区），占全省总面积的 26.3%，占全省经济总量的 38.7%，是打造"海上新广东"主战场。突出向海拓展发展空间，发挥海岸线优势，坚持全省海洋经济发展"一盘棋"，耕海牧渔，向海图兴、向海图强，培育发展一批向海而兴、因海而富、依海而美的县域。以规划为引领，按照"疏近用远、近退远拓、生态发展"原则，修订沿海经济带发展规划、海岸带及海洋空间规划等，制定突破区域行政分割、陆海统筹、权责明晰的海洋空间开发利用和治理保护体制，为沿海县涉海经济差异化、特色化发展提供规划指引和制度支撑。以产业为核心，推行"标准海"供应，优化港产城整体布局，构建现代海洋产业链，高标准推进海上牧场、海洋产业园区、渔港经济区建设，建设现代化海洋牧场产业集群，高水平打造一批国家级海洋牧场示范区，构建从种业、养殖、装备到精深加工的现代化海洋牧场产业全链条。以创新为动力，大力发展高技术、高附加值的海洋生物医药新产品，形成海洋生物医药产业集群；做大做强海上风电产业链，力争形成具有世界先进水平的海上风电产业集群；优化提升海洋旅游业、海洋交通、航运物流等高端服务业；大力发展海工装备、养殖装备等高端装备制造业，打造更多渔业智能养殖平台、波浪能养殖旅游一体化平台；大力发展水下机器人、水面无人艇、智能浮标等海洋电子信息产业；推动海岛旅游、海洋旅游与养殖业、海上风电等海洋产业深度结合发展，持续拓宽海洋产业链下游应用场景，发展海洋经济新业态。

（四）强化县域产业发展配套政策和基础设施支撑

注重规划牵引，优化县镇村生产生活生态空间布局，制定产业、商贸、人才、科技、土地、生态保护、财政、金融、民生保障等配套支持政策，各县（市、区）结合本地实际制定具体实施方案，构建支持县域产业高质量发展政策体系。加大产业政策扶持力度，优化产业发展目录，支持县域重大产业平台建设，推动产业数字化绿色化改造，支持各县做大做强特色优势产业集群，壮大县域富民产业。加大土地政策倾斜力度，强化县域重大项目用地保障，推进点状供地，强化农村一二三产业融合发展用地支持。建立县级财力保障长效机制，试行省财政资金全面直达县（市），稳步提高土地出让收入用于农业农村比例，统筹地方政府新增债券用于县镇村建设。支持各县用好地方政府专项债、政策性开发性金融工具等投资支持政策。健全多元化投入机制，政府出一点、集体筹一点、社会资本投一点、银行贷一点、帮扶方补一点、乡贤捐一点，引导更多资金注入县域发展和强镇兴村。开展创先、进位、消薄，争创全国经济强县行动，支持若干基础条件好、发展潜力大的县（市）做大做强做优，扶持基础薄弱县（市）加快发展。

全面加强县域基础设施建设和提升，重点在交通、能源、仓储、冷链、物流等领域谋划推进一批"打基础、利长远、补短板"的项目，争取更多县域重大基础项目进入国家和省项目"盘子"，助力县域加快补齐制约城镇化、工业化、信息化发展短板，为提升县域综合服务功能提供支撑。县域要摒弃"靠政策、吃补贴、等外援"思想，在法治环境、政务服务、市场建设、诚信体系、政策支持等方面拿出实招、硬招，全面提升营商环境和优化创新生态，激发市场主体活力。

（五）推动县域产业深度融入全省产业新格局

突出融合促进区域协调，立足功能定位、优势互补、联动发展，深入落实"1+14+15"产业有序转移政策体系①，引导资金、技术、劳动密集型产业从珠三角地区向粤东粤西粤北地区、从中心城市向腹地有序转移，加大对边远贫困地区、民族地区、革命老区、资源枯竭地区等政策倾斜。聚

---

① "1"是指《关于推动产业有序转移促进区域协调发展的若干措施》；"14"是指14个省级配套文件，包括主平台建设方案、对口帮扶方案、考核办法、财政支持方案、产业转移基金组建方案、优化营商环境方案等；"15"是指粤东西北12个地市以及参照享受支持政策的惠州、江门、肇庆3个地市的实施方案。

焦促进区域产业分工合作、协同发展，以"政府推动、企业主体、市场运作、合作共赢"为原则，以降成本、优环境为导向，省、市、县合力打造高水平产业平台和承接产业转移的"1+1+1"园区平台体系①，持续推动县域省级以上产业园区提质增效，为县域产业集聚集群发展提供支撑。结合县情，统筹推动珠三角与粤东粤西粤北地区县级结对的横向帮扶、省对县（市）的纵向帮扶、省直机关及有关单位对口支援重点老区苏区和驻镇帮镇以及省直机关事业单位、省属国企、高校、科研院所开展的组团式帮扶以及县域内部帮扶等，形成推动县域产业发展推动合力。拓展"双向飞地"，探索成本分担、利益共享和联合招商等互利共赢帮扶机制，探索"总部+基地""研发+生产""服务+生产"等实现形式，支持粤东粤西粤北地区更好承接国内外特别是珠三角地区产业有序转移，促进县域产业融入珠三角地区产业分工体系，打造跨区域的分工合理、优势互补、互惠互利、协调发展的产业生态圈，推动对口帮扶向跨区域产业协作共建转变。借鉴河北正定"半城郊型"发展经验，鼓励邻近大城市、中心城市的县域对准大城市需求，通过"投其所好，供其所需，取其所长，补其所短，应其所变"②的"二十字经"实现借势发展。

三 践行人民城市理念，推进以县域为重点的新型城镇化

城镇化是由传统的农业社会向现代城市社会发展的自然历史过程，是社会经济结构发生根本性变革并获得巨大发展空间的表现，是推动区域协调发展、促进共同富裕的重要支撑。城镇化是大批乡村人口进入城市，③ 在发展中享受到实惠的过程，是区域中等收入群体形成并占主体的过程，而后者正是现代社会结构的基本特征。2024 年，广东常住人口规模已达 1.28

---

① 各相关市重点打造 1 个承接产业有序转移主平台，各县域立足比较优势打造一批承接产业有序转移特色园区，珠三角地区和粤东粤西地区探索发展一批双向"飞地"。

② 中央党校采访实录编辑室：《习近平在正定》，中共中央党校出版社，2019，第 109 页。

③ 《何立峰：城镇化率每提高 1% 就有近 1400 万人进城》，百度百家号，2019 年 3 月 6 日，https://baijiahao.baidu.com/s? id=1627225611710989454&wfr=spider&for=pc。

亿人，^① 作为中国人口第一大省，广东的城镇化是人口规模巨大的城镇化。2024 年，广东常住人口城镇化率虽高达 75.91%，^② 但区域城镇化发展不平衡，即穗、深大城市人口持续增加且超大城市规模扩张过快，而一些中小城市及小城镇特别是粤东粤西粤北地区二、三线城市、县域城中心面临经济和人口规模减小并存，给广东推进新时期以人为本的新型城镇化提出了新课题。

作为城乡地理空间衔接的基本单元和县域的经济、政治、文化中心，县城是我国城镇体系的重要组成部分，是促进城乡融合发展的关键支撑。建强县城，不仅能助力农业转移人口就近城镇化，形成大中小城市和小城镇协调发展的城镇化空间布局，而且能辐射带动和服务乡村发展和农业农村现代化，为农业转移人口就近就业提供产业平台，完善的县城公共服务，将可提升人民的获得感、幸福感。随着我国城镇化进程快速推进，县城对产业、人口的集聚能力不断增强，在推进城乡区域协调发展、促进共同富裕中的作用更加突出。但总体看，广东县域发展不平衡、不充分问题依然突出，空间、人口、经济规模差距较大。县域既是新型城镇化的发展重点，也是发展难点。应对新形势新变化，广东要坚持以人为本，以促进城乡融合、缩小城乡区域发展差距为目标，以改革创新为动力，以提升县城综合承载能力、有序推进县域人口就地就近市民化为抓手，打造宜居宜业、各具特色的县城，构建"县城—乡镇—村"功能衔接互补、梯次发展空间格局。

（一）突出发展质量，提升县城综合承载能力

健全县域国土空间规划，聚焦城市产业、基础设施、服务功能短板弱项，推动基础设施提标扩面、公共服务不断完善。培育壮大县城特色优势产业，提升县城产业平台功能，建设产业配套设施、商贸流通网络，为提高县城就近就业能力提供产业支撑。加强县域市政路网建设，打通"断头

---

① 《广东：2024 年常住人口增加 74 万人》，百度百家号，2025 年 3 月 26 日，https://baijiahao. baidu. com/s？id＝1827633257621267417&wfr＝spider&for＝pc。

② 《广东：2024 年常住人口增加 74 万人》，百度百家号，2025 年 3 月 26 日，https://baijiahao. baidu. com/s？id＝1827633257621267417&wfr＝spider&for＝pc。

路"，拓宽"瓶颈路"，强化交通节点、堵点治理，推动市政道路提质改造，构建畅通、便利的路网系统，提高县城与周边大中城市互联互通水平。加强县域管网建设，以燃气、污水、供水、雨水等为重点，数字赋能，更新升级改造城市地下管网，提高城镇燃气、供排水管网覆盖范围和供应保障能力，健全防洪排涝设施，增强防灾减灾能力，保障城市安全运行。强化县城公共服务供给，对标常住人口规模配置，推动县城基本公共服务提标扩面，为市民提供优质的教育、医疗、住房、养老、托幼等公共服务。加强县域文化体育设施建设，利用城市空闲地块，添置文体娱乐健身设施，建设"口袋公园""袖珍公园"，为市民提供休闲娱乐的场所。改善县城人居环境，以"绣花功夫"做好城市历史文化保护传承，加强绿化整治，健全垃圾收集处理体系，提升污水收集处理能力。支持有条件的县城按照中等城市标准高水平扩容提质，增强辐射带动能力。推动县城治理数智化，完善政务数字服务平台，丰富数字技术应用场景，为市民提供"指尖服务"。建立城乡统一的基础设施管护运行机制，推进县城基础设施向乡村延伸、公共服务向乡村覆盖，逐步实现县乡村功能衔接互补。支持大城市周边县城通过承接辐射、嵌入大城市产业配套、打造便捷通勤圈，加快发展成为大城市卫星城。

（二）突出联城带村节点功能，提升圩镇服务能级

圩镇一头连着乡村，一头连着县城，是城乡融合发展的重要节点，是新型城镇化和乡村振兴的交汇地。2016 年，广东提出打造约 100 个省级特色小镇目标。2024 年，广东有 124 个镇入选全国综合实力千强镇榜单，[①] 约占全国总量的 1/8。2021 年，广东开展"美丽圩镇"建设攻坚行动，截至2022 年底，全省 1123 个圩镇全部达到"宜居圩镇标准"，其中达到"示范圩镇标准"的圩镇有 348 个。[②] 经多年努力，广东镇域的产业承载力、吸纳

---

① 《省政府参事、省乡村发展协会理事长钟韶彬：广东创造出一批镇域高质量发展鲜活经验》，广东省人民政府参事室（广东省人民政府文史研究馆）网，2025 年 1 月 21 日，https://gdc-ss. gd. cn/gzdt/csgzdt/content/post_ 4658644. html。

② 李朝民、吴砾星等：《南粤大地涌新潮——广东创新推进城乡协调发展纪实》，《农民日报》2024 年 4 月 12 日，第 1 版。

农村转移人口就近就业能力、辐射带动乡村振兴发展能力显著提高。新征程上，广东要突出节点枢纽功能，以强服务为重点，以创建"美丽圩镇"为抓手，把圩镇打造成为乡村经济中心、乡村治理中心、农村服务中心和服务农民的区域中心，是广东推进新型城镇化的重要任务。强化公共服务功能，建好用好政务服务中心、党群服务中心，优化教育、医疗、文化等公共资源配置，积极发展养老托育等生活性服务业，建设小公园、小广场、小球场等公共活动空间，推动镇村生活一体融合、各有精彩。补齐偏远乡镇服务"三农"短板弱项，在家门口满足农民生产生活基本之需。强化商贸功能，开展农贸市场、商场超市提升行动，推进电商物流服务联通，加强乡镇农产品冷链物流配送、加工物流中心建设，促进农货出乡出山出海。

同时，针对镇域经济发展不平衡、发展条件差异等问题，分类施策，进一步建强中心镇、专业镇、特色镇。做优做强中心镇，突出发展一批区位优势较好、经济实力较强、未来潜力较大的中心镇，有条件的打造成为县域副中心、发展成为小城市，增强对周边的辐射带动力和县域发展的支撑力。转型升级专业镇，鼓励珠三角与粤东粤西粤北地区专业镇联动发展，促进特色优势产业跨区域合作，形成一批在全国有较强影响力和竞争力的名镇名品，培育更多全国经济强镇。培育壮大特色镇，推动一批特色镇在文化创意、休闲旅游、绿色低碳等方向上深度发展，打造一批休闲农业与乡村旅游示范镇，推动一批古镇古埠古港焕发新的光彩。

（三）突出乡村振兴，建设宜居宜业和美乡村

推进中国式现代化，最艰巨最繁重的任务在农村。乡村是城乡区域协调发展的广阔腹地。新征程上，广东要不断创新体制机制，将县的优势、镇的特色、村的资源整合成全面推进乡村振兴合力。以产业振兴为牵引，以产业园为载体，依托资源禀赋和产业基础，精准务实做大做强特色优势农产品产业，发展农村电商、乡村文旅、民俗休闲、生态康养，探索共享房屋、共享庭院、共享村落等共享经济形式，打造乡村振兴新产业新业态，推动一二三产业融合发展，增强产业吸纳农民就近就业、带动农民增收致富能力。落实好防止返贫监测帮扶机制，完善联农带农机制，提高产业和

就业帮扶实效，推动建立农村低收入人口和欠发达地区常态化帮扶机制，实施农民增收促进行动。深入实施农村人居环境整治提升行动，根据乡村人口变化趋势，优化提升乡村村庄布局、公共服务配置，提高乡村基础设施完备度、公共服务便利度、人居环境舒适度。实施通村入户便民利民工程，加快补齐乡村道路、村内照明、冷链物流等短板。抓好农村厕所革命、生活污水和垃圾治理、农村供水水质提升。开展"五美"专项行动，全面推进农房管控和乡村风貌提升，健全乡村治理体系，建设宜居宜业和美乡村。

（四）推进县域人口就地就近就业和城镇化

就地就近城镇化是指农村剩余人口在家乡附近的县（市、区）镇就业和生活的城镇化，无须远距离迁徙。推进县域人口就地就近城镇化，需要强化产业、基础设施和公共服务支撑，提高县镇就业容量和就业质量，更需要以全面深化改革、健全农业转移人口市民化机制作为保障，确保在县镇稳定就业生活的农业转移人口便利落户，并享受与县城居民同等公共服务。为此，完善农业转移人口市民化配套政策，全面推进户政业务"全省通办""跨省通办"。加大省级财政农业转移人口市民化奖励力度，全面落实省级财政支持吸纳跨市域农业转移人口落户政策，增强县（市、区）镇落实农业转移人口市民化政策的财政保障能力，调动县城接纳镇村人口转移、承接返乡农民就业创业、生产生活的积极性。

第三节 推进基础设施区域互联互通，
提升基础设施整体效能

2023 年 4 月，习近平总书记在广东考察时强调，广东要下功夫解决区域发展不平衡问题，加快推进交通等基础设施的区域互联互通，带动和推进粤东、粤西、粤北地区更好承接珠三角地区的产业有序转移。[①] 党的二十

---

① 《习近平在广东考察时强调：坚定不移全面深化改革扩大高水平对外开放 在推进中国式现代化建设中走在前列》，中华人民共和国中央人民政府网站，2023 年 4 月 13 日，https://www.gov.cn/yaowen/2023-04-13/content_5751308.htm。

大报告提出,"优化基础设施布局、结构、功能和系统集成,构建现代化基础设施体系"①。基础设施是区域发展的物质基础,具有基础性、先导性、全局性作用。基础设施的通达化、便利化、现代化程度是衡量区域现代化水平的重要标识和关键变量,是推动城乡区域协调发展、促进共同富裕的硬基础。促进交通等基础设施网络化有利于将全域全要素纳入"一盘棋"优化配置,提升大城市、中心城市的综合承载力和辐射力,强化城乡区域经济联系,促进城乡区域资源共享、要素双向流动,实现城乡区域共同繁荣发展。广东深入贯彻落实国家区域协调发展战略,促进共同富裕,必须把推动以交通为重点的基础设施区域互联互通、提升基础设施整体效能放在优先位置。

一 强化统筹协同,构建一体化现代立体综合交通运输体系

交通运输是国民经济的"大动脉"。习近平总书记指出,建设安全、便捷、高效、绿色、经济、包容、韧性的可持续交通体系,是支撑服务经济社会高质量发展、实现"人享其行、物畅其流"美好愿景的重要举措。②"十四五"以来,广东围绕打造"一核一带一区"区域发展格局,促进"五大都市圈"建设,以充分发挥投资关键作用,狠抓项目建设,现代综合立体交通网络持续完善,服务国内国际双循环功能进一步增强。未来,要全面优化交通基础设施布局,加快形成轴带支撑、多向联通、互联互通的一体化综合交通运输体系,提升重大战略支撑能力。全面优化交通运输发展模式,加强运输服务一体化、数智化、绿色化和安全性,提高综合运输效率,促进交通运输高质量发展。

(一)优化提升"一中心三极点"区域性综合交通枢纽功能

强化统筹协同,进一步加强粤港澳三地基础设施"硬联通",运营规制机制"软联通",以广州、深圳为"双核"打造世界级集装箱枢纽港、国际

---

① 习近平:《高举中国特色社会主义伟大旗帜 为全面建设社会主义现代化国家而团结奋斗——在中国共产党第二十次全国代表大会上的报告》,人民出版社,2022,第30页。

② 《习近平向全球可持续交通高峰论坛致贺信》,中华人民共和国中央人民政府网站,2023年9月25日,https://www.gov.cn/yaowen/liebiao/202309/content_6906150.htm。

航空枢纽、国家铁路枢纽，推进交通基础设施数字化转型升级，进一步提升广州、深圳国际性综合交通枢纽能级水平，加快珠海全国性综合交通枢纽建设。优化以粤港澳大湾区为中心，汕头、湛江、韶关为极点的"一中心三极点"① 综合交通枢纽布局。

携手港澳建设枢纽集群，增强大湾区联结内外循环功能。一是建设世界级机场群。加快推进珠三角枢纽（广州新）机场、白云国际机场三期、深圳机场三跑道等的扩建及配套工程建设，将轨道交通、高速公路引入枢纽机场，提升空铁联运协同发展。突出差异化，推动粤港澳机场信息共享、管控协同，客货运输功能布局统筹，实现机场功能互补，全面提升机场综合服务保障能力。二是建设世界级港口群。推进南沙港区五期等重大项目建设，提升广州、深圳国际枢纽海港功能，扩大"组合港""一港通"试点，推进广州港、深圳港与珠海、东莞、惠州、中山、江门、汕尾等珠江口及其他内地港口的深度合作和业务的优化整合，深化珠澳港口合作，建设珠三角世界级港口群。发展大湾区航运联盟，携手港澳，构建优势互补、互惠共赢的港航服务体系，推动铁路进港，发展旅客联程联运、货物多式联运，增强大湾区贸易、航运枢纽功能。三是建设以高铁、城际轨道、高速公路为主体的快速交通枢纽②集群。围绕交通强国先行示范省建设，加速推进大湾区干线铁路、城际铁路、市域（郊）铁路和城市轨道交通"四网融合"，增强轨道交通与公路、水路等的连接性、贯通性，提升"轨道上的大湾区"综合服务能级，并向粤东西北区域延伸。加快广湛、深江、珠肇、深南等高铁和粤东城际、南珠（中）城际等建设，优化铁路枢纽空间布局，全面提升广州、深圳铁路枢纽能级。改扩建广深、广澳、广昆、京珠南高速等拥堵路段，提档升级普通国道、省道，形成通衢八方、连接全球的现代化综合立体交通网。

加快建设汕头、湛江、韶关综合交通枢纽。一是加快推进汕头"高水

① 《广东将形成以粤港澳大湾区为中心的综合交通运输体系》，广东省发展和改革委员会网站，2021年9月29日，http://drc.gd.gov.cn/gkmlpt/content/3/3555/post_3555421.html。

② 《广东将形成以粤港澳大湾区为中心的综合交通运输体系》，广东省发展和改革委员会网站，2021年9月29日，http://drc.gd.gov.cn/gkmlpt/content/3/3555/post_3555421.html。

平全国性综合交通枢纽"建设。发挥汕头独特的地理位置和优越的交通条件，科学谋划港口、高铁、高速公路、城市快速路、通用机场等建设项目，高水平建设汕头火车站及枢纽一体化工程，推进汕汕铁路、漳汕铁路、粤东城际等项目建设，打造粤东港口群核心港区和公共物流枢纽港区，形成通达全国的综合立体交通运输体系。二是建设湛江全国性综合交通枢纽城市。加快推进广湛高铁、合湛高铁、湛海高铁及北上通道建设，改扩建东雷高速、湛江大道、茂湛高速、机场高速等，推动大通道、大港口、大路网、大航空为主骨架的现代化综合立体交通网形成。升级湛江港，将之建成为世界级深水港口，打造成连接粤港澳大湾区和海南自由贸易港的现代化水陆交通运输综合枢纽。争取国家支持，高水平推进琼州海峡综合运输通道、徐闻港和吴川国际机场、雷州通用机场、徐闻通用机场工程建设。三是建设韶关全省综合交通枢纽北部极点。进一步扩大韶关路网覆盖，强化县际衔接。改扩建京港澳高速韶关南段，规划建设南雄至乐昌高速、韶关至贺州高速韶关段、韶关至全南高速，补齐韶关横向交通运输短板。提升韶关高速公路网络运行效率和服务水平，进一步提升粤北地区与大湾区基础设施互联互通水平。高标准推进北江航道扩能升级上延工程，打通粤北深度融入大湾区的"水上黄金大动脉"。推进韶关机场建设，加快构建韶关现代综合交通运输体系。

（二）畅通省内外公铁水交通大通道

对标国家战略，紧扣交通强省建设目标，深入推进交通强省试点城市建设，加强全省公路水路和省管铁路建设，进一步完善公路水运骨干网络，构建贯通全省、畅通国内、连接全球的多向联通综合运输通道。衔接国家沿海通道、沪广—西江通道、汕昆横向通道、京港澳通道、京深港通道、粤贵川通道、粤湘渝通道、二湛通道以及粤东、粤西、汕尾北上通道等，推进国家综合立体交通网主骨架广东境内项目的投资建设。推进狮子洋通道、莲花山通道等重大交通工程建设，构筑世界级跨江跨海通道网络。建设深圳至南宁、广州增城至佛山、梅州平远至福建武平、南宁至湛江高速广东段等高速公路的规划建设，推进高速公路联络线、支线及延长线建设，推动高速公路向城镇覆盖，提高路网通达水平。

（三）推动城乡交通运输一体化向纵深发展

党的二十届三中全会通过的《中共中央关于进一步全面深化改革、推进中国式现代化的决定》（以下简称《决定》）强调，城乡融合发展是中国式现代化的必然要求。交通运输一体化是促进城乡融合发展的重要基础。城乡交通运输虽是区域现代综合交通运输体系的"毛细血管"，但它覆盖地域广、服务人口多、社会公益性强，是实现城乡要素平等交换、双向流动的重要保障。推进城乡交通运输一体化，提升城乡交通运输服务均等化水平，对畅通工农城乡循环、拓展经济发展纵深、推进城乡区域协调发展、促进共同富裕具有重要意义。为此，广东要以"城乡交通运输一体化示范县"建设为抓手，加强部门协同、政策联动、数据共享，整合城乡客运、货运物流、邮政快递、商贸配送等资源，完善县镇村综合运输服务体系，提升城乡交通运输服务体系整体效能，更好地为城乡融合发展提供服务支撑。高质量建设"四好农村路"，完善农村交通网络，提高农村公路建管养水平，为"百千万工程"和"绿美广东"生态建设提供更加有力的交通运输服务保障。

（四）畅通城市微循环以提升交通效率

环布城市、串联大街小巷的路网如同城市的"毛细血管"，在维持城市功能运转、经济发展和服务居民中起着关键作用。畅通的城市微循环，是提升城市品质、繁荣城市经济、提高居民生活质量的重要保证。以提升城市运行效率和城市形象为着力点，以提高市民舒适感、安全感、幸福感为落脚点，以前瞻、科学、系统思维，打通断头路、微循环路，完善城区路网体系，优化路网结构，解决好居民出行的"最后一公里"问题，提升了城市的交通效率和居民出行的便捷性。以数智化提升城市精细化管理和道路设施与交通组织优化，加强安全管理与执法，系统解决城市中心区交通拥堵、行车难、停车难等问题。积极推动智慧交通、绿色交通等新型交通方式的发展。坚持公交优先发展，推进公共交通一体化规划、建设、管理，打通关键节点，推动轨道交通等公共交通向城市拓展区、发展新区延伸和融合。

二 加强顶层设计，推进新型基础设施建设

新型基础设施包括信息基础设施、融合基础设施和创新基础设施[①]，以其数字化、网络化、智能化、融合化功能为经济社会发展提供数字转型、智能升级、融合创新等服务，是新质生产力加快发展、产业数智化转型升级、产业科技融合创新、区域协调发展的重要基础。加快新型基础设施建设（以下简称新基建），对提内需、稳增长、促协调具有重要意义。一是加强顶层设计，构建新型基础设施规划和标准体系。对接国家部署和标准要求，立足广东实际，制定总体规划和各类专项规划，引导新基建有序建设和高效运营。二是抓好项目建设，加快构建数字智能基础设施体系。加快5G、物联网、数据中心、人工智能、卫星通信、区块链基础设施等云网融合、安全可控的智能化综合性数字信息基础设施建设，以工业互联网、智慧交通物流、智慧能源系统为代表的新型生产性设施和以智慧民生、智慧环境、智慧城市等为代表的新型社会性设施等融合基础设施建设，以及重大科技、科教、产业技术等支撑科学研究、技术开发、新产品和新服务研制的创新基础设施建设。[②] 三是以用为本，以"用"促"建"。用好"两新"扶持政策，引导市场主体加快传统产业数字化、智能化改造，加大对智慧农业、智能制造等的"生产型"投资和以智能、绿色、高效为特征的"消费型"投资。推动新基础设施与交通基础设施深度融合，打造面向未来的智能交通系统，推动新基础设施与广州、深圳枢纽港深度融合，打造国际一流智慧港口、自动化集装箱枢纽港。

[①] 《学习〈决定〉每日问答 | 如何理解构建新型基础设施规划和标准体系，健全新型基础设施融合利用机制》，中华人民共和国中央人民政府网站，2024 年 8 月 19 日，https://www.gov.cn/zhengce/202408/content_6969236.htm。

[②] 《学习〈决定〉每日问答 | 如何理解构建新型基础设施规划和标准体系，健全新型基础设施融合利用机制》，中华人民共和国中央人民政府网站，2024 年 8 月 19 日，https://www.gov.cn/zhengce/202408/content_6969236.htm。

三　深化改革创新，健全现代化基础设施建设体制机制

党的二十届三中全会《决定》提出，健全现代化基础设施建设体制机制。以数智化为特征的新一轮科技革命和产业变革，对基础设施数字化、智能化、绿色化转型发展，构建现代化基础设施体系提出了新要求。党的十八大以来，广东以结构优化、集约高效、智能绿色和安全可靠为目标，加大重大科技设施、水利工程、交通枢纽、信息基础设施等领域的投入建设，不断完善基础设施网络体系，推动新型基础设施与传统基础设施融合发展，现代化基础设施整体水平处于全国前列。新阶段新征程，广东要深化改革创新，进一步完善现代化基础设施建设体制机制，为新质生产力加快发展提供更加有力的基础支撑。

（一）探索健全新型基础设施融合利用机制

对接国家战略，立足广东发展实际，稳定性与灵活性、开放性与兼容性并重，以可持续性发展为目标，加强新型基础设施布局建设的顶层设计，建立健全新型基础设施建设、应用及其与传统基础设施标准衔接等的制度规则，探索新型基础设施技术攻坚、投融资、施工建设等模式，激发各方市场主体活力。健全融合利用机制，处理好基础设施间替代、互补、协调、制约关系，推动不同行业和领域的新型基础设施实现高效、安全衔接，形成合力，提升其服务新质生产力发展、服务城乡区域协调发展和共同富裕效能。强化需求导向，促进各类新型基础设施集约共建、优化布局、开放共享，提高建设和应用效率。整合资源投入，强化政策支持，汇聚社会资本和科技人才力量，解决新型基础设施关键技术的"卡脖子"难题。

（二）健全重大基础设施建设协调机制

重大基础设施往往投资规模大、建设周期长、涉及面广，需要相关部门协同联动，携手解决资金筹措、土地征用、环境保护等项目推进中的重大问题，确保项目顺利实施。深化改革创新，打破行政壁垒、体制障碍，建立健全跨区域、跨部门重大基础设施建设项目多方协同机制，成立工作专班或协调推进小组，明确区域、部门职责分工，负责统筹协调项目推进

中的各项工作。建立健全项目储备机制、项目建设保障机制等。拓宽多元化投融资渠道，构建政府、企业和社会多元参与的投融资体系。健全省市县投资联动机制，优化政府投资安排机制。集成创新财税、金融、产业、科技、环保等政策，形成综合性基础设施发展政策体系。推进基础设施竞争性领域向市场开放，完善非公企业参与重大项目建设长效机制。注重与新型基础设施建设衔接、融合，推动传统基础设施的数字化改造和智能化升级，提升基础设施的现代化水平。

（三）深化综合交通运输体系改革

围绕建设交通强国先行示范省，以综合交通、综合枢纽、物流发展、数智转型、省管铁路体制机制等为重点，先行先试、以点带面，全面深化交通运输体系改革，提升综合交通运输效率。一是聚焦降低全社会物流成本，进一步完善综合交通运输高质量发展体系。实施交通物流降本提质增效行动，大力发展铁水、公铁、空陆等多式联运，打通铁路进港"最后一公里"，构建"一单制""一箱制"铁水联运体系。完善内河航运体系和高等级航道网络。加强低空经济合作，建立低空立体交通网络体系。以联网、补网、强链为重点，加快建设广州、深圳、珠海国家综合货运枢纽城市，东莞、佛山、湛江等国家物流枢纽城市。二是以智慧扩容、安全增效、跨领域产业融合等为重点，加快推动公路水路交通基础设施数字化转型升级。三是推进省管铁路机制改革，以城际与地铁互联互通等为试点，推动粤港澳大湾区轨道交通"四网融合"。四是纵深推进城乡交通运输一体化改革创新，改革传统城乡交通运输经营模式，充分激发市场活力。围绕一体化均衡协调发展目标，探索差别化分担与上下级共担相结合的农村运输服务领域支出责任，改革相关专项资金整合方式，优化城乡区域交通运输扶持政策。五是完善交通运输安全与应急管理体制机制，坚决防范遏制交通运输领域重特大事故。

（四）健全重大水利工程建设、运行、管理机制

重大水利工程关乎国计民生，是稳增长、惠民生、促协调的重要保障。围绕水利高质量发展和水安全，落实水利安全生产风险管控"六项机制"，

健全重大水利工程建设、运行、管理机制。一是健全重大水利工程前期工作管理机制，高质量建设现代化水网，加强部门协调联动，完善工程技术标准，严格审查程序，把好前期工作全链条各环节质量关口，① 为高标准建设重大水利工程、工程运行全生命周期高安全打好基础。二是积极推动"两重"（国家重大战略实施和重点领域安全能力建设）水利项目建设，加速提档环北部湾广东水资源配置工程等重大引调水工程建设，加快推进堤防巩固提升、清远连江黄茅峡水利枢纽开工、梅州长潭水库扩容和雷州半岛灌区、深汕合作区引水工程建设等，推动韩江、澄江、练江水系连通后续优化工程全线贯通，加快推进粤东水资源优化配置工程、珠中江水资源一体化配置工程等。三是强化创新驱动水利高质量发展，研究、推动智能大坝建设，实现大坝建设、运行、管理全生命周期数字化、网络化、智能化。② 四是建立健全农村供水县域统管机制，加强农田水利设施建设。五是深化水利投融资改革，在用好超长期特别国债、地方专项债和中央水利投资等渠道的同时，创新政府和社会资本合作新机制，探索水利基础设施投资信托基金（REITs）试点，拓宽水利投融资渠道。六是落实水利安全生产风险管控"六项机制"③，构建水旱灾害防御"三大体系"④，完善水利法治体系，夯实水安全基石。

第四节　促进公共服务优质均衡发展，让发展成果更多更好惠及人民

习近平总书记强调，中国式现代化，民生为大。⑤ 党的二十届三中全会

---

① 《李国英主持召开水利部部务会议》，水利部网站，2024 年 12 月 5 日，http://www.mwr.gov.cn/xw/slyw/202412/t20241205_1724654.html。

② 《李国英主持召开水利部部务会议》，水利部网站，2024 年 12 月 5 日，http://www.mwr.gov.cn/xw/slyw/202412/t20241205_1724654.html。

③ 据 2022 年 7 月水利部印发的《构建水利安全生产风险管控"六项机制"的实施意见》，"六项机制"是指风险查找、研判、预警、防范、处置和责任。

④ 是指流域防洪工程体系、雨水情监测预报体系和水旱灾害防御工作体系。

⑤ 《总书记的人民情怀："中国式现代化，民生为大"》，中华人民共和国中央人民政府网站，2024 年 8 月 6 日，https://www.gov.cn/yaowen/liebiao/202408/content_6966661.htm。

通过的《决定》强调，在发展中保障和改善民生是中国式现代化的重大任务。必须坚持尽力而为、量力而行，完善基本公共服务制度体系，加强普惠性、基础性、兜底性民生建设，解决好人民最关心最直接最现实的利益问题。[①] 通过公共服务均等化让改革发展成果更多更公平地惠及全体人民，是推进区域协调发展、促进共同富裕必然路径。作为中国经济最发达的省份之一，党的十八大以来，广东一直致力于基本公共服务和社会保障体系建设的提质扩面，全省居民的生活质量和幸福感稳步提升。但囿于区域发展不平衡，广东城乡和四大区域公共服务均等化水平仍然存在不小的差距，粤东、粤西、粤北的部分地区公共服务设施保障水平、服务质量与珠三角地区仍存在较大差距，还不能很好地满足人民对美好生活的期盼。补齐短板、优化布局，强化衔接、加大帮扶，科技赋能、合理配置，推动公共服务城乡区域优质均衡发展，提升公共服务水平，增强均衡性和可及性是广东实现区域协调发展和促进共同富裕的重要任务。

一 补齐短板，提升公共服务均衡性和可及性

党的二十大报告强调，健全基本公共服务体系，提高公共服务水平，增强均衡性和可及性，扎实推进共同富裕。[②] 党的二十大报告将均等化上升为均衡性，为我国新时代公共服务发展指明了方向。公共服务的均衡性、可及性不仅关乎社会公平正义，也是实现共同富裕的基础。增强公共服务的均衡性主要是通过政府的制度设计，引导公共服务资源优化配置，缩小人群、城乡、区域之间的基本公共服务发展差距，确保全体社会成员享有获得基本公共服务的平等机会和公平结果。[③] 增强公共服务的可及性主要是通过提升服务供给与民众服务需求的匹配度，包括可获得性、可接

---

① 《中共中央关于进一步全面深化改革、推进中国式现代化的决定》，人民出版社，2024，第35页。
② 《习近平：高举中国特色社会主义伟大旗帜 为全面建设社会主义现代化国家而团结奋斗——在中国共产党第二十次全国代表大会上的报告》，中华人民共和国中央人民政府网站，2022年10月25日，https://www.gov.cn/xinwen/2022-10/25/content_5721685.htm。
③ 张慧君：《在增强基本公共服务均衡性可及性上下功夫》，《学习时报》2024年8月22日。

近性、可负担性、可接受性和可适合性,[1] 提升民众分享改革发展成果的幸福感、满足感。在现代社会中,公共服务均衡性和可及性是衡量一个国家或地区社会治理水平的重要指标。按年平均汇率折算,广东 2024 年的人均 GDP 已达 1.56 万美元,进入高收入国家和地区行列;常住人口城镇化率达 75.91%,[2] 户籍人口城镇化率达 81.86%,已进入城市社会,随着居民收入水平提高,城市化进程的加速,相比人民对高品质生活需求,公共服务供给短板问题日益凸显,特别是在教育、医疗、社保等领域,城乡、区域之间的差距依然显著。因此,补齐短板、提升公共服务的均衡性和可及性,成了广东推进区域协调发展,促进共同富裕的重大任务和重要着力点。

（一）统筹需要与可能,加大财政投入

增强公共服务的均衡性、可及性,既要坚持问题导向,强化底线思维,尽力而为,又要量力而行,形成可持续的基本公共服务支出与成本分担机制。一方面,要保证并根据经济发展水平加大普惠性、基础性、兜底性公共服务领域的财政投入,特别要持续加大教育、医疗和社保等基础性服务的支持力度。另一方面,加大省级统筹,完善各级政府基本公共服务支出保障机制,确保服务资源向基层延伸、向农村覆盖、向弱势地区和困难人群倾斜。对照国家标准,加快补齐短板、强化弱项、提升质量,缩小城乡区域公共服务供给条件和水平差距,确保欠发达地区和困难群体能享受到国家所规定的服务清单及标准的基本公共服务,促进公共服务城乡区域均衡发展。推进制度并轨,统一城乡基本公共服务标准,不断缩小城乡区域间基本公共服务差距。稳步实现基本公共服务对常住人口全覆盖,确保符合条件的外来人口与本地居民平等享有基本公共服务。

（二）优化资源配置,提升服务供需匹配度

加强数据分析和需求评估,合理设定服务半径和服务人口,科学布局

---

① 张序:《提高公共服务水平增强均衡性和可及性》,《四川日报》2023 年 3 月 20 日,第 10 版。

② 广东省统计局、国家统计局广东调查总队:《2024 年广东省国民经济和社会发展统计公报》,广东省人民政府网,http://www.gd.gov.cn/attachment/0/576/576184/4686956.pdf。

建设公共服务设施。依据服务对象的居住分布、年龄结构、交通条件等因素，合理配置公共服务资源，实现同类区域、同级设施的可达性均衡，推动优质机构共享。通过大数据技术，精准识别城乡区域间的公共服务需求差异，建立经济欠发达县（区）公共服务供给条件跟踪评估和定期调度机制，制定更有针对性的帮扶政策，确保公共服务资源的城乡区域均衡配置。配合公共交通体系建设，打造便捷易得的基本公共服务圈。坚持需求导向，建立健全民生需求响应机制、公共服务资源动态调整机制，灵活调配服务资源。利用大数据、人工智能，主动搜集、发现民众共性需求，并进行综合研判，在财政可承受的基础上将合理需求纳入公共服务清单，并适时进行动态调整，提高公共服务的精准供给能力，确保服务内容与群众实际需求的有效衔接。

（三）加强基础设施建设，提升服务可及性

以公共服务下沉为牵引，构建覆盖城乡区域的基层公共服务网络体系。加大偏远地区公共服务基础设施建设力度，改善交通、通信、能源等条件，特别是加大教育、医疗、文体等领域的基础设施建设，提高公共服务的可及性。打造以乡镇（街道）为中心、辐射村（社区）和村民小组（居民小区）、遍及城乡的基层公共服务供给网络，提高群众享受公共服务的便利度。① 通过流动服务与固定服务相结合方式，解决人口规模不大且居住分散的偏远乡村的服务供给问题。

（四）推动数字化转型，提升服务便捷性

全面运用互联网、大数据、人工智能等前沿技术，优化、再造公共服务流程，丰富公共服务产品，提升公共服务的效率和覆盖面，营造舒适的服务环境。通过互联网和移动应用，通过在线教育、远程医疗、智慧养老等服务，推动优质高端服务向乡村、边远地区延伸，扩大服务覆盖人口，让更多人能够方便地获取公共服务。提升公共服务信息平台互联互通、数据共享能力，推动更多服务事项网上办、掌上办，推广"只跑一次""一窗通办""跨区通办"，消除公共服务数字化、智能化过程中给低学历者、老

---

① 张慧君：《在增强基本公共服务均衡性可及性上下功夫》，《学习时报》2024 年 8 月 22 日。

年人、残疾人等特殊群体提供便利服务时带来的技术障碍。

二　共享合作，加大跨区域衔接和帮扶力度

在现行户籍制度"属地管理"框架内，公共服务体系存在供需不匹配、碎片化供给等问题。随着以"五大都市圈"为牵引的区域一体化推进，人口流动规模维持高位。这一背景下，推动政务服务"异地可办"改革，建立健全跨区域公共服务协作机制，推动城乡区域公共服务帮扶合作，是实现资源共享、优势互补，促进优质公共服务均衡发展，提高公共服务的整体水平和效率，促进区域协调发展和共同富裕的重要路径。

（一）创新机制，推动资源共享

实施政务服务"异地可办"改革，加强政府间合作，推动政务服务标准、流程互认，为群众、企业提供"跨城通办"政务服务。通过建立教育联盟、医疗联合体等方式，推动粤港澳大湾区优质教育资源、医疗资源、文体资源等向乡村基层、粤东西北地区辐射。持续加强教师、科技人才的交流与培训，推动优质人才资源区域间交流。深入实施"三下乡"，引导城市优秀教师、医生等专业人才到基层一线、边远贫困地区服务，提升当地公共服务水平。加强公共卫生服务协作，建立跨区域的疾病防控和公共卫生应急机制，提升整体公共卫生服务水平。探索建立跨区域养老服务体系，推动养老机构等级评定互认和老年人优待政策共享，提供便利的跨区域养老服务。促进就业信息共享和就业服务协同，进一步优化、简化社保关系转移接续和异地就医结算等服务流程，方便群众跨区域就业、流动。推动交通、供水供电等基础设施的互联互通，加强公共安全和应急联动机制。建立科技、文化资源共享平台，促进文化、体育和科技等资源的跨区域共享，举办联合文化活动，丰富居民生活，促进区域创新。

（二）科技赋能，拓展衔接和帮扶广度与深度

搭建智慧城市、智慧乡村等数字化平台，整合与共享城乡区域公共服务资源，推动医疗、教育、社保等公共服务通过互联网实现跨区域联动。

普及远程服务，创新服务提供方式，促进城乡区域公共服务衔接。借助 5G、云计算等技术，采用远程教育、在线医疗等方式，提供线上平台名师课程、专家会诊等，让优质教育、医疗等资源覆盖更多地区，解决偏远地区服务资源匮乏问题，提升公共服务的可及性。借助 AI 技术，分析贫困地区的人口、经济、教育等数据，精准定位帮扶对象和领域，提升帮扶效率；预测公共服务需求变化，提前调配资源，优化资源配置。

三　多元参与，提升服务多样性和灵活性

在群众利益诉求多样化的今天，公共服务的多样性和灵活性已成为提升社会福祉、满足公众需求的关键因素。明确政府、市场、社会在提供公共服务中的角色定位，形成多元参与、共同协作机制，推动公共服务的创新与优化，可以更好地满足人民多层次多样化需求。

（一）多方协作，丰富服务供给

政府主导，多方参与。建立健全多元参与机制，制定服务标准、规范，营造良好环境，大力发展、引入和扶持企业、非营利组织、公益组织、社区团体等多元主体，扩大养老、托育、教育、医疗等重点领域的普惠性规范性供给，响应群众差异化需求，"量体裁衣"提供内容和形式丰富、个性多元服务。通过政府购买服务、共同生产、合同外包等形式，加强与社会资本、慈善资源、志愿力量、社会组织合作，提供针对特定群体的个性化服务，如老年人照护、残疾人支持等，补齐基本公共服务短板。采取公私合作模式，借助企业资源和创新能力，在交通、医疗、教育等领域提供高效、灵活的公共服务。

（二）健全机制，增加服务及时性和可选择性

健全多元供给竞争合作机制，既要提高国有企业、事业单位、公益组织、民办机构等各种供给主体和各类供给机构之间的竞争性，减少供给垄断，又要引导各类主体加强资源整合、优势互补，丰富公共服务产品类型，解决服务拥挤与适配服务不足并存问题，提高服务可得性。建立健全监督机制，确保公共服务的公平性和透明度，防止资源的浪费和腐败现

象。健全服务需求征集和反馈机制，通过社区调研、公众听证会、在线问卷等方式，收集公众意见，确保公共服务能够满足多样化的需求。建立有效的需求反馈机制，及时响应公众反映的服务问题，优化资源配置和能力提升，不断提高服务质量，减少服务等待时间，保证合理、充裕的服务持续时间。

参考文献

中共中央文献研究室编《毛泽东文集》（第七卷），人民出版社，1999。

《邓小平文选》（第二卷），人民出版社，1994。

《邓小平文选》（第三卷），人民出版社，1993。

《江泽民文选》（第一卷），人民出版社，2006。

《江泽民文选》（第三卷），人民出版社，2006。

《胡锦涛文选》（第三卷），人民出版社，2016。

《习近平谈治国理政》（第三卷），外文出版社，2020。

《习近平谈治国理政》（第二卷），外文出版社，2017。

中共中央文献研究室编《建国以来重要文献选编》（第四册），中央文献出版社，1993。

中共中央文献研究室编《十七大以来重要文献选编》（上），中央文献出版社，2009。

中共中央文献研究室编《十一届三中全会以来党的历次全国代表大会中央全会重要文件选编》（下），中央文献出版社，2000。

中共中央文献研究室编《改革开放三十年重要文献选编》（上），中央文献出版社，2008。

中共中央文献研究室编《十八大以来重要文献选编》（上），中央文献出版社，2014。

中共中央党史和文献研究院编《十九大以来重要文献选编》（上），中央文献出版社，2019。

中共中央党史和文献研究院编《十九大以来重要文献选编》（中），中央文
　　献出版社，2021。

中共中央党史和文献研究院编《十九大以来重要文献选编》（下），中央文
　　献出版社，2023。

蔡之兵、石柱、郭启光：《共同富裕导向下的区域协调发展战略完善思路研
　　究》，《农村金融研究》2022 年第 1 期。

陈甬军、晏宗新、余曼琪：《"双循环"新发展格局的重要枢纽——粤港澳
　　大湾区示范的理论逻辑与实现路径》，《广东财经大学学报》2022 年第
　　6 期。

陈梓睿：《新时代广东区域协调发展的成效特点及经验》，《广东行政学院学
　　报》2019 年第 1 期。

丁忠毅、李梦婕：《迈向共同富裕的跨域协作治理：东西部协作的政治经济
　　学阐释》，《经济问题探索》（昆明）2023 年第 1 期。

董昕：《区域政策与户籍、就业制度交织下的中国人口迁移特征》，《区域经
　　济评论》2023 年第 4 期。

贺立龙、黄静：《"外溢型""协作型""特色型"，精准定位引导不同种类
　　型县域城乡融合发展》，《社会科学报》2023 年 12 月 3 日，第 1879 期
　　第 2 版。

李志坚等：《高质量发展要求下广东促进区域协调发展研究》，《新经济》
　　2023 年第 2 期。

梁琦等：《广东省区域经济发展不平衡的问题及对策》，《中国发展》2016
　　年第 6 期。

刘海楠：《土地整治促进区域经济协调发展的机制及路径研究》，博士学位
　　论文，首都经济贸易大学，2014。

刘玉、周欣平、邹碧莹：《中国区域发展不平衡的治理逻辑与优化》，《区域
　　经济评论》2023 年第 6 期。

马建强、彭惜君、周媛媛：《"十三五"广东区域协调发展研究》，《广东经

济》2015 年第 11 期。

覃成林、郑云峰、张华:《我国区域经济协调发展的趋势及特征分析》,《经济地理》2013 年第 1 期。

王福涛、蔡梓成:《建构区域协调发展新机制的广东实践与经验》,《国家治理》2018 年第 47 期。

王飔雨:《共同富裕愿景下南北方区域协调发展的战略要点与政策转向》,《新疆社会科学》2022 年第 5 期。

王亚楠:《广东区域经济协调发展的战略选择》,《现代交际》2016 年第 3 期。

魏后凯、高春亮:《新时期区域协调发展的内涵和机制》,《福建论坛》(人文社会科学版)2011 年第 10 期。

习近平:《扎实推动共同富裕》,《求是》2021 年第 20 期。

《习近平主持召开深入推进长三角一体化发展座谈会强调:推动长三角一体化发展取得新的重大突破 在中国式现代化中更好发挥引领示范作用》,中华人民共和国中央人民政府网站,2023 年 11 月 30 日,https://www.gov.cn/yaowen/liebiao/202311/content_6917835.htm。

肖金成、洪晗、申秀敏:《区域协调发展与共同富裕》,《华东经济管理》2024 年第 3 期。

徐康宁:《区域协调发展的新内涵与新思路》,《江海学刊》2014 年第 2 期。

徐曼、黄靖:《以区域协调发展推进共同富裕的理论逻辑与实践路径:以广东为例》,《广东经济》2023 年第 3 期。

《言治有理丨中国宏观经济研究院课题组:新时代共同富裕评价指标体系设计构想》,人民智库,2023 年 4 月 26 日。

杨胜利、王媛、冯丹宁:《共同富裕背景下公共服务均等化对城乡居民收入差距的作用机制与实践检验》,《石家庄铁道大学学报》(社会科学版)2024 年第 2 期。

姚鹏、叶振宇:《中国区域协调发展指数构建及优化路径分析》,《财经问题研究》2019 年第 9 期。

游士兵、李一枫：《提升人力资本水平 助推经济高质量发展》，《光明日报》
　　2020 年 5 月 5 日，第 7 版。

卓泽林：《深入推进粤港澳大湾区国际科技创新中心建设》，《光明日报》
　　2023 年 2 月 14 日，第 12 版。

后 记

　　新中国成立以来，特别是党的十八大以来，党和政府统筹区域协调发展和共同富裕，持续推进实践探索和理论创新，对推进区域协调发展、促进共同富裕做出更加明确的战略规划和部署。作为中国经济强省、人口大省，广东肩负着"在推进中国式现代化建设中走在前列""在促进城乡区域协调发展方面继续走在全国前列"的使命任务。多年来，广东不断在缩小城乡居民收入差距、财富分配差距、地区发展差距和实现共同富裕上积极探索新路径，不仅推动了全省城乡区域协调发展，把短板变成"潜力板"，更为全国迈向共同富裕，为党的创新理论特别是区域协调发展和共同富裕理论提供了实践案例。

　　2023年，广东省社会科学院党组以高度的政治敏锐性和政治责任感，将广东推进区域协调发展、促进共同富裕的实践纳入"三大体系"建设重点课题，要求课题组以习近平新时代中国特色社会主义思想为指导，深入贯彻落实习近平总书记关于区域协调发展和共同富裕的重要论述精神，以高质量学术成果服务广东在推进中国式现代化建设中走在前列。课题组紧抓快办，群策群力，按照研究计划推进，如期完成书稿撰写。

　　本书是集体智慧的结晶。承接任务后，采取开放搞研究，组织以广东省社会科学院省人才发展研究中心科研人员为主体，吸纳社会学与人口学研究所、改革开放与现代化研究所、区域经济方向的硕士研究生和广东省人口发展研究院科研骨干的科研攻关团队，第一时间组织召开了多学科科研人员参加的务虚研讨会，围绕研究思路、研究重点、研究方法特别是评估指标体系，课题组先后召开了近 10 次不同规模的专题讨论会。课题组以高度的政治责任感，发扬团结合作、集体攻关的优秀传统，各展所长，精诚合作，深入研究，全力推进。本书撰稿分工为：前言，游霭琼；第一章，马少华；第二章，余德淦；第三章，廖炳光、郭显超；第四章，张桂金；第五章，王明珂、吴丹丹、李兆颐、游霭琼；第六章，周仲高；第七章，游霭琼；后记，游霭琼。游霭琼提出了开题报告、研究框架，并负责统稿、编辑和具体组织协调等工作，郭跃文就全书的观点、判断、表述、数据等进行了审改把关。

刘伟参加了课题研究思路讨论。广东省社会科学院科研处特别是陈梦桑对保障项目研究和成果顺利出版给予有力支持。衷心感谢社会科学文献出版社特别是高雁、颜林柯、贾立平编辑对本书出版的大力支持！

长期以来特别是党的十八大以来，学术界围绕区域协调发展、共同富裕形成了丰硕的研究成果，课题组在撰写本书过程中，充分学习借鉴了前人成果，在此一并感谢。

课题组深知，区域协调发展和共同富裕都是宏大叙事，不仅需要综观中西的学术视野，还需要基于深厚功底的学术自信，涉及学科多，研究空间广，本书只是管中窥豹，所论所见仅为阶段性初步探究，期待方家指正。

《广东区域协调发展促进共同富裕研究》课题组

2025 年 3 月 25 日

图书在版编目(CIP)数据

广东区域协调发展促进共同富裕研究／郭跃文等著.
北京：社会科学文献出版社，2025.7. --ISBN 978-7
-5228-5349-9

Ⅰ.F127.65

中国国家版本馆 CIP 数据核字第 202545SQ74 号

广东区域协调发展促进共同富裕研究

著　　者／郭跃文　游霭琼 等

出 版 人／冀祥德
责任编辑／高　雁　颜林柯　贾立平
责任印制／岳　阳

出　　版／社会科学文献出版社·经济与管理分社（010）59367226
　　　　　　地址：北京市北三环中路甲 29 号院华龙大厦　邮编：100029
　　　　　　网址：www.ssap.com.cn
发　　行／社会科学文献出版社（010）59367028
印　　装／三河市东方印刷有限公司

规　　格／开 本：787mm×1092mm　1/16
　　　　　　印 张：19.75　字 数：303 千字
版　　次／2025 年 7 月第 1 版　2025 年 7 月第 1 次印刷
书　　号／ISBN 978-7-5228-5349-9
定　　价／148.00 元

读者服务电话：4008918866

▲ 版权所有 翻印必究